COLECCIÓN
EDUCACIÓN:
OTROS LENGUAJES

Directores de la colección:

Jorge Larrosa
(Universidad de Barcelona, España)

Carlos Skliar
(FLACSO, Área Educación, Argentina)

I0165819

Título original: "Pourquoi des professeurs? Pour une pédagogie de la pédagogie"

Edición original: París, Petite bibliothèque Payot, n° 88, 1963

Edición actual: Primera en castellano, junio de 2019

ISBN: 978-84-17133-65-8

IBIC: JNA [Filosofía y teoría de la educación]

Tirada: 500 ejemplares

Diseño: Gerardo Miño

Composición: Eduardo Rosende

Copyright de esta edición: © 2019, Miño y Dávila srl / Miño y Dávila editores sl

MIÑO y DÁVILA
♦ E D I T O R E S ♦

dirección postal: Tacuarí 540 (C1071AAL)
Ciudad de Buenos Aires, Argentina
tel-fax: (54 11) 4331-1565
e-mail producción: produccion@minoydavila.com
e-mail administración: info@minoydavila.com
web: www.minoydavila.com
redes sociales: @MyDeditores, www.facebook.com/MinoyDavila

Georges Gusdorf

¿PARA QUÉ PROFESORES?
POR UNA PEDAGOGÍA
DE LA PEDAGOGÍA

Presentación de Fernando Bárcena Orbe

Traducción y notas de Fernando Fuentes Megías

MIÑO y DÁVILA
EDITORES

ÍNDICE

❧ Presentación
Por una pedagogía de la pedagogía
(para leer a Georges Gusdorf), por Fernando Bárcena 7

❧ Nota del traductor 47

❧ ¿Para qué profesores?
Por una pedagogía de la pedagogía

Introducción 51

Capítulo 1. La enseñanza, el saber y el reconocimiento 55

Capítulo 2. La función docente 85

Capítulo 3. El encuentro del maestro o el descubrimiento de sí. 125

Capítulo 4. El magisterio y las relaciones de dependencia 143

Capítulo 5. El magisterio o el deseo de lo imposible 155

Capítulo 6. Patología del magisterio 171

Capítulo 7. La condición de discípulo 199

Capítulo 8. La verdad dialogada 217

Capítulo 9. Verdadero maestro y verdadero discípulo 243

Capítulo 10. Pequeña sociología del magisterio...................... 267

Conclusión. Para una pedagogía de la pedagogía................... 303

PRESENTACIÓN

Por una pedagogía de la pedagogía
(Para leer a Georges Gusdorf)

"Hasta dónde llegará el alumno, esto se sustrae a la influencia del preceptor y maestro. En cuanto le ha enseñado el camino, ya tiene que dejarlo que siga solo. Una sola cosa le queda por hacer para que el discípulo soporte su soledad. Lo desprende de sí mismo –es decir, del maestro–, exhortándolo encarecidamente a ir más lejos que él, a «subirse sobre los hombros del maestro".
EUGEN HERRIGEL, Zen en el arte del tiro al arco.

"El mal maestro se contenta así con captar la benevolencia de los jóvenes seres que él domina; los esclaviza en lugar de liberarlos".
GEORGES GUSDORF, *¿Para qué, profesores?*

Hace mucho tiempo que deseaba que este libro de Georges Gusdorf (1912-2000) tuviese la ocasión de una nueva vida, tras encontrarse tanto tiempo agotado y sin la oportunidad de ser otra vez leído y discutido por quienes han elegido el oficio de profesor. Así pues, estamos de enhorabuena. Hay que agradecer, en primer lugar, a la hija de Gusdorf, Anne-Lise Volmer-Gusdorf, por haber cedido la cesión de derechos para una nueva traducción de este libro, y también a Geraldo Miño por haber abierto las puertas de Miño y Dávila para que el libro de Gusdorf vea la luz nuevamente. La labor del traductor, Fernando Fuentes Megías, ha sido, por lo demás, impecable.

Georges Gusdorf no es un pensador muy leído actualmente. De hecho, es un gran desconocido, tanto en nuestros países de habla hispana como, sospecho, también en Francia; y, sin embargo, su obra es, desde un punto de vista filosófico y erudito, realmente importante. *¿Para qué profesores?* es uno de esos libros que tienen a la vez la antigüedad de los libros hace tiempo desaparecidos del panorama intelectual, pero también que al leerlos pasado un tiempo de inmediato destilan todo su interés intelectual. Es entonces cuando muestran su importancia, si acertamos a ponerlos en relación con el propio tiempo y percibir algunos interesantes contrastes.

El libro de Gusdorf es una crítica a ese tipo de pedagogía que existe únicamente para justificar la existencia de pedagogos impacientes que no soportan el amplio rodeo que hay que dar (por la antropología y la filosofía, por tradiciones antiquísimas, griegas y orientales) si de lo que se trata es de situar el acto de la enseñanza en las coordenadas apropiadas. Por sus páginas desfilan historiadores, filósofos, poetas, novelistas con el único objeto de hacernos ver que la relación maestro-discípulo es una dimensión inexcusable del mundo humano, más allá de los márgenes del acto pedagógico entendido en un sentido estrecho.

La lectura de este libro se puede justificar por muchas razones, pero hay una en especial que quiero destacar desde el principio. Gusdorf habla de la relación maestro-discípulo, y cuando se refiere al maestro lo que viene a sugerirnos es que se trata de un *oficio* existencialmente profundo. El profesor, cuando habla, no lo hace como un libro, (aunque lleve muchos dentro de sí, fruto de largas horas de lectura y estudio). Se trata de otra cosa:

> El maestro es una presencia concreta, cualitativamente diferente de esas presencias abstractas y ausentes que pueden procurar las técnicas audiovisuales, tan de moda hoy en día. El maestro habla, pero la palabra docente no es solamente una palabra *ante* la clase, es también una palabra *en, con y por* la clase. No se trata pues de ejecutar más o menos brillantemente un número de oratoria, con el empleo de un auditorio, de un público más o menos aprobador. A decir verdad, el público del orador o del actor juega su papel en la creación de la elocuencia o del teatro. Pero la clase es mejor que

un público, cuya colaboración se limita a una recepción pasiva y a una aprobación intermitente y controlada.[1]

Pues bien, esta declaración de Gusdorf, sin ninguna duda, carece absolutamente de sentido para determinados discursos pedagógicos hoy predominantes, y es precisamente por este motivo la razón por la cual lo que dice resulta tan atractivo. El libro de Gusdorf se publica en un contexto francés específico, en una década tan conflictiva como la de los años sesenta del pasado siglo. Algunos lo leímos en España un tiempo después, cuando nos iniciábamos en la Filosofía de la Educación, y que también estaba atravesada por sus propias tensiones. Hoy, sin duda, el discurso pedagógico dominante es bien diferente del que regía en las décadas de los años ochenta y noventa del pasado siglo, cuando algunos de nosotros finalizábamos nuestros estudios universitarios y accedíamos a la enseñanza universitaria. Estas son las coordenadas espaciotemporales de recepción lectora de este libro, y no se pueden omitir.

Breve nota sobre el contexto francés de la década de 1960

En la época en que fue publicado el libro de Gusdorf (la década de 1960), un nuevo público parecía estar llegando a las clases de filosofía en Francia. La universidad está masificada y el perfil del estudiante también se diversifica. Un rasgo típico del carácter francés también se deja notar aquí. Se trata del relevante papel que ocupan en Francia las actividades del *espíritu* dentro de la vida pública, cierta tendencia a atribuir propiedades teóricas y existenciales a los aspectos más prácticos de la vida social.[2] En ningún otro lugar podría haber cuajado el existencialismo sartriano como lo hizo allí. La vida filosófica francesa siempre se caracterizó (este es otro elemento que hay que considerar) por su fuerte activismo, hasta el punto de que la implicación política es una parte integral del modo de filosofar francés. Como observa Gutting:

---

1. GUSDORF, en esta misma edición, p. 91.

2. HAZAREESINGH, S. (2015) *Ce pays qui aime les idées. Histoire d'une passion française*, París, Flammarion, p. 17.

Los filósofos franceses más destacados piensan con el propósito de actuar, de transformar una sociedad que encuentran intolerable [...] En Francia, el desarrollo de una posición política sigue siendo la prueba decisiva al revelar, como lo hace, el significado definitivo de un modo de pensamiento.[3]

Este carácter ya lo había puesto de manifiesto Émile Durkheim en su obra *L'évolution pédagogique en France,* donde define la práctica intelectual de la Francia republicana como una tendencia a lo impersonal y abstracto, una característica preponderante desde el siglo XVIII y heredera, en parte, de los hábitos pedagógicos de los jesuitas.[4] Según Tony Judt, este genio para la abstracción y la generalización es el responsable de que "hombres perfectamente apacibles y amables abogasen por la violencia, que personas de sensibilidad moderada no vieran nada erróneo en la admiración del exceso".[5] Eso mismo pensaba más o menos Gusdorf.[6]

3. GUTTING, G. (2014) *Pensando lo imposible. Filosofía francesa desde 1960*, Madrid, Avarigani Editores, p. 43.

4. "¿No estaba claro que los espíritus que habían recibido esta cultura y que, como consecuencia, sufrían de este tipo de enfermedades que los hacían insensibles a los cambios y variables de la historia, sólo podían pintar al hombre como se les había enseñado a verlo, es decir, por lo que tenía más general, más abstracto, más impersonal? En cuanto a esos múltiples y complejos personajes que hacen la fisonomía particular de cada uno de nosotros, que hacen del hombre de un país y de una condición el hombre de otra condición y no el hombre de otra condición y de otro país, sólo veían allí detalles accesorios, que podían descuidarse sin inconvenientes, que era aconsejable incluso hacer abstracción para llegar a lo esencial, es decir de invariable y universal. Y es así como la cultura intelectual, fruto del humanismo, tuvo que dar origen necesariamente a esta actitud mental que ha seguido siendo uno de los rasgos distintivos de nuestra literatura nacional. Por otra parte, las mismas expresiones que utilicé para caracterizar el ambiente irreal y artificial en el que los jesuitas hicieron vivir a sus estudiantes también pueden ser utilizadas para definir el ambiente no menos ideal, no menos abstracto, en el que vive la literatura del siglo XVII". DURKHEIM, É. (2002) *L'Evolution pédagogique en France*, p. 86. Édition électronique réalisée par Jean-Marie Tremblay. Sitio web: <http://classiques.uqac.ca/classiques/Durkheim_emile/evolution_ped_france/evolution_ped_france.html>.

5. JUDT, T. (2007) *Pasado imperfecto. Los intelectuales franceses, 1944-1956*, Madrid, Taurus, p. 286.

6. Gusdorf dedica varios momentos de sus memorias a Michel Foucault, mostrándose muy receloso con su antiguo alumno. Así, dice: "Los intelectuales occidentales denunciaron con vehemencia los crímenes del Shah de Irán y de su policía política,

Determinadas tensiones y malentendidos provocaban críticas, a menudo muy feroces. Algunas de ellas —apologéticas o filosóficas— eran más o menos bien intencionadas, mientras otras eran de un corte más bien panfletario o científico. Esa década tenía sus luchas y sus combates. Jean-François Revel, que se proclamaba ateo y gran defensor del liberalismo democrático —el único sistema que en su opinión funciona—, publica *Pourquoi des philosophes?* (1957). En esta obra afirma que la filosofía parece perpetuar las potencias de dos grandes ilusiones: la religión y la retórica. En todas las épocas —comenta— la religión ha sido un sucedáneo de la filosofía y, en la nuestra, la filosofía es un sucedáneo de la religión. Como ha dejado de ser la disciplina de liberación por excelencia —convirtiéndose más bien en el refugio de la pereza intelectual y de la cobardía moral— ¿para qué, pues, los filósofos?, se pregunta Revel.[7] Georges Gusdorf, cuyo fondo es cristiano, publica su libro *Pourquoi des professeurs?* (1963), concediéndole un título que parece una réplica directa de Revel.

La obra de Gusdorf fue elogiada en el ámbito de la formación de los profesores de filosofía (aunque no por todos los sectores), contribuyendo "activamente a la idealización de la figura del profesor de filosofía, con toda la ambigüedad de los temas de 'fidelidad a la memoria del maestro', de 'conversión repentina', de 'florecimiento de la personalidad', etc.".[8] A estos libros hay que añadir otros, como el de 1970, de Pierre Thuillier (1932-1998), *Socrate fonctionnaire*, y el de François Châtelet (1925-1985) *La Philosophie des professeurs*, tam-

---

que luchaban por hacer frente al violento ascenso del fanatismo político-religioso, opuesto a la modernización del país emprendida por el soberano. El régimen criminal del Sha fue barrido, para gran alivio de las bellas almas que, como Michel Foucault, asumieron la causa de la revolución islámica" (*Le crépuscule des illusions: mémoires intempestifs*, París, La Table Ronde, 2002, p. 377). Una interesante discusión sobre la postura de Foucault en relación con la revolución iraní se encuentra en FUENTES, F. (2015) *Una educación filosófica. Arte de vivir, experiencia y educación,* Madrid, Universidad Complutense, pp. 271 y ss.

7. REVEL, J-F (1999) *Pourquoi des philosophes?* París, Laffont, pp. 192-193. Existe edición electrónica en castellano en: <www.philosophia.cl>, Escuela de Filosofía Universidad ARCIS.

8. CHARBONNIER, S. (2013) Histoire des discussions critiques sur l'enseignement institutionnel de la philosophie, *Diotime,* n° 58, p. 4.

bién de ese mismo año. Hay que notar que la crítica de la enseñanza de la filosofía comienza en el ámbito francés con los propios filósofos:

> Esta crítica interna se hace por individuos que se han beneficiado del capital simbólico conferido por los títulos universitarios —en particular, la agregación de la filosofía— que legitiman su discurso y, por lo tanto, les dan un horizonte variado de expectativas: "no filósofos" y "filósofos".[9]

En este contexto, Gusdorf, en su libro de 1964 *L'Université en question* (que también tiene su propio aroma de panfleto) se queja de la hipermasificación de la universidad parisina, en la que "la mayoría de los universitarios franceses está realmente convencida de que es imposible mantener una forma de diálogo en la que cada estudiante sea atendido de manera individual".[10] Gusdorf se muestra enfadado en muchos momentos de esta reflexión sobre la universidad. El mundo de la televisión y la masificación universitaria parecen establecer una suerte de alianza para producir una sociedad de masas de penosas consecuencias para la cultura. Además, Gusdorf —que ha pasado unos años en un campo de reclusión nazi— forma parte de otro mundo intelectual y no de la generación de los estructuralistas franceses. Siempre que puede, arremete contra ellos:

> Del mismo modo, el comportamiento aberrante del francés, sus posiciones a menudo sorprendentes y extrañas, en el orden moral, social y político, se comprenden mejor si admitimos que para él el

---

9. *Ibid.*, pp. 4-5.

10. GUSDORF, G. (1964) *L'Université en question*, París, Payot, p. 218. En sus memorias, observa: "De esta lucha vana, me quedaba una nostalgia incurable. La universidad ideal no existe, pero las universidades existentes en Inglaterra, Alemania, Estados Unidos y otros lugares pueden ser juzgadas como logros más o menos cercanos de este tipo ideal. Aunque debemos admitir que se trata de una utopía, debería existir, como requisito, en la mente de todos aquellos que contribuyen a la creación permanente, a la construcción de verdaderas universidades. La idea que propuse entonces a las autoridades competentes era crear un embrión, una célula germinativa de una universidad de pleno derecho, a partir de un grupo de profesores de un nuevo tipo, implementando con estudiantes de un nuevo tipo una pedagogía del conocimiento total, en oposición a esta pedagogía de la especialización, practicada en todas partes" (*Le crépuscule des illusions: mémoires intempestifs, op. cit.*, p. 256). Este asunto también es considerado en el libro que estamos presentando.

verdadero país se encuentra entre la Sorbona y Saint-Germain des Prés; unas pocas aceras privilegiadas, unos pocos cafés definen los horizontes del mundo.[11]

Podríamos leer, pues, *¿Para qué profesores?*, como un capítulo de la vida intelectual y cultural francesa en unos años que fueron realmente muy tensos y que nos han dejado —en el ámbito filosófico, político, social y pedagógico—, interesantes herencias. Pero también, y, sobre todo, puede leerse por el tipo de sugestivos contrastes, resonancias y evocaciones que esa lectura puede suscitarnos hoy. Trataré, en esta presentación, de atender a algunas de estas cuestiones. Pero lo primero de todo, aunque de forma necesariamente breve, será hablar del autor de este libro. ¿Quién fue Georges Gusdorf?

Un apunte sobre Georges Gusdorf

Filósofo e historiador de las ideas, Georges Gusdorf, nacido en Burdeos, procedía de una familia judeo-alemana. Estuvo recluido cinco años en un *Oflag* del ejército alemán en Lübeck durante los años negros de la colaboración (1940-1945). Como Jankélévitch y Bachelard, de quien fue alumno en la École *Normale Supérieure* (ENS) (también sería alumno de Alain), y como Lévy-Bruhl, Piaget o Mauss, y tantos otros pensadores de su generación, Gusdorf recibió la influencia de ese "maître de la Sorbonne" que fue Léon Brunsch-

---

11. *Ibid.*, p. 190. En sus memorias, mostrándose realmente enfadado (y seguramente también celoso), dice: "Ninguno de mis volúmenes ha tenido el éxito de un *best-seller*, honrado por el ruido de los medios de comunicación; ninguno ha tenido la recepción triunfal reservada para el libro de Michel Foucault *Les Mots et les Choses*, publicado en 1966, seis años después de la *Introducción a las ciencias humanas*. Esta obra apresurada y medio informada formó parte de la ola del trasfondo estructuralista; se sacrificó a la moda de un antihumanismo crujiente y suicida, lo que le valió el reconocimiento como obra maestra por parte de muchos árbitros de elegancia intelectual" (*op. cit.*, pp. 334-335) Hay que recordar que Foucault rechazó encuadrar su pensamiento dentro del estructuralismo. Cuando el estructuralismo desembarca en las universidades de Estados Unidos, ya se había acumulado una importante crítica a este enfoque, siendo en el mundo angloparlante donde se acuña el término *postestructuralismo*. Véase: CUSSET, F., 2005, *Frech Theory. Foucault, Derrida, Deleuze & Cía. y las mutaciones de la vida intelectual en Estados Unidos*, Barcelona, Melusina.

vicg, director de su tesis doctoral sobre la experiencia del sufrimiento humano, que escribe en sus años de reclusión, y defiende en 1948. Gusdorf fue autor de esa auténtica biografía del pensamiento occidental en que consiste su monumental obra *Les sciences humaines et la pensée occidentale*, compuesta por 14 volúmenes.[12] De 1945 a 1948 fue "caïman" de la ENS, como sucesor de Maurice Merleau-Ponty, de quien era amigo, es decir, supervisor o profesor de los estudiantes de filosofía "normalistas", como suele denominárseles, siendo su sucesor Louis Althusser, que ocupará esa misma función desde 1948 hasta 1980.

Entre otros, fue profesor de Michel Foucault, por quien no sentía una gran estima, pero al que muy probablemente le transmitió cierto interés por el libro de Eugen Herrigel (interés que Richard Sennet[13] también compartía), y que en su traducción francesa tenía por título *Le Zen dans l'art chevarelesque du tir à l'arc*. Foucault alude a ese libro en su curso del Collège de France de 1982 *Hermenéutica del sujeto*,[14] y Gusdorf lo cita de forma explícita en su propio ensayo.[15]

Gusdorf fue profesor de filosofía de la Universidad de Estrasburgo después de 1948 y trató, en una labor estudiosa, solitaria y disciplinada, que reúne más de cincuenta obras, de responder a algo que Hermann von Keyserling había declarado: "Le chemin qui mène de soi à soi fait le tour du monde"[16]: encontrarse a uno mismo transitando el mundo. Joven "normalista", creía que el trabajo sobre uno mismo

---

12. Publicados en la editorial Payot desde 1966 a 1985.

13. Sennett y Foucault eran amigos (aunque Sennett era más joven), y el prólogo de su libro *El artesano* (Barcelona, Anagrama, 2009), que se titula "El hombre como creador de sí mismo", suena casi como una velada dedicatoria a Foucault. También Sennett se sentía atraído por el arte Zen.

14. Existe traducción española: *Zen en el arte del tiro al arco*, Buenos Aires, Kier, 2016. Al final de la clase del 10 de febrero de 1982 de este curso (primera hora) Foucault comenta que lo que nos separa de la meta, en el arte del cuidado de sí, debe ser el objeto de nuestro conocimiento, una vigilancia, una atención, y dice: "Aquí estamos mucho más cerca de ese famoso ejercicio del tiro con arco que, como saben, es tan importante entre los japoneses". *Hermenéutica del sujeto*, Madrid, Akal, 2005, p. 218. Foucault viajaría a Japón en el año 1978.

15. Véase el Capítulo 2 del libro de Gusdorf.

16. GUSDORF, G. (1991) *Les écritures du moi*, París, Odile Jacob, p. 8.

podría beneficiar a los demás. Y es este precisamente el sentido de sus primeros trabajos. *Découverte de soi* (1948)[17] da cuenta de esta intuición, así como *L'Expérience humaine du sacrifie* (1948), *Traité de l'existence morale* (1949) o *Mémoire et personne* (1951). *Le crépuscule des illusions* —sus "memorias intempestivas", publicadas póstumamente, y con claras evocaciones nietzscheanas y wagnerianas—, dan cuenta tanto de su formación como de sus desilusiones y decepciones. En ellas, Gusdorf rinde homenaje a sus profesores de juventud (Émile Bréhier y, sobre todo, Léon Brunschvicg), a su profesor de *khâgne*[18] (Jean-Raoul Carré), se refiere a las ilusiones perdidas, y ataca el "pétainisme" que Paul Ricoeur, que fue su colega en Estrasburgo, habría manifestado en algún momento.[19]

Tanto por esta obra (del año 1963), como por su libro de 1964, *L'Université en question*, ese profesor de filosofía general que es Gusdorf parece pensar que ha llegado el momento de que el intelectual intervenga en los asuntos de la ciudad. Quizá Gusdorf haya asumido que había llegado la hora de pasar de las tranquilas abstracciones generales al terreno donde han de disputarse las cuestiones vitales para el ser humano, en el día a día y en la vida comunitaria y social. Un tímido pero decepcionante encuentro con el ministro de educación Christian Fouchet[20] le hace entender que el filósofo nun-

17. De 1948 a 1990, Gusdorf dedicó dos volúmenes a la *Découverte de soi* (París, PUF, 1948), "Les écritures du moi" (París, Odile Jacob, 1990) y "Auto-bio-graphie" (París, Odile Jacob, 1990). Posteriormente, tras su muerte, apareció *Le crépuscule des illusions: mémoires intempestifs* (París, La Table Ronde, 2002). Una muy amplia selección de sus obras se puede encontrar en el siguiente enlace: <www.bnf.fr/documents/biblio_gusdorf.pdf>.

18. En el sistema educativo francés se exige, antes del acceso a las Escuelas Normales Superiores, pasar un examen de entrada. La preparación de dicho examen exige estudiar durante dos años unos cursos específicos. Al primero de estos años se le denomina *khâgne* (o "Lettres superieurs"), y al segundo *hypokhâgne* (o "Première supérieure").

19. Ricouer habría cambiado de opinión cuando la situación militar del Reich comenzó a deteriorarse, hacia finales de 1942. En *Critique et la Conviction*, que es un libro de entrevistas, dice: "Debo a la verdad decir que, hasta 1941, había sido seducido, con otros —la propaganda era masiva— por ciertos aspectos del petanismo".

20. En la declaración del gobierno de mayo 1965, Fouchet, ministro del departamento de educación en el Gobierno Pompidou desde diciembre de 1962, presenta la reforma del bachillerato y de los diferentes cursos de la enseñanza secundaria, que fue aprobado por el Consejo de Ministros. Hay una tesis doctoral consagrada a

ca podría ser el consejero del príncipe "sin perder su alma. De ahí su
desconfianza, que crecerá, de la política",²¹ dice Carles Porset en el
prefacio a las memorias de Gusdorf. Como muchos otros, casi como
todo el mundo, Gusdorf tampoco había previsto el Mayo del 68, y en
este sentido sus propias reflexiones sobre la universidad y la función
docente pueden quizá leerse, retrospectivamente, como una señal de
advertencia. Indudablemente, lector de Nietzsche y de Kierkegaard,
estas obras de Gusdorf destilan una extraña mezcla de desilusión, pasión intelectual y melancolía.

El libro que nosotros leímos en su contexto

Algunos de nosotros leímos el libro de Gusdorf en circunstancias
que producían sus propias tensiones. Habíamos estudiado "Filosofía
y Ciencias de la Educación" y queríamos dedicarnos a esta disciplina:
la Filosofía de la Educación. Lo primero que conviene notar, para que
se entienda parte de nuestro contexto español, es que el desarrollo de
la pedagogía como disciplina académica y universitaria en este país
tiene una estrecha relación con su proceso de separación respecto de
su hogar de acogida: la filosofía.²²

dicha reforma: DORMOY-RAJRAMANAN, Ch. (2014) *Sociogenese d'une invention
institutionnelle: le centre universitaire experimental de Vincennes.* Michel Foucault
formó parte de la denominada *commission des dix-huit*, Véase: ERIBON, D. (1999)
Michel Foucault, Barcelona, Anagrama, pp. 184-185.

21. PORSET, Ch. (2002) "Préface" a *Le crépuscule des illusions: mémoires intempestifs*,
op. cit., p. 9.

22. La "Sección de Pedagogía", en la Facultad de Filosofía y Letras de la Universidad
de Madrid, se crea en 1932, y se ramifica en cuatro itinerarios diferentes en el año
1967. Más tarde, en 1975, la Facultad pasa a denominarse "Filosofía y Ciencias
de la Educación". En 1976 la pedagogía cuenta con un plan de estudios propio,
hasta que, tres años más tarde, nace la Licenciatura de Ciencias de la Educación.
Finalmente, en 1991, los estudios de Pedagogía emigran de la Facultad de Filosofía y Letras para crear una nueva Facultad junto con los estudios de magisterio.
Quienes accedimos a la vida universitaria y queríamos dedicarnos al estudio y
enseñanza de la filosofía de la educación, recién licenciados como estábamos,
teníamos, a decir verdad, pocas alternativas donde elegir. En Barcelona, el titular
de la cátedra de filosofía de la educación era Octavi Fullat y Genís (1986) y, en
Madrid, José A. Ibáñez-Martín, que obtuvo su cátedra de filosofía de la educación
en 1980 y se había formado junto a Antonio Millán Puelles –que estaba conven-

Así, que quienes leímos a Gusdorf comenzábamos nuestra andadura académica en Filosofía de la Educación en unos años sin duda
tensos, social y políticamente hablando, con nuevas reformas en los
planes de estudios universitarios y en medio de luchas ideológicas,
políticas y epistemológicas (recuérdese que pasábamos de una larga dictadura a una incipiente democracia). Además, los estudios de
Ciencias de la Educación buscaban su propio perfil y autonomía, lo
que permitía muchas discusiones (algunas de ellas muy agrias, porque
"nuestros mayores" tenían, casi todos, sus propios pasados y nadie
estaba dispuesto a olvidar según qué cosas). Ya entonces, los estudios
universitarios de educación, separados de las escuelas de formación
de maestros y maestras, recibían rudos reproches no únicamente por
parte de los formadores de maestros (que acusaban a los pedagogos
de ser excesivamente teóricos), sino por los profesores de la Facultad
hermana de filosofía (en la Universidad Complutense), que no entendían de qué iba eso de la "Filosofía de la Educación", y también
de los psicólogos, que deseaban hacer la guerra por su cuenta y que
participaron activamente en la reforma del sistema educativo que dio
lugar a la denominada LOGSE (Ley General del Sistema Educativo),
que llegaría a ser muy criticada. Algunos se preguntaban muy legítimamente por el sentido de esta figura del pedagogo, y así Joaquín
García Carrasco publica un libro en 1983 titulado precisamente *La*

---

cido de que la filosofía estaba en condiciones de aportar sólidos fundamentos a la
teoría y práctica pedagógicas. Éste había obtenido, en 1951, la primera Cátedra
de "Fundamentos de Filosofía, Historia de los Sistemas Filosóficos y Filosofía
de la Educación" y había impartido los cursos de Filosofía de la Educación hasta
el año 1968. Del mismo modo, Ricardo Marín Ibáñez fue Profesor Agregado de
"Fundamentos de Filosofía e Historia de los Sistemas Filosóficos", de la UCM
en 1967. Aunque no de forma exclusiva, pero sin duda también influido por el
libro de Gusdorf, Gonzalo Jover escribió su libro (resultado de su tesis doctoral)
Relación educativa y relaciones humanas (Barcelona, Herder, 1991). Véase, además, JOVER, G. (2001), Philosophy of Education in Spain at the Threshold of the
21st Century – Origins, Political Contexts, and Prospects. *Studies in Philosophy
and Education*, 20 (4), pp. 361-385; JOVER, G. (1990) Notas para una historia de
la Filosofía de la Educación en la Sección de Pedagogía de la Universidad Complutense de Madrid. *Actas del I Congreso Internacional de Filosofía de la Educación*, 2, 66-73; JOVER, G., LAUDO, X. y VILANOU, C. (2014) Juan Zaragüeta y
los orígenes de la Filosofía de la Educación en España: un pedagogo entre dos
mundos. *Revista Española de Pedagogía*, nº 258, p. 337.

ciencia de la educación, pedagogos, ¿para qué?, cuyo título recuerda muy a las claras el de Gusdorf, de quien cita el volumen VI de *Les sciences humanines et la pensé occidentale*, de 1973, pero no el que estamos presentando aquí.[23]

Quienes, como estudiantes, leímos este libro también habíamos tomado contacto con otros ensayos, como uno de un entonces joven filósofo de la educación de la Universidad de Quebec (que fue alumno de Gusdorf en la Universidad de Laval) —Lucien Morin—, cuyo llamativo título —*Les charlatans de la nouvelle pédagogie* (1973)— nos había llamado la atención y que ponía todo su énfasis crítico en lo que denominó la "opininitis pedagógica". Junto a algunas interesantes reflexiones, manifestaba ideas pedagógicas bastante reaccionarias y conservadoras. Igualmente, tuvimos la ocasión de acceder a las obras del filósofo de la educación francés Olivier Reboul —que también se lee poco hoy—, y que en algunos de sus libros cita a Gusdorf.[24] Reboul decía, y eso me interesó mucho al leerlo (y lo discutía a menudo con algunos de mis colegas), que "la filosofía de la educación no es la pedagogía. Tampoco es psicología infantil. Es una rama de la filosofía. La filosofía no tiene como objetivo el saber hacer, ni siquiera el saber, sino, ante todo, cuestionar todo lo que creemos poder saber";[25] o sea, un ejercicio de problematización. De todos modos, para quienes estábamos muy verdes todavía en el ámbito de la Filosofía de la Educación, y sobre todo porque casi lo único que leíamos eran textos de los filósofos de la educación ingleses, de corte muy analítico[26],

---

23. Indudablemente, en este contexto socio-histórico, era necesario defender y sustentar la figura *profesional* del pedagogo, pues se jugaban muchas cosas en esa tentativa. Esto explica la afirmación siguiente, que desde luego no admitiría Gusdorf: "Los problemas que se producen en el aula y, en general, los planteados en los procesos de influencia educativa merecen ser atacados científicamente". *La ciencia de la educación, pedagogos, ¿para qué?*, Madrid, Santillana, 1983, p. 15.

24. REBOUL, O. (1980) *Qu'est-ce qu'apprendre?*, París, Presses Universitaires de France, pp. 118-133.

25. REBOUL, O. (1981) *La philosophie de l'éducation*, París, Presses Universitaires de France, p. 5.

26. Tanto es así que algunos de nosotros tuvimos el atrevimiento de publicar un libro que, junto con algunos ensayos nuestros, incorporamos textos más o menos relevantes de filósofos de la educación ingleses (y también españoles, alemanes,

este tipo de obras nos proporcionaba un aire distinto en este entorno
social, político y pedagógico.

Jóvenes como éramos, accedimos el libro de Gusdorf porque antes lo habían hecho algunos de nuestros profesores (más bien pocos)
y, visto retrospectivamente, llegamos a percibir que estábamos en
medio de generaciones en conflicto, cuyos motivos para discutir no
eran los nuestros, pero que de algún modo heredábamos sin haberlos
elegido. Estábamos nosotros, cada uno con sus propias inquietudes
intelectuales e intereses investigadores, pero éramos objeto de ciertos
reproches, revestidos "epistemológicamente", por parte de los colegas
de otros departamentos de la Facultad que, en ese preciso momento
histórico, consideraban que la construcción de la pedagogía pasaba
por la "ciencia" y no por lo que a nosotros nos estaba interesando y
que tenía un perfil evidentemente filosófico. La antigua disciplina de
la "Pedagogía General", de tradición germana, había dado paso a una
nueva disciplina, la "Teoría de la Educación", instalada en la tradición anglosajona, un cambio (que en el fondo respondió a criterios más
administrativos que de otra índole) que muy pocos se habían preocupado en justificar epistemológicamente con cierto detalle.[27] Pronto
pudimos percibir que esos reproches que se nos hacía escondían otro
tipo de motivaciones de carácter más bien ideológico, pues la cátedra
de Filosofía de la Educación provenía de donde provenía, y además
estrenábamos una democracia, por lo que había que poner el acento
en los valores democráticos, la construcción de la ciudadanía, la formación de profesores como auténticos profesionales "reflexivos" y
"críticos", y un largo etcétera. El énfasis, entonces, parecía colocarse
en la importancia que debía concederse a la autonomía de ese saber
que tenía como objeto de conocimiento (científico) a la educación y,
en consecuencia, a los métodos y a las tecnologías educativas, sobre
cuya importancia ya se discutía por esas fechas. Lo que tratábamos
de pensar algunos de nosotros —la idea de la educación como una ex-

---

franceses e italianos) que tuvimos que traducir nosotros mismos. *La filosofía de la
educación en Europa*. Madrid, Dykinson, 1992.

27. Por ejemplo, Touriñán, J. M. (1987) *Teoría de la Educación: La educación como
objeto de conocimiento*, Madrid, Anaya.

periencia— resultaba, pues, demasiado alejado de lo que entendían por "práctica" y sumamente cuestionable.[28] El perfil del pedagogo que se estaba forjando entonces —y este, me parece, es un punto central— tenía que ver con algo que el propio Gusdorf señala en el arranque de la conclusión de su libro:

Una pedagogía bien ordenada comienza por sí misma. Pero el error de la pedagogía del tipo usual es que no duda de sí misma. Detentadora de la verdad, se propone únicamente imponerla a los otros mediante las técnicas más eficaces. Le falta haber tomado conciencia de sí; haber hecho la prueba de su propia relatividad con respecto a la verdad, y haberse sometido a la crítica a sí misma.[29]

Así pues, la lectura de ese ensayo de Gusdorf sobre los maestros y los discípulos contribuyó a la formación de muchos de quienes, como yo mismo, a la altura de comienzos de los años ochenta del siglo XX, iniciábamos nuestra andadura académica en Filosofía de la Educación. No puedo relacionarme con este libro sin evocar yo mismo a al-

---

28. En un ensayo muy leído y citado en su momento, y que lo sigue siendo ahora, Jorge Larrosa resume muy sintéticamente lo que a algunos de nosotros nos estaba interesando pensar: "La educación suele pensarse desde el punto de vista de la relación entre ciencia y técnica o, a veces, desde el punto de vista de la relación entre teoría y práctica. Si el par ciencia/técnica remite a una perspectiva positivista y cosificadora, el par teoría/práctica remite más bien a una perspectiva política y crítica. De hecho, sólo en esa última perspectiva tiene sentido la palabra 'reflexión' y expresiones como 'reflexión crítica', 'reflexión sobre la práctica o en la práctica', 'reflexión emancipadora', etc. Si en la primera alternativa, las personas que trabajan en educación son construidas como sujetos técnicos que aplican con mayor o menor eficacia las diversas tecnologías pedagógicas diseñadas por los científicos, los tecnólogos y los expertos, en la segunda alternativa, esas mismas personas aparecen como sujetos críticos que, armados de distintas estrategias reflexivas, se comprometen con mayor o menor éxito en prácticas educativas concebidas la mayoría de las veces desde una perspectiva política. Todo esto es suficientemente conocido, puesto que en las últimas décadas el campo pedagógico ha estado escindido entre los así llamados tecnólogos y los así llamados críticos, entre los partidarios de la educación como ciencia aplicada y los partidarios de la educación como praxis política, y no voy a abundar en la discusión. Lo que voy a proponer aquí es la exploración de otra posibilidad digamos que más existencial (sin ser existencialista) y más estética (sin ser esteticista), a saber, pensar la educación desde la experiencia". LARROSA, J. (2003) Experiencia y pasión, en *Entre las lenguas. Lenguaje y educación después de Babel*, Barcelona, Laertes, p. 165.

29. GUSDORF, en esta misma edición, p. 303.

guno de mis antiguos profesores. José Manuel Esteve, por ejemplo, lo citaba a menudo en sus clases, y todavía recuerdo la última conversación telefónica que tuve con él, antes de su fallecimiento: "Despisto a la parca, me decía con su acento malagueño, leyendo y escribiendo".

También recuerdo las clases, un poco caóticas, pero apasionantes al mismo tiempo, que impartía mi profesor de historia de la educación, Federico Gómez Rodríguez de Castro, que se había formado en Alemania, y que a menudo nos decía que el estudio implicaba solo dos cosas: "libertad y soledad". Cuando pienso en él inmediatamente lo asocio a la benevolencia y a la calma; también al sentido del humor. Nos hablaba de sus años de aprendizaje allí, y también me veo a mí mismo escuchándole muy atento. Nos hablaba de historia de la educación (en realidad, de historia de las ideas educativas), y lo mismo nos citaba a Rousseau que a Goethe. Sobre todo a los alemanes. Todo era, como digo, un poco desordenado. Llevaba con él libros que nos mostraba y de los que nos leía algunos párrafos. No sabría decir exactamente qué aprendí con él, pero sí lo que me pasó: me condujo, probablemente sin proponérselo, a la lectura y al estudio. La sensación que tengo ahora es que ese profesor tiraba flechas al azar y a mí me clavó una. Después de las clases, me quedaba pensando que yo también quería ser profesor de universidad, y entonces me encerraba en la biblioteca para leer los libros que él citaba en sus clases. Lo recuerdo con inmensa ternura. Y al hacerlo puedo asentir y decir: él fue mi maestro.

El recuerdo de ese profesor que fumaba en pipa va unido al recuerdo del libro de Gusdorf, al que se añadiría, un poco después, mi primera lectura de Hannah Arendt: la edición francesa de *Entre el pasado y el futuro*, que llevaba por título *La crise de la culture*. También me llega a la memoria la primera vez que leí algo de Deleuze: fue su libro *Proust y los signos*. Lo leí rápido y fascinado. Muchísimas cosas se me escaparon de esa torpe primera lectura, pero quedé entusiasmado. Ese ensayo me llevó a leer el primer volumen de *En busca del tiempo perdido* de Proust, y buena parte del último: *El tiempo recobrado*. Más adelante supe que Proust escribió el primer volumen y, a continuación, el último. Así que, sin saberlo, había procedido como el autor los había escrito. Muchos años después los leí todos, y me quedé esclavo de sus páginas, completamente proyectado en las mismas inquietudes literarias del narrador, Marcel, que también era, como sentía que era yo, un aprendiz desatento.

Por una pedagogía de la pedagogía (y un poco de literatura)

¿Por qué leer, entonces, a Gusdorf y tomarse en serio su vibrante reflexión sobre los maestros y los discípulos? Intentemos abordar esta cuestión ahora. Una posible respuesta a esta pregunta sería la siguiente: precisamente por el fuerte contraste que sus reflexiones producen con respecto a nuestro propio tiempo. El decorado en el que habría que inscribir ahora sus pensamientos vuelve sumamente problemática la tarea de su análisis, e incluso su misma defensa, tal y como Gusdorf plantea esa relación entre maestros y discípulos. Al hablar de esta relación, y a pesar de las críticas que despliega a determinadas arrogancias pedagógicas, Gusdorf centra su discusión en aspectos que van más allá de lo que a la pedagogía le puede interesar tratar. Los temas de los que se ocupan las páginas de su libro introducen un gesto de lo más *inactual* dentro de la configuración del discurso pedagógico hoy dominante, inscrito como está en un tipo de organización social que responde a un modelo exclusivamente económico y productivista.

Para empezar, hay una especie de contradicción de base en ese tipo de discurso, que inmediatamente se constata, al leer este ensayo; pues si, por una parte, se dice constantemente que el propósito de ese lugar llamado "escuela" es el aprendizaje de los alumnos, por otro lado, es evidente que esta función "educativa" hace ya mucho que se ha escapado de ese escenario. Progresivamente, se han ido instituyendo otras formas de aprendizaje "obligatorio" en la sociedad moderna; dispositivos y estratagemas de todo tipo hacen creer a la gente —como ya señaló Ivan Illich— que pueden aprender fuera del entorno escolar (lo cual es cierto sin duda), al margen del vínculo que une a profesores y alumnos: primero fue por medio de la televisión, y luego, a través de los ordenadores, en esa inmensa tela de araña que es la red. Ahora bien, lo que sí permanece es que el sistema educativo ha creado un tipo de alumno completamente acostumbrado al hecho de que se le debe enseñar lo que aprende, aunque nada de lo que se les enseña deba, de hecho, ser tomado realmente en serio.[30]

El contexto en el que inexcusablemente hay que situar el libro de Gusdorf es uno en el que, en nombre de la formación de profesionales competentes, expertos y especialistas, hemos defraudado a las nuevas generaciones haciendo lo peor que se puede hacer con los jóvenes: mentirles, al prometerles algo que nunca les podríamos dar, como por ejemplo trabajo, convenciéndoles, por ejemplo, de que el fin de los estudios superiores se encuentra en el mercado, y sugiriendo, de paso, que hablar del mercado es lo mismo que hablar de lo social. Se han confundido los fines de la formación con los del mercado; hemos infantilizado a nuestros estudiantes, les hemos *alumnizado* en nombre de la llamada sociedad del aprendizaje; hemos postsecundarizado la universidad y convertido nuestros centros de educación superior en escuelas sin profundidad en la formación que impartimos; hemos invalidado los espacios que hasta no hace mucho todavía servían para mantener conversaciones intelectualmente inquietantes en torno a una gran obra o un motivo cultural de cierta profundidad. Más o menos, y quizá exagerando los rasgos, esta es la situación. Podrían añadirse más elementos. Pero basta con lo dicho para decir que ser profesor o profesora no es desempeñar sin más un puesto de trabajo, sino *profesar* una vocación.

Gusdorf se muestra, naturalmente, muy crítico con los procesos de pedagogización de la sociedad y con arrogancias que provienen del mundo especializado de la educación, aunque su interés es mostrar que "la relación maestro-discípulo aparece [...] como una dimensión fundamental del mundo humano". Más que una meditación sobre los métodos de enseñanza, lo que le interesa es una investigación que sería algo así como "una pedagogía de la pedagogía": "La investigación de los procedimientos secretos en virtud de los cuales, al margen de todo contenido particular, se realiza la edificación de una personalidad, y se juega su destino". Gusdorf es muy explícito al señalar

---

30. CAYLEY, D. (2018) *Conversaciones con Ivan Illich. Un arqueólogo de la modernidad*, Madrid, Enclave de Libros, p. 35.

que hoy tenemos cada vez más pedagogía y más pedagogos, pero también menos maestros.

> La pedagogía inconsciente es la más eficaz [...] El primer maestro de todo el mundo es todo el mundo [...] Todo el mundo enseña a todo el mundo las actitudes y las conductas fundamentales que pautan la existencia primitiva [...] Toda la cultura se desarrolla en la presencia del presente; la palabra de los ancianos, de los padres es la única mensajera de los mitos que ponen en escena, día tras día, según liturgias familiares, las actividades de la comunidad [...] Época feliz, sin duda la única en la que la pedagogía no constituye un problema; edad de oro de una pedagogía sin pedagogos.[31]

Pese a la contundencia de sus observaciones críticas, Gusdorf es a la vez prudente en sus juicios: sería injusto, señala al final de su libro, dirigir a la pedagogía y a los pedagogos unos reproches que quizá no merecen, pues la crisis de la educación es, más bien, una consecuencia directa de la *crisis de la cultura.* La cultura general, cada vez más desprestigiada, parece más necesaria que nunca, viene a decir, para asegurar la coherencia de la imagen del ser humano y del mundo, en un universo que parece disociarse bajo la presión de exigencias contradictorias: "Es el maestro el que da a la cultura un aspecto personal. Es a la vez un *predecesor y un precedente,* un punto de referencia en la inmensidad". En este sentido, el libro de Gusdorf es un potente ensayo filosófico, una muy lúcida reflexión de filosofía de la educación y una pertinente defensa del mundo de las ideas y de las humanidades, pero sin inocencias de ninguna clase. Recordemos que Gusdorf fue un interesado lector de Nietzsche, a quien cita en su libro, y eso no es cualquier cosa.

En el marco que acabo de referir, la idea de una presencia real entre profesores y alumnos, entre maestros y discípulos, parece haber perdido ya sus antiguas significaciones. Importa hoy menos el impacto formativo que tiene, para una subjetividad en transformación, una relación como ésta de la que habla Gusdorf, que el hecho de que, sea cual sea el tipo de relación que se establezca, las nuevas generaciones *aprendan.* Dentro de la llamada sociedad del aprendizaje, la figura del

---

31. GUSDORF, en esta misma edición, p. 268-269.

alumno que indudablemente destaca es la de un alumno "funcional". Nada, o prácticamente nada, parece evocar ya lo que, en otro libro de la misma época —*Nous autres professeurs* (1969)—, decía Jacqueline de Romilly: "La hora de clase es como un oasis en la trama de los días: es una hora reservada para el conocimiento, a la verdad y a la inteligencia".[32] O, como escribió Georges Steiner: "Raras veces nos paramos a considerar las maravillas de la transmisión, los recursos de la falsedad, lo que yo llamaría —a falta de una definición más precisa y material— el *misterio* que le es inherente".[33] Es de esas horas dedicadas a la inteligencia y el conocimiento, y también de ese "misterio", de lo que el libro de Gusdorf precisamente da cuenta. Su pasión por lo autobiográfico —por ese encuentro con uno mismo que se desvía por el mundo— se instala, de algún modo, en este ensayo, así como su propia visión de lo que una filosofía de la verdad encarna: "Sólo podemos acceder a una verdad en situación, y la búsqueda en este sentido no terminará jamás. Todo individuo que se presente como portavoz de lo absoluto es culpable de falso testimonio; su pretensión muestra una contradicción en los términos".[34]

En este hermoso ensayo de Gusdorf se celebran al maestro y al discípulo, se elogia, sin inocencia ni sentimentalismo, el vínculo que les une. Los asuntos que se van recorriendo conforman toda una filosofía y una poética de este singular encuentro educativo que está mediado por el saber y la cultura: el encuentro del maestro como descubrimiento de uno mismo; las relaciones de dependencia en la relación maestro-discípulo; la enseñanza como deseo de lo imposible; la condición del discípulo, las seducciones y las traiciones, en fin, las patologías del magisterio. Al mismo tiempo también hay un cierto homenaje al espacio del aula donde maestro y discípulo se encuentran. Es aquí donde una existencia puede encontrar su orientación y sentido. Es un espacio tan real como físico, pero también, dicho en el sentido griego del término, espiritual. Allí un estudiante puede encontrarse con la parte de la herencia intelectual y moral que le corres-

---

32. Romilly, J. (1991) *Nous autres professeurs*, París, Éditions de Fallois, p. 33.

33. Steiner, G. (2003) *Lecciones de maestros*, Madrid, Siruela, p. 11.

34. Gusdorf, G. (2002) *Le Crépuscule des illusions,* París, La Table Ronde, p. 115.

ponde por mediación de sus maestros. Como decía María Zambrano, "tienen las aulas su vida propia, abiertas como están y vacías".[35] El aula: lugar vacío y dispuesto a llenarse, espacio disponible, dispuesto a ser habitado de continuo. Es un espacio poético, pues en él se da lugar a la presencia plena de quienes la habitan: profesores, profesoras, jóvenes de ambos sexos. Un espacio dispuesto a la humanidad y a la humanización a través de los saberes que se transmiten, se dialogan, se conversan, leyendo, escribiendo, pensando.

Se ha sugerido que la defensa de la escuela, hoy, pasa por mantenerla de otro modo; y ese "otro modo" demanda abandonar la idea del aula como centro de lo escolar que, según cierta interpretación, constituye una pesada carga decimonónica absolutamente obsoleta e insostenible. Al escuchar este tipo de reivindicaciones siempre recuerdo un viejo ensayo de Michael Oakeshott, donde se dice que la educación

> Comienza cuando la transacción se torna "educativa" y cuando aprender se convierte en estudiar para aprender en condiciones en las que se imponen instrucciones y limitaciones, lo que no es casual. Comienza cuando aparece un maestro que tiene algo para impartir que no está relacionado de manera inmediata con las carencias ni con los "intereses" que tiene el estudiante en ese momento.[36]

Esa aversión hacia la escuela tiene muchas variantes y se enmascara de mil maneras. Hace olvidar a los artífices de semejante desprecio que ellos mismos son *de hecho* profesores, un producto de la escuela misma, y que van a diario a las aulas a enseñar cosas a sus alumnos. El aula escolar es un lugar apartado al que se va a aprender mediante el estudio, tal vez un lugar donde el heredero puede encontrar su herencia moral e intelectual, aunque "no en los términos en los que se usa en las ocupaciones y los compromisos cotidianos en el mundo exterior".[37]

---

35. ZAMBRANO, M. (2007) *Filosofía y educación. Manuscritos*, Málaga, Editorial Ágora, p. 68.

36. OAKESHOTT. M. (2009) *La voz del aprendizaje liberal*, Buenos Aires, Katz editores, p. 99.

37. *Ibid.*, p. 100.

En su novela *El profesor del deseo*, David Kepesh, que es profesor de literatura, sublima los poderes de seducción de los que hace gala en las mejores novelas que da a leer a sus alumnos, y subraya la importancia y singularidad de lo que puede llegar a pasar en un aula:

> Me encanta enseñar literatura. Pocas veces me siento tan feliz y contento como cuando estoy aquí con mis páginas de anotaciones y mis textos llenos de marcas y con personas como ustedes. En mi opinión, no hay en la vida nada que pueda compararse a un aula. A veces, en mitad de un intercambio verbal —digamos, por ejemplo, cuando alguno de ustedes acaba de penetrar, con una sola frase, en lo más profundo de un libro—, me viene el impulso de exclamar: "¡Queridos amigos, graben esto a fuego en sus memorias!". Porque una vez que salgan de aquí, raro será que alguien les hable o los escuche del modo en que ahora y se hablan y se escuchan entre ustedes, incluyéndome a mí, en esta pequeña habitación luminosa y yerma.[38]

El profesor les está diciendo que eso que ocurre en el aula es algo único que *jamás* se repetirá. Y parece que sus palabras esconden otras cosas. Desde el momento en que una simple referencia a una obra mueve a uno de sus estudiantes a salir disparado a la biblioteca para llenar la mochila de los libros citados allí, la sensación es, casi de forma inmediata, la de estar a punto de ponerse a conversar con los muertos, pues en ese acto de lectura, cuando los libros comiencen a ser leídos, volverán a cobrar una nueva vida. Es algo único. No tiene precio. No se puede evaluar, ni medir, ni calcular. El maestro no se limita a enseñar una materia o unos contenidos. Enseña un amor: su amor por la materia, que al mismo tiempo que enseña, él o ella misma encarnan. Enseña la historia de amor que tiene con lo que transmite: las horas demoradas y solitarias de lectura y exilio estudioso, las notas de los cuadernos, los viajes y las andanzas. ¿Cómo incluir esto en alguna clase de "evaluación docente", como ahora se la denomina?

En su hermosísima novela *Stoner*, John Williams lo expresa de este modo:

---

38. Roth, Ph. (2012) *El profesor del deseo*, Barcelona, Debolsillo, p. 181.

Cuando daba clases, se encontraba de vez en cuando tan abstraído en su asignatura que se olvidaba de su insuficiencia, de sí mismo, e incluso de los alumnos que tenía enfrente. De vez en cuando se sentía tan arrebatado de entusiasmo que tartamudeaba, gesticulaba e ignoraba los apuntes de clase que normalmente guiaban sus discursos. Al principio le molestaban esos arranques, como si se tomara demasiadas confianzas con su asignatura, y se disculpaba con sus alumnos, pero cuando empezaron a reclamarle después de las clases, y cuando sus ejercicios empezaron a mostrar indicios de imaginación y la revelación de un amor vacilante, se animaba a hacer aquello a lo que nunca le habían enseñado. El amor a la literatura, al lenguaje, al misterio de la mente y el corazón manifestándose en la nimia, extraña e inesperada combinación de letras y palabras, en la tinta más negra y fría —el amor que había ocultado, como si fuera ilícito y peligroso, empezó a exhibirlo, vacilante en un principio, luego con temeridad y después con orgullo [...] Sospechaba que comenzaba, con diez años de retraso, a descubrir lo que era y lo que veía era, más o menos lo que había imaginado que sería. Sentía por fin que empezaba a ser profesor, lo cual era simplemente ser un hombre a quien el libro le dice la verdad, a quien se le concede una dignidad artística que poco tiene que ver con su estupidez, debilidad o insuficiencia como persona. Era un conocimiento que no podía expresar pero que le había cambiado y gracias al cual su personalidad se volvió inconfundible.[39]

Mucho más que lo que irradie de las figuras del maestro o del discípulo, importa la luz que emana de lo que se coloca en medio de la relación que les une. Todo gira en torno a un deseo de saber. Y puesto que el maestro encarna ese saber que se coloca en medio de la relación, su intervención allí es fundamental: presume la posibilidad del desvelamiento, en el discípulo, de un sí mismo. El maestro es un mediador en su existencia. El maestro habla, y coloca en medio de la relación su palabra, su cuerpo y toda su pasión. Pero es asimismo un signo de contradicción para el joven. No está ahí para calmarle, sino para alterarle, para imponerle severas pruebas y ejercitaciones.

---

39. Williams, J. (2015) *Stoner*, Tenerife, Baile del Sol, pp. 102-103.

Es probable que el discípulo quede atrapado y seducido en esa red que el maestro ha tejido. Lo más difícil es procurar que el discípulo no se desvíe del camino que ha de emprender. El maestro está ahí para que no salga del asunto, para que se no se le esfume, y para que libremente se desplace en el interior del texto que están leyendo juntos, demorándose largamente en ese acto que pronto devendrá una experiencia lectora única. Ahora bien, pensar como el maestro, dice Gusdorf, no es todavía pensar. El trabajo más duro se reparte entre ambos, cada uno en su parcela. Es tentador buscar el amor de los discípulos, ser su confidente. Por eso observa Gusdorf que "la eterna tentación del maestro es enseñarse a sí mismo, dando así el cambio sobre la verdad y sobre sí".

Podemos poner en relación estas cosas con algunas referencias literarias, para buscar nuevas resonancias. Algunas novelas de la literatura española, por ejemplo, dan cuenta de ese poder de mediación (y de influencia) de un adulto sobre una existencia en formación; por ejemplo, en *La voluntad*, la primera novela de Azorín. Toda la primera parte es algo así como una puesta en escena, en clave de ficción, de la intempestiva de Nietzsche *Schopenhauer como Educador*:

> El maestro va y viene ante Azorín en sus peripatéticos discursos. Habla resueltamente. A través de la palabra enérgica, pesimista, desoladora, colérica, iracunda —en extraño contraste con su beata calva y plácida sonrisa— el maestro extiende ante los ojos del discípulo hórrido cuadro de todas las miserias, de todas las insanias, de todas las cobardías de la humanidad claudicante. La multitud le exaspera; odio profundo, odio tal vez rezago de lejanos despechos, le impulsa fieramente contra la frivolidad de las muchedumbres veleidosas. [...] Y a lo largo de la estancia recargada de libros, nervioso, irascible, enardecido, va y viene mientras sus frases cálidas vuelan a las alturas de una sutil y deprimente metafísica, o descienden flageladoras sobre las realidades de la política venal y de la literatura vergonzante. Azorín escucha al maestro. Honda tristeza satura su espíritu en este silencioso anochecer de invierno. Yuste pasea. A lo lejos suenan las campanas del santuario. Los opacos tableros de piedra palidecen. El maestro se detiene un momento ante Azorín

y dice: —Todo pasa, Azorín; todo cambia y perece. Y la substancia universal —misteriosa, incognoscible, inexorable— perdura.[40]

El personaje de la novela —Azorín— no parece aceptar la derrota metafísica del pesimista Schopenhauer y se rebela contra su tiempo. Ha de refugiarse en su yo íntimo, que será su único asidero, mientras escucha, atento, al maestro. Su trato con él le va dando forma, aunque agudice más su inquietud y la torne más profunda:

> Azorín va y viene de su cuarto a la biblioteca. Y esta ocupación es plausible. Azorín lee en pintoresco revoltijo novelas, sociología, crítica, viajes, historia, teatro, teología, versos. Y esto es doblemente laudable. Él no tiene criterio fijo: lo ama todo, lo busca todo. Es un espíritu ávido y curioso; y en esta soledad de la vida provinciana, su pasión es la lectura y su único trato el trato del maestro. Yuste va insensiblemente moldeando este espíritu sobre el suyo.[41]

Encontrarse con un maestro, con un profesor, hombre o mujer, a quien hemos elegimos como tal, significa encontrarse con una vocación, y es intentar ofrecer una respuesta a la pregunta ¿qué tipo de vida quiero llevar? Es tropezar con un mundo otro, un mundo que se ofrece para ser leído, escrito, interpretado. Pues un maestro arrastra consigo una biblioteca, unos modos de leer, de escribir, de pensar y de mirar. Y al acceder a ese mundo lo que acontece es que el discípulo, sorprendente y misteriosamente, se encuentra consigo mismo.

La importancia de los maestros: evocaciones, seducciones y traiciones

Entre los recuerdos más entrañables que un ser humano tiene, dirá Gusdorf al inicio de su libro, los escolares revisten una especial importancia en nuestras biografías y, de modo preferente, los que evocan el encuentro con los maestros. La relación maestro-discípulo ha inspirado testimonios de todo tipo, dando lugar a importantes creaciones filosóficas, literarias y también pedagógicas. Los interrogantes son

---

40. MARTÍNEZ RUÍZ, José Martín "Azorin" (1989) *La voluntad,* Madrid, Clásicos Castalia, p. 72.

41. *Ibid.,* p. 94.

abundantes: ¿Por qué los maestros? ¿Por qué nos encontramos con ellos? ¿Qué cosas pasan en ese encuentro? ¿En qué consiste nuestra necesidad de maestros? ¿Qué legitima el derecho a la transmisión de los saberes desde un lugar a otro de la escala generacional? ¿Dónde se sostiene la autoridad de los profesores y maestros: en el *ejemplo* que ofrecen? ¿En el *poder* que ostentan? ¿Qué papel desempeña, y qué caminos recorre, el poder de *influencia*, moral e intelectual, de los maestros sobre sus discípulos? ¿Qué pueden decirnos los filósofos, los novelistas, los pedagogos sobre estas cuestiones?

Estas preguntas no esconden ningún estado de ánimo melancólico. Pero sí tratan de poner el acento en el hecho de que existe un tipo de relación en la que hay cosas que tal vez podrían pasar y que hoy ya no ocurren, o no interesa que acontezcan, y esas cosas que ya no pasan no tienen que ver con la calidad de los aprendizajes, sino con la construcción de una subjetividad: enseñar a alguien es, ni más ni menos, ayudarle a convertirse en lo que está destinado a llegar a ser: "La relación con el maestro, que en un principio parece ligarme a otro, oculta una relación más importante conmigo mismo. Por mediación de una revelación exterior me dirijo a una conciencia mayor de mi ser propio":

> El magisterio es un misterio. La relación del maestro con el alumno es un diálogo sin comunicación, una comunicación indirecta y sin plenitud, una fuga cuya solución y resolución será perpetuamente rechazada. Bergson, ante sus más fieles discípulos, pensaba en voz alta y completamente solo [...] El secreto del magisterio es que el maestro no existe [...] No hay maestros, y los maestros menos auténticos son indudablemente aquellos que desde las alturas de una autoridad prestada presumen de maestros, intentando abusar de la confianza de los demás y engañándose sobre todo a sí mismos.[42]

Ciertamente, es una de las tareas más complejas la de ser profesor. Pues el que enseña tiene mucho más que aprender que el alumno, o quizá algo que a este no le corresponde todavía: debe dejar que el otro aprenda por su cuenta. Más aun: de lo que el profesor enseña no cabe inferir (como de una causa su efecto correspondiente) el apren-

---

42. Gusdorf, en esta misma edición, p. 309.

der, sino el *motivo,* el *movimiento,* el *inicio* que empuja al discípulo a buscar un saber del que terminará enamorándose. Entonces, ese profesor, ese maestro, se convierte, como hemos dicho, en un mediador de la existencia del otro:

> El discípulo sólo existe para el maestro, que es mediador de existencias. Pero el mismo maestro no existe más que para el discípulo. Hay una vocación del maestro al magisterio del que únicamente el testimonio del discípulo puede aportarle la revelación. Es normal que el maestro esté inquieto y que dude de su certeza. Ningún ser humano es completamente digno de soportar la aplastante carga de la verdad [...]. Es necesario, para que salga de su reserva, que el discípulo le dirija su requerimiento.[43]

Una cosa es ser profesor y otra muy diferente ser un maestro. Estas dos figuras no siempre coinciden en el mismo ser ni confluyen en la misma estructura de una personalidad. A menudo, quienes nos dedicamos a la enseñanza sólo somos eso: profesores. Llegar a ser un maestro es algo que no podemos elegir. Y el asunto no reside en aspirar o no a ser un maestro. En todo caso, la elección le corresponde al alumno, que en el mismo instante que escoge a alguno de sus profesores como "maestro" lo instituye como tal transformándose él mismo en su discípulo. Entonces, "maestro" deviene una categoría *existencial,* en la condición recién adquirida de discípulo, por aquél que lo ha elegido. Es, pues, el discípulo quien —para bien o para mal— erige al maestro.

Nuestros maestros no son sólo los seres humanos que nos enseñaron en el ámbito escolar. Muy a menudo, en la esfera intelectual, son aquellos que al leer y frecuentar sus creaciones nos influyeron y ayudaron a cambiar el curso de nuestras existencias. Son quienes el azar de la vida nos puso delante. En filosofía, en la literatura y en la poesía, en general en las artes; en la pintura, la música y las ciencias, nuestros maestros son esos perfectos desconocidos que aprendimos a amar en la distancia del tiempo, a través de las obras que nos dejaron y a las que accedimos.

---

43. GUSDORF, en esta misma edición, p. 41.

Gusdorf sugiere, lo hemos dicho ya, que la relación maestro-discípulo es una dimensión fundamental del vínculo humano intelectual (ético, estético, poético, político). Este vínculo está atestado de referencias filosóficas y literarias en las que destaca el recuerdo agradecido. En los textos que los discípulos escribirán en su momento, a menudo los maestros se hayan presentes bajo dedicatorias del tipo "A mi maestro", así como en las evocaciones dirigidas "Al lector", o en explícitos "Agradecimientos". Tanto en las cartas de recomendación, como en las lecciones inaugurales, en los aniversarios, las jubilaciones, en las ceremonias fúnebres y otros homenajes al maestro perdido, esta clase de textos introducen una necesaria dimensión subjetiva y ponen en evidencia que un maestro ha hablado personalmente al discípulo y que éste ha recibido íntimamente su palabra como un inapreciable regalo en su formación. Naturalmente, los textos que los discípulos escriben son reconstrucciones *a posteriori* que aspirar a una puesta en orden de los hechos realmente acontecidos y que definieron una antigua relación discipular. Probablemente también existan omisiones, simplificaciones y distorsiones más o menos deliberadas. Exploremos algunas de estas evocaciones.

La primera de ellas es del filósofo francés Gilles Deleuze, que en el año 1964 consagra a Jean-Paul Sartre su propio homenaje en una corta nota, que comienza de este modo:

> Triste generación la que carece de maestros. Nuestros maestros no son únicamente los profesores públicos, aunque tengamos gran necesidad de profesores. En el momento en que alcanzamos la mayoría de edad, nuestros son aquellos que nos impresionan con una novedad mayor, los que saben inventar una técnica artística o literaria y encontrar la forma de pensar correspondiente a nuestra *modernidad*, es decir, tanto a nuestras dificultades como a nuestros difusos entusiasmos.[44]

La fórmula de Deleuze —"tristeza de generaciones sin maestros"— es de lo más extraña, por varias razones. Primero, por la distancia que separa el pensamiento sartriano del pensamiento de Deleuze, debido a su orientación claramente anti-fenomenológica.

---

44. DELEUZE, G. (1964) Il a été mon maître. *Arts,* November 28, p. 8.

Esta primera razón es fácil de disipar, en la medida en que es precisamente responsabilidad de los maestros animar a sus discípulos a que se separen de ellos para que adopten sus propios caminos. La segunda razón tiene que ver con la heterogeneidad de la afirmación de Deleuze con respecto a su propia filosofía, que deja en verdad poco espacio para un elogio a los maestros en el sentido de expertos o especialistas. En realidad, a Deleuze le llamaba más la atención las flechas tiradas al azar que la continuidad de las tradiciones, es decir, una especie de relación indisciplinada con la tradición y el pasado. Por último, está la cuestión de la tristeza; ¿de qué género de tristeza se hace eco Deleuze? ¿Qué generación es la que se lamenta y llora? La suya no, pues tenía a Sartre como figura tutelar. Tal vez se trata de la generación posterior, la generación de la década de los años 1970, quizá la nuestra. Pero entonces, esa generación que lamenta la ausencia de maestros, ¿a quiénes deben responsabilidad del vacío que sienten? ¿A quienes, como el propio Deleuze, que sí dispuso de ellos, parecen no querer serlo de ninguna forma?

Los mismos gestos que aparecen en Deleuze los encontramos en las páginas finales de *El orden del discurso* de Michel Foucault, su lección inaugural en el Collège de France. Foucault se refiere allí a la figura tutelar de Jean Hyppolite, traductor y comentador al francés de Hegel, y que había fallecido dos años antes de la elección de Foucault como profesor de aquella prestigiosa institución. Foucault alude a Hyppolite como esa voz en la cual él mismo querría haberse ocultado subrepticiamente, como dice al final de su lección: "Ahora comprendo mejor por qué experimentaba tanta dificultad al comenzar antes. Sé bien cuál era la voz que habría querido que me precediera, que me llevara, que me invitara a hablar y que se introdujera en mi discurso".[45] Lo que en el futuro hará Foucault, lo que en ese mismo instante ya está haciendo al pronunciar su discurso, se lo debe a él, al maestro: "Porque he tomado de él, sin duda, el sentido y la posibilidad de lo que hago [...] Es hacia él, hacia su falta —en la que

---

45. Foucault, M. (2015) *Oeuvres*, II. París, Bibliothèque de la Pléiade, p. 259.

experimento a la vez su ausencia y mi propia carencia— hacia donde se cruzan las cuestiones que me planteo actualmente".[46]

Al igual que en Deleuze, también la orientación de Foucault se aleja de Hyppolite: claramente su pensamiento es antihegeliano; asimismo, la reverencia que ofrece del desaparecido antecesor en la cátedra que se dispone a ocupar contradice el tema que recorre la propia lección inaugural que está pronunciando (Foucault propone allí desvelar los mecanismos anónimos de producción del discurso); por último, en el mismo gesto en el que Foucault agradece que sea Hyppolite la condición de posibilidad de su propio discurso también se encuentra el deseo, expresado por él, de no ser quien comience nada, es decir, de ser "le point de sa disparition posible". La pregunta resulta inevitable: ¿Cómo podemos nosotros, las generaciones posteriores, ser los alumnos de quienes de forma ninguna quisieron ser nuestros maestros? ¿Cómo colmar este vacío?

A veces, los discípulos saben captar, en los relatos que hacen de sus maestros, la intimidad que éstos establecieron con aquello que hacen y llegan a encarnar. Y es esa intimidad, esa encarnadura, la que les transmiten precisamente, como en esta evocación que Michel Onfray hace de su maestro de filosofía antigua, Lucien Jerphagnon:

> En el inicio del curso sobre Lucrecio mi viejo maestro tomó sabiamente la decisión de agradecer a los que vendrían a verlo, y de agradecer más vivamente aún a aquellos que harían economía de visitas y de relaciones. Esta "puesta a distancia" tenía la intención de solidificar las veleidades, endurecer las tentaciones. Su antiguo volumen bilingüe tenía una constelación de marcas de todos los colores: negro, rojo, violeta o azul. La intimidad que había entre las páginas y el viejo profesor revelaba las horas de meditación, de traducción. Al mismo tiempo, yo descubría hasta qué punto podía ser preciosa la relación de una persona con un libro, de un hombre y un pensamiento con un texto que no fuera la Biblia o cualquier breviario. La tapa de su libro se había despegado y muchas páginas de aquel papel amarillento y suave al tacto se esparcían bajo los dedos pues la encuadernación se había aflojado mucho tiempo

---

46. *Ibid.*, p. 259.

antes. Junto al volumen, el profesor colocaba un gran reloj de bolsillo, probablemente con su cadena, y la madera del escritorio, que hacía las veces de caja de resonancia de un instrumento musical, amplificaba el tic tac. La pipa y el tabaco completaban el sistema de objetos, y como la habitación era de dimensiones pequeñas, podía olerse el perfume azucarado, de miel y frutos exóticos, dejado por sus bocanadas. Las manos del profesor iban del reloj al libro, de la pipa a las hojas dactilografiadas de su curso, con frecuencia inútiles puesto que se trataba de mostrar la elaboración de un pensamiento, ejercicio que no suele prestarse a la codificación previa. Lucrecio se transformaba entonces en un contemporáneo, y sus palabras parecían salir como un eco y encontrar su actualidad en un lenguaje completamente moderno y cotidiano.[47]

Otro tipo de evocación es la que se refiere a la falta de grandeza de profesores y enseñantes, como la que nos proporciona Peter Handke en *Ensayo sobre el cansancio*. Al recordar sus años de estudiante, declara:

> Por regla general, no era tanto el aire enrarecido y el apiñamiento forzado de cientos de estudiantes como la falta de interés que los que daban las clases mostraban por la materia, una materia que en realidad debería ser la suya. Nunca más he vuelto a encontrarme con hombres menos poseídos por lo que llevaban entre manos que aquellos catedráticos y profesores de universidad; cualquier empleado de banco, sí, cualquiera, contando los billetes, unos billetes que además no eran *suyos*, cualquier obrero que estuviera asfaltando una calle, en el espacio caliente que había entre el sol, arriba, y el hervor del alquitrán, abajo, daba la impresión de estar más en lo que hacían.[48]

Estar poseídos por lo que enseñamos; estar ahí, plenamente presentes, en eso que transmitimos. Nunca se subrayará bastante la importancia de esa posesión y de esa presencia. Y es que "no se puede entrar en clase sin una buena preparación. No se puede hablar al alumno sin amar lo que se enseña. Una pedagogía rutinaria acaba por

---

47. ONFRAY, M. (2002) *Cinismos*, Barcelona, Paidós, p. 17.

48. HANDKE, P. (1989) *Ensayo sobre el cansancio*, Madrid, Alianza, p. 13.

matar cualquier forma de interés".[49] La mejor literatura está repleta
de referencias a esta tristeza de la que hablamos, y a esta dejación de
profesores y educadores. En su evocación, Handke no se queja de la
ausencia ni de didácticas ni de metodologías pedagógicas. Se queja
de la falta de pasión de sus profesores. De su falta de amor por lo que
hacían y enseñaban.

En *Maestros antiguos*, el escritor austriaco Thomas Bernhard también ofrece una amarga evocación de los profesores como artífices de la
destrucción de jóvenes vidas. Reser, que monologa a lo largo de todo
el relato —un musicólogo y crítico literario del diario *The Times*— dice:

> Al fin y al cabo, los profesores no son sólo, en lo que al arte se refiere,
> los obstaculizadores y aniquiladores, los profesores, al fin y al cabo,
> han sido siempre a fin de cuentas los obstaculizadores de la vida y
> de la existencia, en lugar de enseñar a los jóvenes la vida, de desci-
> frarles la vida, de hacer de la vida para ellos una riqueza realmente
> inagotable por su propia naturaleza, la matan en ellos.[50]

El texto de Bernhard —se trata de una ficción, conviene no olvidarlo— sin duda enojará a muchos. Enojará la amargura que destila
y la contundencia de sus afirmaciones. Pero no todo es aflicción y
pesadumbre. La relación maestro-discípulo es una dimensión fundamental del mundo humano. Así fue, por ejemplo, para Albert Camus.
Recordemos la bellísima carta que el discípulo Camus escribió el 19
de noviembre de 1957, tras recibir el Premio Nobel de Literatura, a
su maestro Louis Germain

Querido señor Germain:

He esperado a que se apagase un poco el ruido que
me ha rodeado todos estos días antes de hablarle de todo corazón. He
recibido un honor demasiado grande, que no he buscado ni pedido.
Pero cuando supe la noticia, pensé primero en mi madre y después
en usted. Sin usted, la mano afectuosa que tendió al pobre niñito
que era yo, sin su enseñanza y ejemplo, no hubiese sucedido nada de
esto. No es que dé demasiada importancia a un honor de este tipo.

49. ORDINE (2017), p. 18.
50. BERNHARD, Th. (1987) *Maestros antiguos*, Madrid, Alianza, p. 35.

Pero ofrece por lo menos la oportunidad de decirle lo que usted ha sido y sigue siendo para mí, y le puedo asegurar que sus esfuerzos, su trabajo y el corazón generoso que usted puso continúan siempre vivos en uno de sus pequeños discípulos, que, a pesar de los años, no ha dejado de ser su alumno agradecido. Le mando un abrazo de todo corazón. Albert Camus.[51]

En su respuesta, Germain comienza su carta de este modo: "Mi pequeño Albert". Y prosigue:

El pedagogo que quiere desempeñar concienzudamente su oficio no descuida ninguna ocasión para conocer a sus alumnos, sus hijos, y éstas se presentan constantemente. Una respuesta, un gesto, una mirada son ampliamente reveladores. Creo conocer bien al simpático hombrecito que eras y el niño, muy a menudo, contiene en germen al hombre que llegará a ser. El placer de estar en clase resplandecía en toda tu persona. Tu cara expresaba optimismo. [...] He visto la lista en constante aumento de las obras que te están dedicadas o que hablan de ti. Y es para mí una satisfacción muy grande comprobar que tu celebridad (es la pura verdad) no se te ha subido a la cabeza. Sigues siendo Camus: bravo.[52]

Uno no puede sino conmoverse profundamente leyendo estas cartas. El maestro Germain aparecerá, como no podía ser de otro modo, en la última e inacabada novela de Camus, *El primer hombre* (será allí el maestro Bernard), en un delicioso capítulo donde se recrea la escuela a la que el pequeño Albert asistía; él, como otros muchos de sus compañeros de aula, huérfanos de padre (todos ellos muertos en la primera guerra mundial). Allí leemos que la escuela no sólo ofrecía a los alumnos una evasión de la vida de la familia. Había algo más, dice Camus:

En la clase del señor Bernard por lo menos, la escuela alimentaba en ellos un hambre más esencial todavía para el niño que para el hombre, que es el hambre de descubrir [...] En la clase del señor Germain —nótese aquí que el nombre ya ha cambiado—, sentían

---

51. CAMUS, A. (2003) *El primer hombre*, Barcelona, Tusquets, p. 295.
52. *Ibid.*, p. 296.

por primera vez que existían y que eran objeto de la más alta consideración: se les juzgaba dignos de descubrir el mundo.[53]

El maestro no sólo les enseñaba lo que debía enseñarles: además les acogía con la máxima simplicidad en su vida personal; la vivía con ellos. Entre el maestro y los alumnos se establecía un lazo de filiación. Mutuamente se escogían, se elegían. Él era un maestro y, ejercerá con ellos, puesto que la mayoría de ellos no tenías ya padre, una paternidad vicaria.

Todo hombre, toda mujer, llevan la marca de la influencia de algún maestro o maestra. Para la generación de Jacqueline de Romilly, una de las grandes filólogas griegas francesas, y la primera mujer en entrar en el Collège de France, destaca, por supuesto, Alain, como para la generación de Deleuze, Jean-Paul Sartre. Pero Romilly cita a otros dos maestros: Paul Mazon y Jacques Desjardins. Ninguno de los dos buscaba tener discípulos ni poseerlos, pero causaban una inmensa admiración, y sonreían ante las adulaciones inmediatas y fáciles:

> Cuando pienso en hombres como Mazon o como Desjardins, cuando pienso en lo que les debo, una gran ola de reconocimiento arrastra la amargura de la hora presente. Y a este reconocimiento se une el orgullo. Pues nuestra materia de enseñanza no está ligada a los parloteos, a los estatus, a las reivindicaciones, sean o no justificados: aparece en su pureza. Y entonces me siento presa del deseo de imitar a estos maestros, y dar todo lo que yo pueda dar, sea que los demás lo reclamen o no.[54]

El discípulo que agradece, lo que en realidad está reconociendo es su propio nacimiento segundo. Pues el verdadero maestro es quien engendra una posterioridad, donde nuevos maestros —sus propios discípulos— lograrán serlo. El maestro engendra el tiempo, y él mismo es posible por causa del tiempo mismo. Es un padre, el maestro, según el espíritu: un padre que engendra espíritus siendo sus discípulos hijos espirituales. Una corriente de afectos, pasiones y amores atraviesa la relación. El maestro, como le ocurre al pretencioso Alcibíades, es el

---

53. Camus, A. (2008) Le premier homme. En *Oeuvres complètes*, IV (1957-1959), pp. 741-996, París, Bibliothèque de la Pléiade, p. 830.

54. Romilly, J. (1991) *op. cit.*, p. 48.

único digno de erigirse en el amado del amante-discípulo: "Creo que tú eres el único digno de convertirse en mi amante", dice Alcibíades al final del *Banquete* de Platón (218c). Y a eso Sócrates responde: "Mi feliz amigo, examínalo mejor, no sea que te pase desapercibido que no soy nada. La vista del entendimiento, ten por cierto, empieza a ver agudamente cuando la de los ojos comienza a perder su fuerza, y tú todavía estás lejos de eso" (219a). Por supuesto, el arrogante discípulo se sentirá aquí humillado y vencido —aunque no deje de reconocer la superioridad de aquél a quien ama: Sócrates. Pero quizá ya se ha introducido algo en la indisciplinada y desatenta alma de Alcibíades.

Todas estas referencias dan cuenta de algo esencial: lo inimaginable de una sociedad donde la transmisión del saber no se realice sin la mediación del maestro, sin la relación física y fuertemente misteriosa que liga a quien enseña con quien aprende. La relación maestro-discípulo, que como hemos dicho es una dimensión del mundo humano, es, más singularmente todavía, una dimensión crucial del mundo intelectual, y una dimensión bien real. En primer lugar, se trata de una relación *elegida*, y, en segundo término, de una relación *inscrita en un medio* dado: en un espacio físico e institucional, ciertamente, pero también en un espacio anímico —espiritual, por así decir— que vincula la cadena de las generaciones en enigmáticos procesos de filiación y adopción. Dentro de este espacio anímico, como ha sugerido George Steiner, un maestro irrumpe, invade, y puede llegar a arrasar con el propósito de limpiar y reconstruir lo roto. De ahí, advierte que "una enseñanza deficiente, una rutina pedagógica, un estilo de instrucción que, conscientemente o no, sea cínico en sus metas meramente utilitarias, son destructoras. Arrancan de raíz la esperanza".[55]

Conviene, sin embargo, no ser incautos en un asunto como el que estamos tratando. Pues la mutua elección entre maestros y discípulos no es ajena a toda clase de seducciones y traiciones. De hecho, la enseñanza también es un ejercicio, declarado o implícito, de relaciones de poder: "El maestro posee poder psicológico, social, físico. Puede premiar y castigar, excluir y ascender. Su autoridad es institucional, carismática o ambas a la vez. Se ayuda de la promesa o la amenaza.

---

55. STEINER, G. (2003) *op. cit.*, p. 26.

El conocimiento y la praxis mismos, definidos y transmitidos por un sistema pedagógico, por unos instrumentos de educación, son formas de poder". Gusdorf no olvida este aspecto tan crucial, pues el discípulo sólo existe para el maestro, que es mediador de existencias. Y de ahí emerge el imperativo categórico del magisterio, del que se puede hacer tanto un buen como un mal uso: "Para mí, tú eres el maestro que necesito; debes ser mi maestro; debes, luego puedes".

Algo así encontramos en la más que "moralista" novela *El discípulo* (1889), de Paul Bourget, en la que se narra la historia de la relación entre un maestro (Adrien Sixte) y su discípulo (Robert Greslou) condenado a muerte por el supuesto asesinato de una alumna de la que era su preceptor. Greslou dice haber seguido las teorías del maestro, que le han influido notablemente. Escribe una memoria relatando los hechos que el maestro, atónito, leerá:

> Existe entre usted, el maestro ilustre, y yo, su alumno, acusado del crimen más infame, un vínculo que los hombres no sabrían comprender, que usted mismo ignora, y que yo siento tan estrecho como irrompible. ¡He vivido con su pensamiento, de su pensamiento, tan apasionadamente, tan enteramente durante la época más decisiva de mi existencia! Ahora y en el desamparo de mi agonía intelectual, me dirijo a usted como al único ser del que pueda esperar, implorar, una ayuda.[56]

Sin proponérselo quizá, el maestro ha seducido e influido en su discípulo. Leyendo el manuscrito, Sixte dirá:

> Un maestro está unido al alma que ha dirigido, aunque no haya querido esa dirección, aunque esa alma no haya interpretado bien la enseñanza, por una especie de lazo místico, y que no permite oponer a ciertas agonías morales el gesto indiferente de Poncio Pilatos.[57]

Sixte se siente aterrado por las palabras de Greslou. Todos sus esfuerzos intelectuales parecen haber traído como consecuencia un "principio de muerte":

56. BOURGET, P. (2010) *Le disciple*, París, Les Classiques de Poche, p. 121.

57. *Ibid.*, pp. 303-304.

A medida que Sixte avanzaba en el manuscrito, le parecía que un poco de su ser íntimo se ensuciaba, se corrompía, se gangrenaba, tanto encontraba de sí mismo en ese joven, pero un "sí mismo" íntimamente ligado, ¿por qué misterio?, a los sentimientos que más odiaba en el mundo [...] Esa siniestra historia de una seducción tan bajamente conducida, de una traición tan negra, de un suicidio tan melancólico, le ponía cara a cara con la más espantosa visión: la de su pensamiento actuante y corruptor, él que había vivido en la renuncia y con un ideal cotidiano de pureza. Toda la aventura de Robert Greslou le mostraba sus libros como los cómplices de un odioso orgullo y de una abyecta sensualidad, él que nunca había trabajado más que para servir a la psicología, como modesto obrero de un trabajo que creía bienhechor, e imponiéndose el ascetismo más severo, a fin de que los enemigos de sus doctrinas nunca pudieran argüir su ejemplo contra sus principios.[58]

De la misma manera que los maestros pueden engañar a sus discípulos, éstos, que a menudo se engañan a sí mismos, pueden confundir el sentido de la relación, hasta destruirla por entero. En la novela de Irish Murdoch *El discípulo del filósofo*, George MCaffrey anhela la llegada a Ennistone, tras una prolongada ausencia, de su maestro filósofo, John Robert Rozanov. La vida de Ennistone gira en torno al balneario, cuyo papel a menudo se compara con el ágora ateniense: un constante lugar de cita de la ciudadanía. Como Dante dice en la *Divina Comedia*, también George MCaffrey parece decir a su maestro: *Tu se' lo mio maestro e 'l mio autore.*[59] En el momento en

---

58. *Ibid.*, p. 296.

59. "Eres tú mi modelo y mi maestro". DANTE, (2003) *Divina Comedia*, I:85, Madrid, Cátedra, p. 81. *"Rope"* (La soga), la película dirigida en 1948 por Alfred Hitchcock, puede leerse también en clave de una penosa traducción que Brandon /John Dall hace de las antiguas lecciones de su maestro (Rupert Cadell/James Stewart). Al descubrir el asesinato que Brandon y su amigo Phillip/Farley Granger han cometido en nombre de unas enseñanzas mal entendidas, el profesor reconoce lo siguiente: "Hasta este mismo momento este mundo y sus habitantes han sido un enigma para mí. He tratado de descifrarlo con lógica e intelecto superior. Tú me has echado a la cara mis propias palabras, Brandon. Tenías razón. Un hombre debe atenerse a lo que dice. Pero tú le has dado a mis palabras un significado que nunca había soñado. ¡Y has tratado de retorcerlas como excusa fría y lógica de tu horrible asesinato! Algo profundo, en lo más íntimo de ti te llevó a hacer esto. Pero hay algo dentro de mí

que maestro y discípulo se encuentran, George, como hipnotizado y ridículo, declara:

> Dios, qué real me siento ahora que por fin estoy contigo; mucho más real de lo que he sentido en años, en *años*. He anhelado tu presencia. John Robert, tienes que ayudarme. Tú robaste mi realidad, robaste mi consciencia, y eres la única persona que puede devolvérmela. La salvación es cosa de magia, lo dijiste una vez. Te suplico, te imploro. Se trata de mi salvación, es cuestión de vida o muerte.[60]

Los temas de estas novelas recrean un cierto motivo moral, y constituyen un buen pretexto para tratar el asunto de la *influencia* que los maestros ejercen sobre sus discípulos, sea directamente o a través de sus obras. Dicho con Steiner: "¿Hay un derecho a la inmunidad magisterial, a la manera de Poncio Pilato?".[61] Lo que ambos relatos plantearían es una reflexión sobre la influencia pedagógica (y sus límites), pero, además, son un análisis de una forma esencial de traición pedagógica por parte de un discípulo que anhela seguir siéndolo eternamente y que no ha entendido lo que Nietzsche proclamó: "Se paga mal a un maestro si se permanece siempre discípulo".[62]

Final

La relación maestro-discípulo es una relación elegida, y en ella la atracción —incluso erótica— entre los miembros de la relación resulta inevitable. Es un asunto que no se puede obviar. Unos versos de Hörderlin —"Sócrates y Alcibíades"— son bien significativos al respecto:

---

que no me habría dejado hacerlo y no me dejaría jamás participar en ello. Me has avergonzado esta noche de toda idea mía de seres 'superiores' o 'inferiores'. Pero te agradezco esa vergüenza. Ahora sé que cada uno de nosotros es un ser humano distinto con derecho a vivir, trabajar y pensar como individuos, pero con una obligación hacia la sociedad. ¿Con qué derecho te atreviste a considerarte uno de los raros seres superiores? ¿Con qué derecho te atreviste a decidir que ese joven era inferior y que, por lo tanto, se le podía matar? ¿Te creías Dios, Brandon?".

60. Murdoch, I, (1985) *El discípulo del filósofo,* Barcelona, Ultramar, p. 165.

61. Steiner, G. (2003) *Lecciones de los maestros, op. cit.,* p. 99.

62. Nietzsche, F. (2009) *Así habló Zaratustra,* Madrid, Alianza, p. 12.

¿Por qué, divino Sócrates, rindes homenaje
de continuo a ese joven? ¿Por qué, con amor,
lo miran tus ojos como a los dioses?
Quien ha pensado en lo más profundo ama lo más vivo,
quien ha mirado el mundo, tiene por elegido al joven,
y a menudo, al final, los sabios
se inclinan ante lo hermoso.[63]

Como el amado (o la amada) para el amante, el maestro es una
creación del discípulo, una creación amorosa, por tanto, subjetiva y
contradictoria, que se rige por las leyes del amor. El asunto del que
hemos estamos tratando aquí, a propósito del libro de Gusdorf, no
pasa exclusivamente por el aprendizaje:

> El deseo del profesor es algo más. Es un deseo excéntrico al deseo
> de guiar las vidas o las conciencias. No es deseo de educar, ni deseo
> de hacer aprender. Es, si acaso, deseo por el saber, es deseo de en-
> señar sin que haya un propósito deliberado de formar.[64]

El asunto tiene que ver con algo (que se encarna en alguien) que
nos llama, que nos seduce, que nos empuja, que nos atrapa. Tiene que
ver con una *vocación* que nos impone un régimen de existencia, toda
una dietética (como aquella de la que hablaban los antiguos griegos)
y una economía de los gustos. Es otra cosa y no sabemos muy bien
cómo explicarla, porque da casi miedo pronunciar la palabra esencial.
Tiene que ver, sí, con esa vocación, y con una especie de *amor*; un
amor antiguo, ancestral, en cuya historia nos hemos inscrito y que
nos envuelve cuando decidimos dar el salto al torrente de la historia
y del pasado.

La corrección que la orientación hacia el saber se produce en la seducción pedagógica, para que no se desvíe de su cauce, impone como
criterio la responsabilidad como centro de la relación entre maestros
y discípulos. Así lo expresó hace tiempo Claudio Magris:

---

63. HÖRDERLIN, F. (1995) *Poesía completa,* edición bilingüe, Barcelona, Ediciones 29, p. 125.
64. RECALCATI, M. (2016) *La hora de clase. Por una erótica de la enseñanza,* Barce-lona, Anagrama, p. 113.

Responsabilidad significa pagar el precio que comportan cada afirmación y cada acción, afrontar las consecuencias de cada toma de posición y las renuncias implícitas en toda elección; significa en primer lugar [...] no empujar a los demás hacia caminos que éstos (los alumnos) no son capaces de recorrer [...] Maestro es quien no ha programado serlo. Quien, por el contrario, se las da de pequeño Sócrates es fácilmente patético.[65]

Esta responsabilidad de la que habla Magris no renuncia a la mediación que el maestro ejerce en una existencia joven que se va dando forma; más bien la matiza. La confianza, el crédito hacia el maestro, mantienen la condición del discípulo en su discipulazgo. Pero no hay más que observar caso por caso para darse cuenta de las patologías que acaecen en el ejercicio de esta función. Pues hay una condición del discípulo que un falso maestro estimula, instituyendo una especie de fe teológica en él mismo, sacralizándolo. Entonces, el maestro es aquél de quien se recibe toda la seguridad en relación con una verdad que deviene dogmática. El discípulo vive por procuración, custodiado por aquél a quien se ha erigido en maestro salvador. Quien recita de memoria la lección del maestro, le traiciona. Hay aquí, como observa Gusdorf, una admiración descarriada de costosas consecuencias. Si es una gran suerte haber encontrado un maestro, es en verdad una desgracia permanecer siempre discípulo, atrapado de la enseñanza recibida, bloqueado en el propio desarrollo. Pensar como el maestro no es todavía pensar. La tentación de la seducción, cuando esta se coloca en la persona del maestro y no en el asunto que concita la relación, consiste, entonces, en que el maestro se enseñe a sí mismo como un ejemplar digno de ser admirado (recordemos que lo monstruoso es lo que se muestra), lo que constituye una forma de defraudar la verdad que ambos han de buscar juntos. De ahí que, junto a la amistad espiritual, al proceso de filiación y de adopción mutua entre maestro y discípulo, son los momentos de ruptura y del adiós —pues hay que aprender a despedirse, como yo ahora mismo hago— los mejores modos de celebrar una relación que unió, sin duda, amando a dos. "El

---

65. Magris, C. (2001) Maestros y alumnos. En *Utopía y desencanto*, Barcelona, Anagrama, p. 58.

maestro —dirá Gusdorf— es así un heredero del padre. Aparece como un padre espiritual". Entonces sí podremos decir lo que murmura el personaje de una novela de Zweig, *Confusión de sentimientos*:

> Nunca he vuelto a verlo. Nunca he recibido una carta o un mensaje de él. Su libro no ha sido publicado, su nombre ha caído en el olvido; nadie lo recuerda salvo yo. Pero todavía hoy, como el muchacho inseguro de entonces, sé que a nadie debo más: ni a mi padre, ni a mi madre antes que él, ni a mi esposa e hijos después de él. A nadie he amado tanto.[66]

66. Zweig, S. (2003) *Confusión de sentimientos*, Barcelona, El Acantilado, p. 105.

NOTA DEL TRADUCTOR

Traducir es siempre, y necesariamente, falsear. En una traducción, por buena que sea, es la voz del traductor la que escuchamos. Son sus costumbres idiomáticas, su sensibilidad, su bagaje cultural, los que asoman en cada giro del lenguaje, en cada elección de una palabra entre muchas posibles. Es preciso, por tanto, confesar semejante limitación, y asumirla en el momento de emprender la audaz tarea de traducir una obra que, como este *¿Para qué profesores?* de Gusdorf, puede considerarse, en muchos aspectos, un clásico. No un clásico en el sentido en que lo son la *Ilíada* o el *Quijote*, pero sí por el tema que aborda y el modo de hacerlo. La relación maestro-discípulo ha sido y seguirá siendo un problema de primer orden en cualquier civilización en la que siga existiendo algo a lo que pueda llamarse *cultura*. Gusdorf afronta el tema sin tapujos, sin miedo, sin contemplaciones. Sus análisis de la figura del maestro y de la relación maestro-discípulo, del espacio escolar y su sociología, y, muy especialmente, de la naturaleza y función de la pedagogía como disciplina, no sólo no han envejecido con su obra, que supera ya el medio siglo de edad, sino que se muestran sorprendentemente actuales. Más allá del uso coyuntural de esta o aquella problemática, más allá de la lejanía aparente de los nombres que pueblan las páginas de Gusdorf, sus reflexiones sobre el magisterio y la maestría, sus ataques a la concepción "técnica" de la pedagogía, la forma en que aproxima en un diálogo vivo y estimulante a maestros y civilizaciones alejados en el tiempo y en el espacio, confieren a su obra un valor excepcional que desborda incontebiblemente los años sesenta de la siempre apasionante vida intelectual francesa. Por eso es un clásico. Porque en sus páginas, Sócrates, Alain, Herrigel o el budismo, tienen mucho que decirse, mucho que decirnos. Porque el maestro de provincias de la Francia de hace un siglo es también *mi* maestro; porque los bancos en los que se aprietan tanto los alumnos que desean avanzar a las primeras filas de la clase como aquellos que dormitan aburridos o abuchean al profesor desde el fondo del pasillo, son también las sillas verdes en las que se amontonan *mis* alumnos. Porque el poder del magisterio, capaz de despertar a la vida del espíritu a un alumno o de sumirlo en la más anodina de las mediocridades, no ha perdido un ápice de su intensidad, a pesar de que, como en los días en que Gusdorf escribió la obra, siga constantemente amenazado por concepciones utilitaristas de la pedagogía.

No sé si, como diría Walter Benjamin, yo soy el traductor que esperaba esta obra. En todo caso, brindar la posibilidad de leerla en castellano a quienes no podían acceder al original francés me pareció un reto y una recompensa suficientes para afrontar la tarea. He tratado de respetar en lo posible la cadencia de los periodos de Gusdorf, su uso de expresiones y frases hechas, siempre difíciles de traducir. No obstante, he intentado que el resultado fuera siempre elegante y comprensible en nuestra lengua. Cuando un giro del idioma no tenía equivalente en castellano, he buscado una expresión lo más cercana posible en nuestro idioma, y he tratado de aclararlo en nota al pie del traductor. También he empleado notas para explicar algunas referencias propias del mundo y de la cultura de Gusdorf, que, por otra parte, emplea siempre con gran precisión para enriquecer el texto.

Entre las pequeñas licencias que me he permitido en relación con el original de Gusdorf, señalaré únicamente la traducción de *homme* por "ser humano" siempre que el contexto y la inteligibilidad del texto castellano lo permitían. No se trata de "corregir" a Gusdorf por la ausencia de lo femenino en su texto, propia de la época y del modo de escritura reinante en los años sesenta, sino de adaptar el idioma a nuestro tiempo. En cualquier caso, el propio Gusdorf hace referencias constantes a la "humanidad", justificando así esta pequeña veleidad de traductor.

En cuanto a las referencias bibliográficas que emplea Gusdorf, siempre que ha sido posible he empleado traducciones acreditadas en castellano, citando por las ediciones correspondientes. Cuando no he podido disponer de ellas o, sencillamente, no existían, he traducido directamente las citas empleadas por Gusdorf, manteniendo sus citas de los originales franceses.

Por último, quiero expresar mi sincero y profundo agradecimiento a quienes han hecho posible esta traducción. A Fernando Bárcena, que confió en mí para llevarla a cabo, y que la ha enriquecido con una magnífica presentación. A Gerardo Miño por su interés en publicar esta obra, tan importante como desconocida en nuestros días. Finalmente, a Estrella Alarcón, por su paciencia y su apoyo, y por su impagable labor como lectora y revisora de la traducción, sin la cual los errores que ésta contiene serían muchos más.

Fernando Fuentes Megías
Agosto de 2018, en Madrid

INTRODUCCIÓN

E ntre los recuerdos privilegiados que todo ser humano conserva de su propia vida, recuerdos de familia, recuerdos de amor, recuerdos de guerra o de caza, los recuerdos escolares forman una categoría particularmente importante. Cada uno de nosotros preserva imágenes inolvidables de sus comienzos en la escuela y de la lenta odisea pedagógica a la que debe el desarrollo de su pensamiento y, en gran medida, la formación de su personalidad. La materia misma de la enseñanza se ha perdido; con frecuencia, el hombre ha desaprendido lo que el niño había aprendido, pero el clima de sus años de escuela continúa presente: la clase y el patio, los trabajos y los juegos, los compañeros. Casi siempre, los recuerdos de los exámenes son particularmente precisos; los títulos de paso de la civilización escolar y universitaria poseen un elevado valor emotivo, puesto que consagran las primeras confrontaciones del niño y el adolescente con el mundo adulto de las obligaciones y las sanciones. Sobreviven también, aureolados por el reconocimiento de una memoria agradecida, los rostros de maestros y profesores, a veces desaparecidos de la tierra de los vivos desde hace largo tiempo, que encuentran un último refugio en esa hospitalidad que mantiene para ellos el recuerdo de sus alumnos de días lejanos. La memoria, por otra parte, parece ejercer de vez en cuando ese derecho de asilo indiscriminadamente: conserva actitudes o fórmulas sin gran importancia aparente, anécdotas frívolas, a veces también afirmaciones más serias y ejemplos cruciales. Una sonrisa, un regaño o un consejo, una alabanza surgen, en la intimidad de la memoria, como profecías de lo que debía ser, y que toda una vida, posteriormente, se ha encargado de confirmar, a menos que lo haya desmentido por completo...

A los ojos del niño, sus padres son dioses tutelares, todopoderosos, omniscientes, de los que hay que granjearse la benevolencia a través de medios apropiados. Pero llega un momento en el que esa veneración ciega cede su lugar a una actitud en la que la crítica y la perspicacia intervienen poco a poco para desacreditar a los ídolos de antaño. Los padres no son infalibles; llegan a mentir o a hacer trampas en su relación con el niño. Este se encuentra enaltecido por el juego de esta crucial disminución que, por otra parte, afecta gradualmente a los adultos en general. Pero, al mismo tiempo, el niño se encuentra desamparado por la pérdida de prestigio de todos aquellos en los que depositaba su confianza y que eran los protectores naturales de su espacio vital. Aprende así la soledad y la inseguridad, de las que comienza a descubrir que son características inalienables de la condición humana. Sin embargo, antes de resignarse a sufrir su destino, el hombrecito buscará otros garantes de su tranquilidad. Si los padres se han desmoronado, si su autoridad no debe ya aceptarse más que a beneficio de inventario,[1*] deben quedar en el mundo seres excepcionales, dignos de una total confianza. Es así que, a menudo, interviene el maestro de la escuela primaria, en el amanecer de la vida, para relevar al padre y a la madre en la función capital de testigo y guía de la Verdad, del Bien y de lo Bello. Le corresponde servir de refugio a todas las esperanzas frustradas; el orden del mundo y el orden en el ser humano descansan en él. Digno o indigno, lo quiera o no, el maestro, en el grado más modesto de la enseñanza, goza así de una autoridad espiritual que no poseerá ningún otro de entre los que le sucederán para asegurar la función educativa en el desarrollo del niño y del adolescente. Todos los maestros que habrán de sucederle, sea cual sea su valor, no alcanzarán a igualar el prestigio del que se encuentra revestido sin esfuerzo el ángel de la guarda del espacio

---

1*. Una herencia se recibe "a beneficio de inventario" cuando las deudas asociadas a la herencia se cubren exclusivamente con los bienes heredados. (*N. del T.*)

escolar a los ojos del niño que atraviesa por primera vez, con respeto, temor y temblor, el umbral del colegio. El maestro es así el heredero del padre. Se presenta como el padre espiritual, en el momento en el que el padre carnal se muestra incapaz en adelante de asumir las responsabilidades de las que le hace responsable la exigencia infantil. Y, por supuesto, será incapaz, él también, de responder plenamente a esa expectativa de la que es objeto. Está protegido, no obstante, por la atmósfera de respeto de la que se encuentra rodeado en el propio deseo del colegial. La piedad por el maestro expresa una afirmación casi religiosa; se dirige a un saber que es al mismo tiempo sabiduría, y concierne a los propios secretos de la vida. Es por ello que la enseñanza ha estado durante mucho tiempo unida indisociablemente al sacerdocio; incluso laicizada, conserva aires de sacerdocio. El maestro, servidor de la vida del espíritu, se sabe y se quiere diferente de todos aquellos que, en la ciudad, persiguen únicamente intereses económicos o ventajas personales. Sus conciudadanos, por otra parte, le reconocen encantados las obligaciones y las prerrogativas de una especie de clericatura.

Es por ello que, a lo largo de toda su vida, el ser humano conservará la fidelidad del recuerdo hacia sus primeros maestros. Incluso si su existencia se ha desarrollado al margen de cualquier inquietud por el saber, no puede evocar, sin el tributo de un agradecimiento retrospectivo, el rostro de los que fueron para él los primeros garantes de la verdad, los sustentadores de la esperanza humana. Esta función que es, en el nivel más humilde, la del maestro de primaria, permanece idéntica a sí misma a lo largo de la promoción de los diversos niveles de enseñanza. Pero, de grado en grado, la exigencia del alumno se vuelve más crítica. Satisfecha con mayor dificultad, rastrea las debilidades, discrimina las personalidades. El estudiante de secundaria tiene cada vez más profesores, cuya competencia técnica aprecia de forma discriminada. Pero la aparición, entre los profesores, de un maestro digno de ese nombre, es algo poco común. Consagra en adelante una calificación especial, una especie de grado superior de validez cuya presencia, irradiándose alrededor, ejerce una acción beneficiosa sobre todos aquellos que gozan de ella.

Así entendido, el magisterio se convierte en una prerrogativa independiente de la actividad pedagógica en el sentido estrecho del término. Muchos seres humanos enseñan —una disciplina intelectual o manual, una técnica, un oficio—, y muy pocos disfrutan de ese plus de autoridad que les viene, no de su saber, de su capacidad, sino de su valor como seres humanos. En este sentido, un artista, un artesano, un hombre de Estado, un jefe militar, un sacerdote, pueden ser maestros para quienes se les aproximan, tan bien o quizás mejor que los docentes propiamente dichos. Su vida se impone, a todos o a algunos, como una lección de humanidad.

La relación del maestro y del discípulo aparece, pues, como una dimensión fundamental del mundo humano. Cada existencia se forma y se afirma al contacto de las existencias que la rodean, constituye una especie de nudo en el conjunto de las relaciones humanas. Entre esas relaciones del ser humano con el ser humano, algunas son privilegiadas: la del niño con sus padres, con sus hermanos y hermanas, la relación de amistad o de amor y, singularmente, la relación del discípulo con el maestro que le revela el sentido de la vida y le orienta, si no en su actividad profesional, al menos en el descubrimiento de certezas fundamentales. Más allá de la reflexión que trata sobre las vías y medios de la enseñanza especializada, se abre la posibilidad de una investigación diferente, que sería, como una pedagogía de la pedagogía, la investigación de los procedimientos secretos en virtud de los cuales, al margen de todo contenido particular, se realiza la edificación de una personalidad y se juega su destino. El papel del maestro aparece aquí como el del intercesor; confiere a los valores una figura humana. El niño, el adolescente, aquel que se está buscando a sí mismo, se encuentra confrontado de este modo con una encarnación de las voluntades que, quizá, duermen en ellos. Y este encuentro con lo mejor, esta confrontación con la más alta exigencia permite a la personalidad, desenmascarando una identidad que se desconocía, pasar a la acción y elegirse a sí misma tal como siempre se había deseado.

CAPÍTULO 1

La enseñanza, el saber y el reconocimiento

El Sócrates platónico del *Menón* resume así la paradoja de toda enseñanza: "Es imposible para un hombre buscar ni lo que sabe ni lo que no sabe. Ni, por una parte, buscará lo que sabe porque, en efecto, lo sabe y, en tal ocasión, no tiene en absoluto necesidad de buscarlo; ni, por otra, lo que no sabe, pues no sabe de antemano lo que deberá buscar". Nadie puede, pues, aprender nada ni enseñar nada, según el parecer del patriarca de toda pedagogía en Occidente, y la civilización escolar aparece, en toda su amplitud, como un gigantesco trampantojo.

Sócrates, maestro de ironía, no se detiene ahí. Para confirmar su tesis, se entrega a un célebre ejercicio de alta escuela educativa ofreciendo una lección de geometría a un joven esclavo sin formación matemática. Este, enfrentado a algunas figuras trazadas sobre la arena, y metódicamente interrogado, define un cierto número de verdades emparentadas con el teorema de Pitágoras. La maestría[1]* del examinador es tal que, de pregunta a respuesta, el joven esclavo parece

---

1*. Gusdorf utiliza el término *maîtrise* para referirse a diversos aspectos de las cualidades del maestro y de la relación maestro-discípulo. Cuando habla de la cualidad que hace del maestro un verdadero maestro, he volcado el término como "maestría". Si Gusdorf habla de la relación de control del individuo consigo mismo, he empleado el término "dominio", concepto fundamental de las éticas grecolatinas con las cuales tienen mucho que ver algunos planteamientos de Gusdorf. Por último, si Gusdorf se refiere a la actividad que se produce en la relación maestro-discípulo, he traducido *maîtrise* por "magisterio". (*N. del T.*)

extraer de su propio interior todo lo que Sócrates le hace decir. La conclusión se impone: nada viene a enriquecer nuestra inteligencia desde
el exterior; ella ha descubierto en sí misma las relaciones constitutivas
del mundo matemático; esas relaciones estaban ahí ya. Esperaban,
para hacerse conscientes, la llamada del encantador.

Por supuesto, hace falta ser un pedagogo excepcional para negar
de esta forma toda pedagogía. Y, sin duda, hay ahí una primera lección: el mejor maestro no es aquel que se impone, que se afirma como
dominador del espacio mental. El mejor maestro, muy al contrario,
hace alumno de su alumno; se esfuerza por despertar una conciencia
todavía ignorante de sí misma, y por guiar su desarrollo en el sentido
que mejor le conviene. En lugar de captar la buena voluntad inocente,
se da por tarea respetar la espontaneidad natural del joven espíritu
al que tiene como misión liberar. Sócrates, que se desdibuja ante su
alumno, no es menos maestro que el maestro que se impone y reina
mediante una reputación demasiado fácil.

Sin embargo, la paradoja socrática aparece, también ella, como
otro artificio. La experiencia más habitual certifica, en efecto, que se
puede buscar aprender lo que no se sabe: yo no sé chino, soy ignorante
en materia de botánica, y puedo a partir de hoy disponerme a colmar
esta laguna, o esta otra, en mi cultura. Cada ser humano reúne en sí
mismo un cierto número de desconocimientos, a los que le corresponde dar remedio si lo desea. Y lo más sencillo en tal caso es recurrir al
buen hacer de un maestro competente. El propósito de Sócrates es,
por tanto, absurdo: basta para convencerse de ello con pensar en la
propia aventura del joven esclavo objeto de la experiencia. Sócrates
lo pone en condiciones de formular —completamente solo— diversas
verdades que podrían resumirse con el teorema de Pitágoras. "Ves
claramente, dice Sócrates, que yo no le he enseñado nada...". Solo
que, sin el encuentro con el maestro de la ironía, el muchacho jamás
habría conocido el teorema de Pitágoras, que, por otra parte, continúa
siendo letra muerta para la mayor parte de la humanidad.

Por otra parte, no se ve por qué la demostración socrática se limita
al teorema de Pitágoras. Debería, en justicia, extenderse poco a poco
a todas las verdades de la geometría, cuyas largas cadenas de razonamientos se reenvían unas a otras. A fin de cuentas, nada impedía

a Sócrates, si hubiera sido un jugador limpio, obtener de su alumno ocasional una confesión más completa, y hacerle admitir la geometría de Euclides en su totalidad. O mejor dicho, Sócrates no podía llevar a buen puerto esta actuación por una razón más importante: Euclides no había nacido todavía, y sus *Elementos de geometría* son posteriores en más de un siglo a la escena relatada en el *Menón*.

Si Sócrates tiene razón, la historia del saber y la lentitud de su progreso, sus ensayos y errores, se vuelven incomprensibles. ¿Por qué la geometría de Euclides esperó a Euclides? Y, por otra parte, ¿por qué el teorema de Pitágoras lleva el nombre de Pitágoras, si pertenece a la dotación intelectual inicial de todo ser humano? ¿Por qué la humanidad occidental, tras haber vivido veinte siglos según los esquemas de Euclides, ha denunciado el carácter arbitrario de esos esquemas, y pulido las geometrías no euclidianas, que serán codificadas en 1899 en los *Grundlagen der Geometrie*, de Hilbert? El escenario pedagógico del *Menón* habría sido mucho más concluyente si, en lugar de extraer de su alumno verdades ya establecidas en el saber de la época, el maestro le hubiera hecho anunciar verdades por descubrir, no ya la verdad de Pitágoras, sino la de Lobatschevski o la de Riemann…

Con mayor razón, Sócrates no engaña a nadie al tratar de volverse invisible, de negar su presencia en el diálogo que le enfrenta a su alumno. Si no estuviera allí, si no dirigiera las operaciones intelectuales, su interlocutor jamás habría descubierto por sí mismo lo que el director de conciencia llega a extraer de él. Si el alumno no tenía más que desvelar una verdad preestablecida en él, ¿por qué la necesidad de un intercesor? ¿Cómo es que ninguna cultura ha conseguido jamás prescindir de la función docente? El mismo Sócrates tenía costumbre de llamarse "partero" de almas; por modesta que pueda parecer esta función en un primer análisis, no parece menos indispensable para la supervivencia de la especie humana. Igualmente, en el campo de la cultura no ha habido nunca autodidactas porque nadie ha aprendido nunca nada completamente solo; incluso el más aislado se beneficia de las investigaciones y conquistas anteriores de la cultura humana. Giraudoux decía con acierto que toda literatura es pastiche, excepto la primera que, por desgracia, ha desaparecido.

Por otra parte, el mito pedagógico del *Menón* se topa con su contraprueba en una famosa historia relativa a otro aprendiz de brujo de la geometría, el joven Blaise Pascal. De creer a su hermana, el genial niño habría llevado a cabo una actuación superior a la del pequeño esclavo, puesto que habría logrado en la clandestinidad, y sin la intercesión de Sócrates, inventar por su propia cuenta una parte de los *Elementos* de Euclides. Su padre le habría dado una definición de la geometría, con la prohibición de ocuparse más de ella; "pero este ingenio, que no podía permanecer dentro de los límites, [...] se puso él mismo a soñar sobre ello". A fuerza de dibujar figuras y de razonar sobre sus propiedades "se creó axiomas y, al final, hizo demostraciones perfectas; y como en estas cosas se va de lo uno a lo otro, impulsó las demostraciones tan adelante, que llegó a la proposición treinta y dos del primer libro de Euclides...".

Desgraciadamente, esta célebre página depende de la leyenda dorada del jansenismo. Pertenece a esa inmensa literatura de combate y de edificación de la que se acompañan las luchas religiosas del siglo. Madame Périer predica por su santo, por el santo del clan y de la familia que, por otra parte, no puede desmentirlo pues ha muerto en 1662, antes de que su hermana lleve a cabo su labor hagiográfica. Ahora bien, ya en 1657 Tallemant des Réaux había ofrecido, en sus *Historiettes*, una versión diferente de este episodio epistemológico: "Este niño, desde los doce o trece años, leyó a Euclides a escondidas, y formuló ya proposiciones...".[2] El relato del analista, por lo demás muy pormenorizado, parece aquí más digno de crédito que la piedad de una hermana desconsolada. El pequeño Pascal, con todo lo genial que fue, seguía un manual... Como tampoco hizo el esclavo del *Menón*, Pascal no había descubierto la geometría por sí solo.

Es sabido que el Sócrates platónico no intentaba demostrar la inutilidad del maestro más que para confirmar la doctrina de la reminiscencia. La enseñanza no introduce nada nuevo en el alma; únicamente despierta conocimientos que ya se encuentran en ella, depositados desde el tiempo inmemorial de los comienzos míticos en los

---

2. Texto citado por Brunschvicg, en nota, a propósito del texto *Vida* de Pascal de Mm. Périer; en PASCAL, *Pensée et Opuscules*, éd. Nunor, Hachette, p. 6.

que el alma, antes de venir al mundo contempló las ideas en las que se resumen todas las verdades esenciales. La ignorancia no es más que una apariencia, o más bien un olvido y una infidelidad. La mayoría de los seres humanos se dejan engañar por ellos mismos a causa de una inercia que interpone una pantalla a la vigilancia, a la presencia del pensamiento. La conversión filosófica, apartando al pensamiento del dominio de las apariencias engañosas, la reconducirá a sus orígenes, y le restituirá el patrimonio de certezas, sepultadas por un tiempo, pero en absoluto perdidas. Es así como el joven esclavo, sometido al examen de Sócrates, recuerda; recupera un saber preexistente, en lo más profundo de su interior, porque está ligado de alguna manera a su vocación de ser humano.

De este modo, la lección de geometría del *Menón* es, en realidad, una lección de metafísica y de teología. Se propone sacar a la luz la predestinación del ser humano al conocimiento, debiendo entenderse ese conocimiento en un sentido que desborda ampliamente el campo de las matemáticas, al menos tal como las entendemos hoy. El solo nombre de Pitágoras, fundador de una de las más longevas tradiciones de la sabiduría antigua, y que habría dado también a la filosofía el nombre que ha conservado siempre, debe ponernos aquí en guardia. La iniciación a algunos teoremas modestos se ofrece como una parábola de la iniciación a las verdades espirituales más elevadas.

Dicho de otro modo, la enseñanza es siempre más que enseñanza. La meta pedagógica, en cada situación particular, sobrepasa con mucho en alcance los límites de esa situación; pone en juego, poco a poco, la existencia personal en su conjunto. Y, por ejemplo, aquellos que pretendían introducir en un país la enseñanza primaria obligatoria no se proponían únicamente dotar a cada niño de un modesto bagaje de lectura, escritura y cálculo. El mínimo vital del certificado de estudios era el medio y el símbolo de una especie de liberación intelectual que correspondía a una promoción general de la humanidad en el ser humano. Tal era la fe que animaba a los defensores de la enseñanza universal en los siglos XVIII y XIX. Todavía hoy la insuficiencia de las instituciones escolares continúa siendo uno de los signos más evidentes de subdesarrollo en las regiones del mundo menos favorecidas. Por supuesto, en el mundo de hoy, no se es un privilegiado de la cultura por saber leer y escribir, pero el iletrado sufre una inferioridad radical que hace de él una especie de sordomudo del conocimiento, como un ilota entre hombres libres.

La lección de geometría aparece así como una lección de humanidad. Desde ese momento, Sócrates tiene razón al defender que la humanidad no es, en el ser humano, un producto importado desde fuera. La intervención del maestro no puede ser más que el desvelamiento del ser humano tal que la propia humanidad en él lo transforma. La visitación socrática no opera como una gracia soberana, elevando de la nada algo que no existía. La llamada de Sócrates es una vocación, pero esa voz venida de fuera debe alcanzar, debe liberar la voz interior de una vocación en espera. Como la Bella Durmiente, la razón del joven esclavo se despierta con la llamada de Sócrates, el príncipe encantador del conocimiento. Y, desde luego, no puede decirse que no haya ocurrido nada, como afirma Sócrates con fingida modestia; algo ha ocurrido, que consagra uno de los más elevados momentos de la existencia humana: ha tenido lugar un encuentro, de capital importancia para aquellos que se han enfrentado, de capital importancia para la cultura de Occidente, que no ha cesado desde entonces de conmemorar la escena, real o ficticia, de la que el diálogo platónico nos ha conservado el inolvidable testimonio. La palabra del maestro es un encantamiento: una mente se yergue a la llamada de otra mente; a causa de la eficacia del encuentro, ha cambiado una vida, no porque deba en adelante consagrarse a imitar esa existencia elevada que, en un momento dado, ha cruzado e iluminado la suya. Una vida ha cambiado, no a semejanza de la otra vida que la ha visitado, sino a su propia y singular semejanza. Una vida dormitaba en la ignorancia, y ahora se conoce y se pertenece; es su propia meta y se sabe responsable de su realización.

Todo nacimiento es un misterio. El misterio pedagógico aureola el nacimiento de una mente, la llegada de una mente al mundo y a sí misma. Ahora bien, el misterio, en el orden de la lógica, se proyecta en forma de contradicción, esta contradicción misma que subraya la parábola del *Menón*. Si cada vida se pertenece a sí misma, ¿cómo transferir algo de una existencia a otra? Un pensamiento no es un objeto material y anónimo, un trozo de madera o una moneda que va de uno a otro sin perder nada de su realidad. Un pensamiento lleva la marca de quien lo piensa; su sentido se establece por su inserción en el conjunto de un paisaje mental, él mismo indisolublemente ligado a la totalidad de una vida.

Esta es la razón por la que un saber es siempre el secreto de quien lo conoce; una palabra esconde su autor tanto como lo expresa. Como mínimo, su sentido no se ha dado jamás; es preciso buscarlo, de equívoco en equívoco, sin estar seguro de lograr adivinarlo. Hubo un tiempo en el que el maestro se guardaba para sí sus pensamientos decisivos, tal era el caso del alquimista medieval que reservaba hasta su lecho de muerte sus procedimientos de fabricación, para confiarlos con su último aliento solo al más fiel de sus discípulos. Y en la sabiduría antigua, la verdadera doctrina del filósofo reviste el aspecto confidencial de los secretos de taller, de las recetas de fabricación celosamente preservadas. En las escuelas antiguas, el sabio no enseña cualquier cosa a cualquier persona; el propio platonismo distinguía la enseñanza abierta a todos de una enseñanza más exclusiva, que versaba sobre las refutaciones últimas, jamás formulada por escrito, y comunicada solamente a los escasos iniciados que se mostraban dignos de tal revelación después de largos y difíciles estudios, jalonados de pruebas más y más difíciles. De Platón, del que han llegado hasta nosotros tantas obras, no conocemos más que las doctrinas anteriores en importancia; las afirmaciones capitales siguen siendo desconocidas para nosotros. Los que recibieron la confidencia se llevaron con ellos tan precioso depósito.

La escuela filosófica conserva así ciertos caracteres de la secta religiosa, seleccionando a los elegidos a los cuales estará reservada la confidencia de las tradiciones. La verdad filosófica, tal como se la entiende hoy, parece caracterizarse al contrario por su universalidad y su publicidad. Escrita en negro sobre blanco, se supone que se debe imponer sin esfuerzo a todos los seres humanos, siempre y cuando estos pongan de su parte un mínimo de buena voluntad. Sin embargo, la experiencia enseña que la sabiduría no puede adquirirse con tan poco esfuerzo. La verdad no se reduce a una lección que uno recita; supone una dedicación de toda la personalidad, una orientación obtenida por una lenta formación que consagra, recompensa suprema, la revelación de las más elevadas certezas.

La lección de Sócrates viene a confirmar aquí estas perspectivas. El bueno de Sócrates, filósofo a cielo abierto, filósofo de las calles y de los bosques, se dirige familiarmente a unos y otros, en el estilo más simple, sin el menor hermetismo. Ahora bien, de este hombre, que se había dado como tarea ser el instructor universal de los atenienses, hay que preguntarse aún qué quería enseñar de verdad. No faltan documentos, más bien sobreabundan, y algunos de ellos se nos ofrecen con una precisión casi estenográfica. Sin embargo, la literatura socrática esconde el pensamiento de Sócrates más de lo que lo muestra. Maestro de la ironía, Sócrates pregunta, refuta, argumenta; empuja a su interlocutor a su atrincheramiento, pero se guarda mucho de proporcionar una solución prefabricada a las dudas que provoca. Desvela enigmas; jamás ofrece la clave del enigma.

Nada podría iluminar mejor el misterio de la enseñanza. Sócrates no se anuncia a sí mismo, precisamente porque la verdad no puede ser el regalo de un ser humano a otro. Esta verdad aparece como el fruto de una búsqueda y de una conquista que debe llevar a cabo cada uno por cuenta propia. Tal es, por otra parte, el sentido del mandato délfico aducido por Sócrates: "Conócete a ti mismo…". El camino de la verdad no conduce a un acuerdo con tal o cual individuo exterior; pasa por el examen de conciencia en el que cada uno debe reconocer sus propias razones de ser.

La conversión socrática se resumiría así en reclamar una especie de pedagogía de sí a través de sí. Para Sócrates el iniciador, la enseñanza de una doctrina cualquiera sería la invitación a un nuevo sueño dogmático. Más aun considerando que una certeza válida no puede fundarse más que sobre la certeza de una exigencia interior. El poeta romántico Novalis lo afirma con toda nitidez: "¿Cómo podría un hombre comprender una cosa sin tener en sí mismo el germen? Lo que puedo comprender debe abrirse en mí según leyes orgánicas; y lo que parece que aprendo no es realmente, para mi organismo, más que un alimento y una incitación".[3] Según la sabiduría romántica,

---

3. NOVALIS (1927) *Journal et Fragments*, trad. Claretie, Stock, p. 159.

prolongando ella misma tradiciones venerables, el movimiento aparente de la enseñanza, que va de fuera a dentro, no puede tener éxito si no encuentra un movimiento inverso, de dentro a fuera, y forma una unidad con él.

Por otra parte, esta teoría romántica del saber no concierne únicamente a las vías y los medios del conocimiento. Pone en cuestión la realidad misma, y la situación del ser humano en el universo. Si todo saber relativo al mundo se hace más profundo en una conciencia de sí, es porque el ser humano y el mundo no son extraños el uno al otro, sino que están unidos por una pertenencia esencial. El ser humano no está en la naturaleza como un dominio en otro dominio, una armonía preestablecida lo liga a todo cuanto le rodea. Solo lo semejante, enseñaba la más antigua sabiduría griega, puede conocer a lo semejante. El conocimiento no es el simple reflejo de las cosas en una mente; sanciona el desvelamiento de una similitud de estructura entre lo que es conocido y lo que conoce. "No nacemos solos, enseña a su vez el poeta Claudel. Nacer, para todo, es conocer. Todo nacimiento es un conocimiento".[4]

La intuición de la solidaridad fundamental y, en cierto modo, de la unidad de vocación entre la realidad humana y el orden de las cosas, se encuentra en el origen de las doctrinas de la correspondencia entre el microcosmos y el macrocosmos, que bajo una forma o bajo otra son frecuentemente reafirmados en la historia del pensamiento humano, sea por los defensores de tradiciones ocultas, sea por metafísicos en el sentido literal del término. El hermetismo bajo sus diversas formas, la astronomía, la alquimia, se fundan en gran medida en esta correspondencia analógica entre el ser humano y el universo, de la que obtienen todo tipo de doctrinas y técnicas. La mayor parte de las prácticas ocultas pretenden fundarse sobre la unidad de estructura y de ritmo que, se supone, se afirma en el individuo humano tanto como en la totalidad del cosmos.

Pero el buen sentido duda en emprender estos caminos peligrosos. El racionalismo moderno se funda en la generalización de los

---

4. CLAUDEL, P. (1946) "Traité de la Co-naissance au Monde et de soi-même", en *Art poétique*, Mercure de France, p. 62.

métodos de la física y de las matemáticas; la verdad, según él, debe responder a la descripción que le corresponde en las ciencias exactas. Por tal motivo no puede tener en cuenta las concepciones del tipo de las que acabamos de mencionar. Los hábitos mentales que se han impuesto en Occidente a partir de Galileo y Descartes han hecho olvidar que la historia de la filosofía, desde los orígenes al Renacimiento, se desarrolla al margen de la fascinación del positivismo científico, él mismo rechazado, por otra parte, por la sabiduría romántica. Las matemáticas y la física son disciplinas abstractas, que se dan como tarea poner orden en ciertos sectores especializados del conocimiento; pero los esquemas abstractos a los que llegan no tendrían valor, después de todo, al margen del estrecho dominio en el que aquellas tienen normalmente su jurisdicción. Los defensores del intelectualismo cometen así un abuso de confianza al pretender someter la realidad humana en su conjunto al orden que reina en la geometría, el álgebra o la mecánica de fluidos.

Por esta razón, no tenemos derecho, sin examen previo, a rechazar como absurdas las perspectivas ontológicas abiertas por la meditación platónica sobre los pormenores de la enseñanza. El coloquio del maestro y el alumno plantea, lo hemos visto, la cuestión de los orígenes y de los fines últimos del ser humano; la doctrina de la reminiscencia se apoya sobre la Teoría de las Ideas, que reenvía, ella misma, a una afirmación de la metempsicosis, a la idea de la caída y de la transmigración de las almas. Y el simple hecho de la comprensión, que debe ser al mismo tiempo un reconocimiento, presupone la afinidad del que conoce y de lo conocido, sobre la cual se apoya la venerable analogía del microcosmos y el macrocosmos. Hay en ello una escatología de la pedagogía. Sócrates interroga sobre geometría a un joven muchacho seleccionado al azar, que no había aprendido la lección. Y he aquí que este suceso de modesta actualidad pedagógica basta para evocar todo tipo de mitos escatológicos que ponen en cuestión las dimensiones fundamentales de la condición humana.

Es absurdo rechazar los mitos sin examen, pero tampoco se trata de aceptar sus reivindicaciones contradictorias. La sabiduría consiste, en este dominio, en descubrir en cualquier dimensión de la afirmación mitológica una indicación de valor. La floración de mitos subraya una

articulación de la existencia, un punto neurálgico de la conciencia de
sí que, topándose con obstáculos, con dificultades internas o contradicciones, inventa, para resolver el enigma, justificaciones más o
menos dominadas por la función imaginativa. La solución en cuanto
tal no posee ninguna autoridad particular, pero prueba la existencia
del enigma del que pretende dar la clave. Un reagrupamiento y una
confrontación de mitos que logra constituir una mitología comparada, permitiría descubrir las grandes orientaciones del ser humano en
su confrontación con el mundo. Esta iluminación mítica de la condición humana extraería sin duda las verdaderas proporciones del
hecho educativo. Del recién nacido al adulto, una lenta maduración
del organismo desarrolla poco a poco las funciones biológicas, todavía
en estado embrionario en los primeros momentos de vida. El camino
de la consciencia, desde la exploración del medio inmediato hasta el
aprendizaje de la palabra, junto a los años de escolaridad subsiguien-
tes, no constituyen otros tantos acontecimientos distintos de los que
conciernen al cuerpo. El crecimiento mental está ligado al crecimiento fisiológico; la realidad humana forma un conjunto cuyos diversos
aspectos se componen unos a otros, no según las reglas simplistas
de un mecanismo de doble entrada, sino en virtud de un orden de
implicación de las significaciones. Y, por supuesto, estamos lejos de
conocer la última palabra de esta inteligibilidad comprehensiva que
conecta entre ellas las estructuras del cuerpo y las del pensamiento.
Al menos sabemos que toda disociación, toda tentativa de contabi-
lidad por partida doble está condenada al fracaso, porque mutila su
objeto en lugar de interpretarlo.

Por esta razón, las interpretaciones míticas pueden ser más ricas
en sugestiones válidas que muchas obras técnicas, cuyo rigor científico aparente no logra disimular la vacuidad de pensamiento. Los
mitos aceptan el fenómeno humano en su totalidad y se esfuerzan
por situar su destino en la totalidad del mundo. Desde luego, las indicaciones míticas no están fundadas en una razón discursiva; no se
justifican más que por referencia a una espontaneidad intensiva, a
la cual se refieren más allá de las imágenes que emplean. La verdad
mítica comprende inmediatamente el pensamiento; no recurre al espíritu crítico, sino a las honduras de la vida personal, a los cimientos

oscuros de la sensibilidad, en esas regiones donde el alma se anuda en la alianza originaria de la conciencia y el cuerpo.

Cada ser humano tiene una historia o, mejor dicho, cada ser humano es una historia. Cada vida se presenta como una línea de vida. La enseñanza sería un aspecto del transcurso ascendente de esa historia; jalona el crecimiento mental, ligado intrínsecamente al crecimiento orgánico. Su función es permitir una toma de conciencia personal en el acomodo del individuo con el mundo y con los otros. Se ve muy bien aquí que el sistema escolar no se basta a sí mismo; las lecciones del maestro de escuela se forman a partir de otras influencias, imposibles de enumerar, en esta obra de formación progresiva y aleatoria. La formación de un ser humano, si se la comprende precisamente como la venida al mundo de una personalidad, como el establecimiento de esa personalidad en el mundo y en la humanidad, se transforma en un fenómeno de amplitud cósmica.

Solo los mitos proporcionan interpretaciones a la medida de esta amplitud. La mayoría de los especialistas de la pedagogía retroceden horrorizados ante el inmenso rodeo necesario de una antropología, de una cosmología, en breve, de una metafísica entera, si se desea ubicar la enseñanza en la perspectiva de los destinos humanos que tiene como tarea fundar en verdad y en valor. El pedagogo se contentará con dividir para reinar; se planteará problemas precisos, que resolverá por medios técnicos. Una división afortunada del trabajo permitirá así eludir las preguntas esenciales, proporcionando los medios para constituir esta gran industria de la formación del ser humano por el ser humano que son los diversos sistemas escolares. Solo que esta pedagogía de poca monta, si permite constituir y reformar indefinidamente los empleos del tiempo, despliega el arsenal de sus medios sin poseer ninguna conciencia real de sus fines. O bien, termina por considerarse un fin en sí misma; la pedagogía sirve para justificar a los pedagogos. Es una máquina que gira en vano, pero que, por otra parte, gira magníficamente, por la excelente razón de que no enfrenta nunca una dificultad real.

Hay economías ruinosas. Lo es, en particular, la que pretende, en un ámbito cualquiera, eximir al técnico de una reflexión previa, es decir, de una metafísica. Así, un arquitecto que, para disminuir el coste de una construcción, edificara sin cimientos. Más exactamente, es imposible en el terreno humano prescindir de una metafísica previa; y la peor metafísica es en ese caso la que no se conoce como tal. Quien pretende reflexionar de acuerdo con el sentido común y la evidencia inmediata se convierte en ese momento en presa de las incoherencias del sentido común.

Una metafísica de la pedagogía sería la expansión del horizonte intelectual que permitiría situar la pura y simple enseñanza en el conjunto del destino humano al cual esa enseñanza se encuentra aplicada desde el exterior. La historia de un ser humano se afirma en el tiempo como la lenta formación y reformación de la personalidad, hasta su deformación definitiva. Ahora bien, la constitución de una vida personal no podría, evidentemente, coincidir con el certificado de estudios, el bachillerato, un diploma de ingeniero o incluso tal o cual rito de pasaje, por humilde o elevado que este sea, bajo el control del Ministerio de la Educación Nacional. La historia de un ser humano se resume, a fin de cuentas, en la experiencia de ese ser humano, en lo que ese ser humano ha hecho de su vida, esa meta que le ha sido confiada.

De este modo, el problema se reduciría a saber si la enseñanza es un fin o un medio. La desgracia es que el pedagogo, consagrado al ejercicio de una cierta función, se ve tentado a considerar esta como un absoluto. Los programas, los exámenes, los certificados y diplomas representan para él valores incondicionales, al margen de los cuales no sabría encontrar su salvación. Pero si se abandona el punto de vista del docente para adoptar el del enseñado, está claro que la adquisición de un saber no tiene sentido más que como preparación para la experiencia futura. El saber es buscado porque es un medio de acción, el equipamiento indispensable para quien quiere afrontar la vida, incluso, más concretamente, tal o tal vida.

Desde este punto de vista, la cultura general más "desinteresada" no es otra cosa que una preparación para la existencia; confiere el beneficio de una experiencia antes de la experiencia, de una experiencia a través de un intermediario. Más aun, existe una reciprocidad entre el saber y la experiencia; el desarrollo de la experiencia prolonga la adquisición del saber, y completa, por otra parte, el saber adquirido por un saber nuevo, que corresponde, para cada individuo, a una descripción del pasado, al depósito sedimentario de ensayos y de errores, de éxitos de la vida.

Además, la adquisición misma del saber corresponde a una forma esencial de experiencia vivida. En la escuela, en el instituto, en la universidad, todas instituciones cuya función es dispensar el saber, el niño, el joven, conocen formas decisivas de la experiencia de sus vidas. Esos lugares no son para ellos solamente el escenario de ciertos juegos de inteligencia y de memoria; la personalidad al completo hace allí su aprendizaje. La sensibilidad, el carácter, la voluntad, son puestos a prueba, y la adquisición de conocimientos aparece indisociablemente unida a la toma de conciencia de los valores. El espacio escolar define el lugar de las primeras relaciones humanas fuera del círculo familiar; es en ese entorno donde el hombrecito lleva o no a buen término el intento de la afirmación de sí en la coexistencia.

Se justifica así la importancia decisiva del diálogo del alumno con el maestro en la odisea de cada conciencia, así como de esos otros diálogos del alumno con el alumno, el maestro con la clase o el alumno con la clase. Se establece de este modo un conjunto de relaciones humanas en la confrontación de las personalidades, según los ritmos alternados y complementarios del juego y la lucha, la amistad o la hostilidad. El saber propiamente dicho, los programas, los ejercicios no son, muy a menudo, más que temas impuestos, pretextos para la puesta en marcha y el despliegue de la afirmación de sí en unos y otros.

Hay una civilización escolar. El medio escolar es un lugar de civilización privilegiado. Esta verdad de evidencia inmediata no parece, sin embargo, haber sido nunca tomada realmente en serio en Francia. Allí nos preocupamos sin cesar de reformar los programas, sin que nazca la sospecha de que los programas no lo son todo, e incluso de que no contienen lo esencial. Si el objetivo de toda educación es verdaderamente una búsqueda de humanidad, la lucha por la vida personal, está claro que el cuidado del conjunto debería primar sobre los detalles. Sin embargo, los reglamentos y las instituciones de enseñanza en Francia, a todos los niveles, se presentan como acumulaciones de detalles, donde no aparece apenas la preocupación por el conjunto. Se ha intentado a menudo la crítica; no es inútil retomarla, sin hacerse, por lo demás, la menor ilusión sobre su eficacia.

Si la institución escolar en su totalidad tiene por objetivo el aprendizaje de la humanidad por el ser humano, es evidente que el sistema pedagógico debería tener en cuenta, en tanto que tal, un valor formativo. La pedagogía no se ejerce solamente en la clase, mediante el ministerio del maestro. Debería ejercerse por todas partes, de tal manera que los niños la respiren en el ambiente mismo de su vida; debería introducirse en ellos mediante la persuasión de todos sus sentidos conjugados. Al igual que la vida religiosa encuentra su decorado en el vuelo arquitectónico de la catedral, la vida intelectual debería beneficiarse de lugares apropiados para el despliegue de sus liturgias. Nada consagra mejor la inconsciencia francesa sobre cuestiones esenciales que la miseria de las construcciones escolares. No parece que, a través de los siglos, los responsables de la política cultural se hayan preocupado de hacer edificar otra cosa que escuelas primarias-gendarmerías, colegios-cuartel o universidades-termitero, como si el continente fuera completamente indiferente al contenido. El establecimiento escolar no es más que un taller o una fábrica de crear diplomados en cualquier cosa. Basta con confiar en los arquitectos e ingenieros para crear, con el menor gasto posible y según normas racionales, latas de sardinas[5*] en las que amontonar a los escolares con vistas a lograr un rendimiento máximo.

Resulta curioso constatar que el propio cuidado de la eficacia y de la productividad ha obligado a los responsables de la vida económica a tomar consciencia de que había "problemas humanos de maquinismo industrial", por retomar el título de una conocida obra.[6*] No obstante, no parece que los problemas humanos de desarrollo intelectual hayan preocupado seriamente, hasta hoy, a quienes tienen como deber encargarse de ellos. Y, por ejemplo, la legislación social, aplicando desde hace un siglo su atención, con toda razón, al mundo

---

5*. Gusdorf utiliza la expresión *boîtes à entasser*, que traducimos aquí como "latas de sardinas". En francés coloquial, la palabra *boîte* se utiliza para referirse al colegio o "cole". *Entasser* quiere decir amontonar, acumular. (*N. del T.*)

6*. Se refiere Gusdorf a la obra *Problèmes humains de machinisme industriel*, de Georges Friedmann, publicada en 1947 por la editorial Gallimard. (*N. del T.*)

obrero, no ha dejado de reducir la duración de la jornada de trabajo en las oficinas y en las fábricas. Pero nadie se ha ocupado de aligerar los horarios sobrecargados de los escolares o los alumnos de secundaria, cuya jornada de trabajo, absolutamente ilimitada, recuerda la condición inhumana del proletariado obrero y campesino en los tiempos en los que Marx denunciaba la explotación del ser humano por el ser humano. Se espera aún que otro Marx se alce, con el mismo vigor, para denunciar la alienación del pequeño pueblo de escolares y alumnos de secundaria, y la esclavitud intelectual a la que son sometidos, en perjuicio de su salud física y mental, los candidatos a los exámenes y concursos y, por ejemplo, aquellos que se matan por lograr la entrada en las grandes escuelas, glorias tradicionales de la enseñanza superior francesa.[7*]

Es un hecho que Francia nunca ha intentado proporcionar a la civilización escolar un cuadro en consonancia con su importancia en la vida nacional. El paseante de Cambridge es deslumbrado por la alineación monumental de los colegios, cuyas fachadas nobles bordean, entre parterres, jardines y parques, el curso de la ribera del Cam. Siglo tras siglo, una larga fidelidad a los valores culturales se ha afirmado aquí, y el asombroso triunfo arquitectónico de los edificios, de las avenidas y de las iglesias, la propia composición de los sucesivos estilos, confirma la permanencia de un cuidado por el saber y la verdad celosamente transmitido de generación en generación. Estudiantes o maestros, fue aquí donde vivieron Francis Bacon, Isaac Newton, Charles Darwin y muchos otros, que son para siempre el honor de una nación, y cuyos trabajos y sueños tuvieron por escenario ese maravilloso conjunto de piedra y cielo, de verdor, de flores y de agua. Y el joven que recibe el privilegio de ocupar, en uno de esos colegios, un puesto dado a conocer por tantos grandes nombres, cuya presencia permanece viva y próxima, se encuentra así obligado por la irresistible persuasión del paisaje cultural a tomar parte en una herencia de

---

[7*]. Gusdorf ejerció en los años cincuenta como preparador de alumnos que deseaban entrar en la *École normale supérieure* de la Rue d'Ulm, una de las más prestigiosas instituciones de enseñanza superior en Francia. Gusdorf conocía bien la extrema dureza de las pruebas de acceso de este tipo de establecimientos educativos. Entre sus alumnos destacan Althusser o Foucault. (*N. del T.*)

veneración y perseverancia que, en adelante, habrá de salvaguardar y promover a su vez. El recogimiento, la paz de espíritu, la lenta maduración de certezas a través del enriquecimiento del saber, todo ello no exige aquí un esfuerzo contra natura. Basta, para lograrlo, dejarse penetrar y persuadir por el hechizo de ese lugar donde la naturaleza y la cultura han anudado una alianza secular.

El encanto de Cambridge no es, por lo demás, único en Europa: en la misma isla inglesa, Oxford se ha enfrentado siempre, por sus colegios, por sus tradiciones y maestros, con la universidad rival, su mejor amiga-enemiga. En el continente, la colina de Coimbra, acrópolis de la cultura portuguesa, se corona de palacios admirables, cuya disposición se inscribe con segura nobleza en el paisaje de campos lusos que la rodean. Salamanca ofrece a las letras de España el refugio armonioso de sus claustros y sus fachadas doradas por el sol. Y las pequeñas ciudades universitarias de Alemania, aunque sus edificios universitarios no se distingan por su antigüedad, ni por su éxito arquitectónico, ofrecen a la vida del espíritu, con todo, la incomparable ventaja de una región pedagógica, de una zona de retirada y recogimiento, al abrigo de las febriles actividades y de la agitación industrial. Se puede pasear cómodamente, el campo está a dos pasos, así como los abetos del bosque. Incluso las universidades del Nuevo Mundo, creadas más tarde, han tratado de preservar emplazamientos privilegiados para las necesidades de la cultura y, a falta de una belleza monumental de la que el genio nacional no era apenas capaz, al menos el lujo de grandes espacios, de parterres verdes y de un entorno apacible.

No existe en Francia un solo edificio universitario que sea un monumento histórico digno de tal nombre. Dejando aparte tal vez este o aquel viejo palacete burgués o señorial, destinado a otros fines y requisado un día por necesidades de servicio, nunca un soberano, nunca un gobernante francés ha juzgado útil consagrar a la enseñanza una construcción que materialice la dignidad eminente de los valores culturales. Hay, parece, una sola excepción: la admirable École Militaire, en París, de la que puede enorgullecerse el patrimonio nacional; pero esta excepción no hace sino confirmar la regla. Francia ha construido catedrales y ayuntamientos, palacios para los reyes, castillos para los grandes señores y los financieros; nunca se le ha ocurrido que los palacios fueran necesarios para la cultura. Y cuando la Tercera República se ha decidido a realizar las inversiones necesarias para acondicionar[8*] la función docente, no ha logrado erigir, en pleno centro de las ciudades en expansión, más que extensos edificios curiosamente desprovistos, al mismo tiempo, de valor estético y de utilidad funcional. La misma observación podría aplicarse, por otra parte, a los órdenes menores de la enseñanza: escuelas primarias y colegios no son en nuestro país, en cualquier época, más que alojamientos baratos,[9*] como si los culturalmente fuertes debieran ser tratados como económicamente débiles.

Nada podría expresar mejor en la realidad esta miseria en rebajas específicamente francesa, en la que la calidad de los maestros no basta para compensar la sensación de penuria que se desprende del conjunto de su decorado. Francia, país de elevada civilización, no se ha dado jamás una civilización escolar, como tal o cual país vecino. El internado francés de los institutos ha sido y sigue siendo un cuartel y, a veces, una prisión; existen países donde el régimen del internado es un régimen privilegiado, donde los niños son afortunados. Del mismo modo, en nuestro país, la universidad, prolongando en este extremo los otros grados de la enseñanza, no es apenas otra cosa que un invernadero intelectual. En otros climas, las universidades son oasis de la cultura, lugares donde la búsqueda de la realización humana es indisociable de una atmósfera de lujo. Solo que ese lujo no es derroche, como sin duda se imaginan nuestros ahorrativos financieros; ese lujo no es un lujo individual, sino comunitario. Significa que la enseñanza no es un asunto cuantitativo, sino cualitativo. La formación de personalidades elevadas y fuertes debe poner en juego, hasta en los medios materiales, un mínimo de distinción. El marco de la vida tiene, también, un valor pedagógico; un marco mediocre contribuye, con todo el peso de su inercia, a la degradación general

---

8*. Gusdorf utiliza la expresión *mettre dans ses meubles*, que podría traducirse literalmente como "vivir en un piso compartido con mobiliario propio". (*N. del T.*)

9*. El original francés dice *Habitations à Bon Marché*, refiriéndose a una serie de edificios de viviendas de alquiler barato, construidas por el gobierno, primero en París y más tarde en el resto de Francia, para descongestionar el centro de la ciudad y facilitar el acceso a la vivienda. (*N. del T.*)

de los espíritus. Una arquitectura escolar de Prisunic[10]* actúa como
una sugestión en el sentido de una enseñanza de Prisunic.

Nos encontramos alejados, aparentemente, del diálogo entre el
maestro y el discípulo. Y, sin embargo, no hemos hecho otra cosa que
extraer algunas de sus implicaciones: la vida espiritual no es esa vida
"interior", replegada sobre ella misma, que se imagina demasiado a
menudo. Pone en entredicho poco a poco la realidad humana en su
totalidad. El ser humano no esconde su vida en lo más profundo de
sí mismo como si de un secreto se tratara, no para de delatarla no solo
con sus palabras, sino con sus gestos, sus conductas, el conjunto mismo de sus actitudes. Hegel decía, en una fórmula genial: "el interior,
es el exterior". Se establece poco a poco una comunidad de significaciones entre la conciencia personal y su entorno. Por esta razón, la
arquitectura, el urbanismo, no ponen en tela de juicio únicamente el
escenario indiferente de una vida que podría continuar igualmente
en cualquier otra parte. El lugar, la puesta en escena de la pedagogía,
son ya medios pedagógicos. Son partes integrantes de ese escenario de
conjunto, de esa dramaturgia que enfrenta al profesor y a su alumno,
o, más exactamente, al alumno y a sí mismo, si creemos al Sócrates
del *Menón*, en la búsqueda de la plena consciencia.

Pero parece claro, en adelante, que la adquisición del saber corresponde, para cada uno, a una búsqueda del ser. Cuando Sócrates
afirma: "es imposible para un hombre buscar ni lo que sabe, ni lo que
no sabe", su dialéctica comete el error de presuponer una lógica del sí
y el no, una lógica intelectualista que excluye una tercera posibilidad.
Por supuesto, el niño sabe su lección o no la sabe. Pero el principio
del tercio excluso no puede constituirse en ley para la vida humana
en su conjunto, pues esta se desarrolla habitualmente en el inmenso
intervalo que separa el saber del no-saber. A las afirmaciones de Sócrates se oponen sorprendentemente las célebres palabras del Jesús
de Pascal: "Tú no me buscarías si no me hubieras encontrado ya".
La pregunta existencial no se produce sin el presentimiento de una

---

10*. *Prisunic* era una cadena de supermercados de proximidad, fundada en 1931 y adquirida en 1993 por *Monoprix*. El sentido de la metáfora es claro: si los edificios
escolares son de saldo, al final la enseñanza que ofrecen también lo será. (*N. del T.*).

respuesta: y es también en ese sentido en el que Marx podía decir: "la humanidad no se plantea preguntas que no pueda contestar".

Todo aprendizaje de un saber es una evocación del ser. El alumno, el que no sabe, es sin embargo el sujeto y la meta de una vocación por el saber que es a la vez una llamada al ser. El desarrollo intelectual es la contrapartida, quizás el reverso y quizás la expresión o el símbolo, de una odisea de la conciencia personal. Cada ser humano es, de este modo, el héroe de su propia novela de formación, cuyas peripecias se sitúan entre afirmaciones límite, las mismas para todos, que se imponen sin debate al consenso universal.

Es un hecho básico que todo el mundo no lo sabe todo. Hay una historia del saber, una aparición sucesiva de las verdades en el tiempo personal así como en el tiempo social. Pico de la Mirandola, príncipe de los humanistas y experto en ciencias, fracasaría hoy en el bachillerato, porque los programas de estudio han sido revisados y aumentados meticulosamente desde el siglo XV. De forma similar, el candidato a una *agrégation*[11]* posee por lo general más conocimientos que el aspirante al bachillerato; y este, a su vez, debe por regla general sobrepasar al niño que se prepara para el certificado de educación primaria. A medida que la humanidad o el individuo adquieren sus conocimientos básicos, el contenido del saber varía y se renueva, de tal modo que la omnisciencia representa una especie de límite teórico, a la vez inaccesible y, en rigor, inexistente.

Si es verdad que nadie lo sabe todo, no es menos cierto que todo el mundo puede aprenderlo todo. Sería un sueño elevar todos los espíritus hasta el mismísimo grado superior de conocimiento. En realidad, sin embargo, siempre hay un primero y un último de la clase y, sea cual sea la excelencia del maestro, no parece que nadie haya logrado un desempeño pedagógico por el que llegar a clasificar primero *ex aequo* a todos los alumnos sin excepción. Sócrates se lleva la mejor parte en el *Menón*, porque se encuentra con un alumno inteligente y dotado; habría podido tener que vérselas con un imbécil o

11*. Término intraducible del léxico académico francés, la *agrégation* es un concurso por el que se seleccionan los futuros profesores de secundaria y de universidad. (*N. del T.*)

un niño testarudo, de difícil carácter, y entonces, a pesar de todos sus sortilegios, sin duda no habría podido sacar gran cosa. Después de todo, el Sócrates histórico no obtuvo, en su enseñanza real, los mismos resultados con el alumno Alcibíades, el alumno Jenofonte y el alumno Platón. No podía, ciertamente, ponerles notas idénticas. Y, sin embargo, esos alumnos son los más brillantes, aquellos de los que la historia ha conservado el recuerdo, los premios a la excelencia. En cuanto al resto de alumnos, que no estaban a la cabeza de la clase, hay que pensar razonablemente que se mantuvieron en resultados escolares más mediocres, y cada cual según la medida de los medios de que la naturaleza le había provisto. Hay grandes espíritus y pequeños espíritus. Sin duda, la educación puede, en cierta medida, expandir y flexibilizar el espacio mental, jugando con las posibilidades naturales. Pero debe tomar nota, desde el principio, de ese alcance propio de cada uno, y que consagra diferencias intrínsecas, así como límites imposibles de franquear. La experiencia del maestro, adquirida a fuerza de práctica y de sagacidad, es propiamente ese don del discernimiento de espíritus que, habiendo presentido las posibilidades de cada uno, le propone cometidos a su medida, así como los medios de llegar a ellos mediante la puesta en práctica de sus capacidades.

La educación concreta es esta negociación, que se esfuerza por encontrar para cada caso particular la mejor solución posible, o la menos mala. La verdadera pedagogía aparece aquí como un asunto individual, se juega de persona a persona. Rousseau no se equivoca en su novela educativa al poner frente a frente un solo alumno y un solo maestro. Esta robinsonada ha podido parecer irreal; se ha podido reconocer en ella una especie de aristocratismo latente. Sin embargo, el mito, como se produce, coincide con la esencia misma de la realidad. En una enseñanza de masas, y por muy confusas que sean las relaciones que la constituyen, la educación sigue siendo, ella misma, un asunto personal, un coloquio singular e intermitente; en el seno de la masa en situación colectiva se establece una especie de frente a frente entre el alumno aislado y aquel o aquellos de sus profesores en los que él ha reconocido la maestría. Un contacto, consciente o no, se realiza; se intercambian signos, actitudes, palabras. Los diálogos del espíritu son furtivos, como los del amor, e igualmente decisivos.

También en ellos los malentendidos pueden tener una importancia capital. Lo que se ha entendido no es siempre lo mismo que fue dicho y, sin embargo, esos signos ambiguos son los puntos de referencia que maneja cada uno consigo mismo en el difícil itinerario a través de los vastos espacios del mundo escolar.

Se ve así el error de muchos filósofos, preocupados por definir para la educación una verdad al por mayor, mientras que no hay en ella más que verdades personales y singulares. Algunos admiten, con cierto platonismo, si no con el mismo Platón, porque Platón no carece de sutileza, que la verdad es innata en el ser humano. El maestro no interviene más que como un revelador de esa condición previa, la cual, por otra parte, no se sabe muy bien por qué se ha dejado borrar, y por qué es indispensable que el maestro anuncie en voz alta lo que se supone que todos saben quedamente en la intimidad de su conciencia. Si, como quería Descartes, el sentido común es la cosa mejor repartida en el mundo, ¿cómo es que el género humano ha esperado a la revolución cartesiana para darse cuenta de ello? Descartes vuelve a partir de cero para definir la verdad universal. La desgracia es que, según los criterios del propio Descartes, una verdad cartesiana sería una contradicción en los términos. Una verdad universal no puede ser cartesiana, y el cartesianismo destruye la pretensión de Descartes de haber revelado la verdad.

Si el racionalismo fuera cierto, el maestro sería inútil. El espíritu, despertándose a sí mismo, debería percibir en sí, sin esfuerzo, la dotación originaria de una verdad de pleno ejercicio. Si la educación existe es precisamente porque hay un retraso de la existencia sobre el conocimiento. Y la experiencia prueba que, a pesar de la igual repartición del sentido común, los resultados escolares están muy lejos de ser los mismos para todos. No es solamente que el maestro sea necesario para liberar en cada uno el pleno ejercicio de la inteligencia, sino que se está lejos de obtener igualmente esos resultados para todos. Incluso a veces el resultado es nulo. El racionalismo no explica al mal alumno; menos aun al mal maestro. ¿Cómo justificar, en efecto, la actividad irracional y la influencia nefasta de tantos seres humanos que, sin embargo, se identifican, con la razón?

Dicho de otro modo, la simple existencia de un sistema escolar testifica a favor del empirismo. La educación es una formación del ser humano por el ser humano, un aporte de esencia. Si se abandonara a un niño a sí mismo, su cuerpo podría desarrollarse, a condición de que encontrara en el medio natural con qué alimentarse. Pero el crecimiento orgánico no iría acompañado de un crecimiento mental. A falta de elementos recibidos del medio cultural, el niño lobo, el salvaje de l'Aveyron, continuarían aquejados por una deficiencia imposible de remediar después. Una dotación de ideas innatas, de principios, o la referencia al buen sentido natural, al sentido común, no bastan para asegurar al individuo humano una existencia completa. De ahí la antigüedad venerable de las instituciones escolares, de las que ninguna civilización digna de tal nombre, desde la invención de la escritura, ha podido prescindir.

La verdad se encontraría entonces del lado de la tesis empirista: el saber es en cada uno un producto de importación. El ser humano viene al mundo según las leyes de la naturaleza, pero la cultura es un segundo nacimiento. El educador se muestra aquí como el maestro del saber y de los valores; le corresponde formar a su alumno, y darle esa vida que Pigmalión despertaba en su estatua. Los filósofos empiristas, desde sus primeros ancestros, los sofistas, examinan con curiosidad la realidad humana; identifican las diferencias entre los seres humanos, la variedad y, a veces, la oposición de los gustos, de las ideas y de los ideales a través del espacio y el tiempo. La verdad parece multiplicarse indefinidamente de un siglo a otro y de una sociedad a otra. Esta verdad del saber o de la acción no es, pues, congénita a la especie humana; es el producto de una puesta a punto en el seno de cada comunidad, que define para su uso una especie de prototipo del individuo normal y forma a los niños según ese modelo, a través de la mediación de un sistema educativo apropiado. Si el empirismo fuera cierto, la educación sería todopoderosa. Encontrándose reducido al mínimo el papel de las disposiciones innatas, el problema principal de la cultura así como de la política sería la puesta a punto de técnicas educativas adecuadas para establecer y desarrollar en todos los seres humanos conocimientos y aptitudes conformes con los intereses de la autoridad establecida. La filosofía empirista del siglo XVIII, nacida de la crítica del innatismo cartesiano llevada a cabo por Locke, desemboca rápidamente en la afirmación de una artificiosidad pedagógica en la que estas tesis aparecen con toda claridad. Si el espíritu humano es una tabla rasa en la que solo llegan a aparecer las inscripciones de la experiencia, basta con sistematizar las primeras experiencias del niño y darle al medio educativo estructuras y normas rigurosas para formar así, en serie, personalidades a la medida. Tal es la esperanza confesa de ciertos eminentes pensadores del siglo XVIII francés, que han recibido, por mediación de Hume y Condillac, la inspiración de Locke.

D'Holbach, por ejemplo, rechaza la predestinación de valores implicada por la idea de Dios y por las morales ontológicas de cualquier obediencia. Materialista y ateo, no descubre por todas partes sino el juego de los determinismos naturales; pero si la naturaleza humana está determinada como la naturaleza física, la pedagogía puede hacer intervenir su causalidad propia en la formación de las individualidades liberadas de las debilidades y supersticiones de antaño. Gracias a un sistema educativo sensato y universal, la filosofía de la Ilustración se proporcionará un mundo y unos seres humanos a su imagen.

> Si se ha prestado atención a lo dicho a lo largo de esta obra —escribe Holbach— se comprenderá que la educación podrá proporcionar los verdaderos instrumentos para remediar nuestros extravíos. A ella le corresponde sembrar nuestros corazones, cultivar las semillas que habrá depositado, emplear útilmente las disposiciones y facultades que dependen de las diversas organizaciones, alimentar el fuego de la imaginación, encenderlo para ciertos objetos, sofocarlo y apagarlo para otros y, en fin, hacer contraer a las almas unas virtudes ventajosas para el individuo y la sociedad.[12]

El campo escolar corresponde a esa zona donde la intervención eficaz del ser humano puede adueñarse de las determinaciones naturales y utilizarlas, organizarlas, según el punto de vista del legislador. El mismo tema es desarrollado rigurosamente por Helvétius, quien se pregunta "si el espíritu debe ser considerado un don de la naturaleza o un efecto de la educación". La respuesta será

---

12. HOLBACH, P.H. (2008) *Sistema de la naturaleza*, traducción de José Manuel Bermudo, Pamplona, Laetoli, p. 211.

...que todos los seres humanos, por lo general bien organizados, tienen en ellos el poder físico de elevarse hasta las más altas ideas, y que la diferencia de espíritu que se observa entre ellos depende de las diversas circunstancias en las que se encuentran ubicados, y de la diversa educación que reciben. Esta conclusión hace sentir toda la importancia de la educación.[13] [14*]

El determinismo psicopedagógico prevalece así sobre las influencias biológicas, orgánicas o climáticas. Todas las esperanzas le son permitidas al educador, ya que "todas las diferencias de espíritu y de carácter que descubrimos entre las naciones deben ser atribuidas a la diferente constitución de los imperios y, por tanto, a causas morales".[15]

Por consiguiente, parece que "la gran desigualdad que se percibe entre los seres humanos depende únicamente de la diferente educación que reciben y del encadenamiento desconocido y diverso de las circunstancias en las cuales se encuentran ubicados". La puesta en relieve de los determinismos específicos de la realidad humana autoriza todas las esperanzas. La política misma se convierte en una pedagogía, porque la tarea del legislador es crear instituciones cuya causalidad se ejercerá en el sentido deseado. Se prepara así una edad de oro en la que la humanidad será por fin dueña de controlar su destino. La obra de Helvétius se acaba con una profesión de fe en la total supremacía de la pedagogía:

Me contentaré con recordar al ciudadano diligente que quiere formar hombres más virtuosos e ilustrados que el problema de una educación excelente se reduce, en primer lugar, a fijar para cada una de las condiciones diferentes donde nos coloca la fortuna la clase de objetos e ideas que deben grabarse en el espíritu de los jóvenes, y, en segundo lugar, a determinar los medios más seguros para encender en ellos la pasión de la gloria y la estima. Resueltos estos dos problemas, es seguro que los grandes hombres, que son

---

13. Helvétius (1776) *De l'esprit*, Discours 3, éd. de Londres, 1758, t. 1, p. 634.

14*. Este fragmento, citado por Gusdorf, aparece en el índice desarrollado en la edición original francesa que él utiliza, pero no en la traducción castellana que empleamos aquí. Traduzco el fragmento directamente de la cita de Gusdorf. (*N. del T.*)

15. Helvétius (2012) *Del espíritu*, edición, traducción y epílogo de José Manuel Bermudo, Pamplona, Laetoli, p. 268.

ahora la obra de un cúmulo ciego de circunstancias, llegarán a ser
obra de los legisladores, y que, al dejar menos rienda suelta al azar,
una educación excelente podría multiplicar en los grandes imperios
tanto los talentos como las virtudes.[16]

Este texto es muy interesante porque marca el límite que puede
alcanzar la pretensión empirista en pedagogía. Encontramos ya en
el programa para la fabricación en serie tanto de seres humanos de
genio como de especialistas más modestos, que retomará e ilustrará
Aldous Huxley en su célebre novela futurista: *Un mundo feliz*. Pero
no se trata solamente de *ciencia-ficción*. El pensamiento de Helvétius
ha tenido una influencia histórica considerable. Dicho pensamiento se
encuentra, por mediación del grupo de ideólogos,[17*] médicos, filósofos, hombres de Estado, en el origen de la inmensa reforma educativa
llevada a cabo por la Revolución francesa.[18] Más allá incluso de las
disposiciones relativas al sistema de enseñanza propiamente dicho,
la prodigiosa actividad legislativa de las asambleas revolucionarias
apunta a la transformación del ser humano a través de la transformación del medio y de las instituciones. La esperanza de una humanidad mejor se resume, a fin de cuentas, en el postulado según el cual
el perfeccionamiento de los elementos objetivos de la condición hu-

---

16. HELVÉTIUS, *Del espíritu, op. cit.*, p. 377.

17*. Se refiere Gusdorf a la *sociedad de ideólogos,* grupo de pensadores reunidos en
torno a Antoine Deſtutt de Tracy hacia 1795, cuyo pensamiento se caracterizó por
una poſtura materialiſta y antiteíſta. Aunque en un principio apoyaron las aspiraciones de Napoleón Bonaparte, tras el golpe de Eſtado del 18 Brumario se vol-
vieron republicanos y se opusieron al militar corso. El término *ideología* lo toma
Deſtutt de Tracy de Condillac, considerándola como una disciplina filosófica cuyo
objeto es el análisis de las ideas y de las sensaciones. Dice Ferrater Mora en su
Diccionario de filosofía, en el artículo "Ideología": "En eſte sentido 'clásico', los
ideólogos se interesaron por el análisis de las facultades y de los diversos tipos de
'ideas' producidas por eſtas facultades. Eſtas 'ideas' no eran ni formas (lógicas o
metafísicas), ni hechos eſtrictamente psicológicos, ni categorías 'gnoseológicas',
aunque de algún modo participaban de cada una de éſtas. La ideología es, según
Deſtutt de Tracy, una ciencia fundamental cuyo objeto son 'los conocimientos'.
La ideología eſtá íntimamente ligada a la gramática general, que se ocupa de los
métodos de conocimiento, y a la lógica, que trata de la aplicación del pensamiento
a la verdad". (*N. del T.*)

18. Sobre la obra de los ideólogos, cf. GUSDORF, G. (1960) *Introduction aux Sciences
Humaines*, Belles Lettres, pp. 271-331.

mana tendrá como consecuencia necesaria el perfeccionamiento del ser humano. La misma esperanza se encontrará en los teóricos de la revolución rusa, quienes afirman que el conjunto de las estructuras sociales, renovadas en función de la nueva exigencia doctrinal, determinará la aparición de un tipo de seres humanos superiores a los de antaño, según las normas en vigor. La adopción del lenguaje de Pavlov y la introducción de la noción de condicionamiento no modifica en nada el fondo de la doctrina, que sigue siendo la de Helvétius, de Holbach y de los ideólogos.

La actitud empirista desemboca de este modo en la afirmación de un imperialismo pedagógico diametralmente opuesto al racionalismo, según el cual todo espíritu estaría predestinado al conocimiento y la influencia ejercida del exterior al interior no podría ser más que una ilusión. A decir verdad, las dos tesis coinciden al menos para dar fe de la supremacía potencial del ser humano: los innatistas sostienen que el ser humano es omnisciente de nacimiento; los empiristas, por su parte, quieren que todo ser humano pueda llegar a ser omnisciente, a condición de que sea convenientemente guiado. La objeción mayor, tanto a unos como a otros, es pues el hecho de la escasez de grandes espíritus. Si, en justicia, cada ser humano es un superhombre, ¿por qué los superhombres son tan escasos? ¿Por qué la excepción no es la regla?

La respuesta es, evidentemente, que las dos actitudes son igualmente falsas. Se enfrentan dos utopías, que es preciso contrastar espalda con espalda. El racionalismo, por su parte, profesa la utopía de la metempsicosis: al igual que el pequeño esclavo del *Menón*, el ser humano no tiene nada que aprender, porque ya lo sabe todo. La educación no es más que una mistificación, o una ilusión. El papel del maestro se reduce a una especie de figuración; en el mejor de los casos, es un mediador entre el alumno y el propio alumno; como el príncipe del cuento, despierta un saber previo en el bosque de la Bella Durmiente. Hay que precisar aún por qué y cómo ese saber ha podido ser olvidado; más aún, hay que explicar que se haya podido adquirir anteriormente, en una existencia previa, ese capital inicial. El problema se encuentra, simplemente, desplazado hacia atrás; si la pedagogía actual es inútil, hay que poner a punto una especie de arqueología pedagógica, o de pedagogía arqueológica, más irracional todavía.

La utopía de los empiristas es la de la tabla rasa. Se aprende todo, se tiene que aprender todo porque no se sabe nada. El saber es proporcionado desde el exterior. Todo depende del maestro, investido de una soberanía que hace de él una especie de divinidad, o al menos de brujo, si no de aprendiz de brujo. Se presenta como un escultor de La Fontaine frente a un bloque de mármol bruto del que hará, a su gusto, dios, mesa o cubeta. Solo que aquí, de nuevo, la utopía encuentra en ella misma su propio límite. Pues si todo depende del educador, es preciso, no obstante, que el educador haya recibido él mismo una educación y, de generación en generación, el empirismo reenvía necesariamente al primer ser humano, que no sabía nada y que, sin embargo, ha tenido que ser su propio maestro de escuela. El mito de la estatua despertándose a la vida, desarrollado por Condillac, o la evocación de la venida al mundo del primer ser humano en Buffon, se esfuerzan precisamente en narrar esta toma de posesión del entorno y de sí mismo, tal como se realizaría a partir de un punto cero del conocimiento. Solo que, si se atribuye a Adán esta facultad de desempeñar a la vez los dos papeles de maestro y alumno, se desmiente el presupuesto de la tabla rasa y de la pasividad absoluta. Hay en la naturaleza humana muchas posibilidades originarias, una especie de dotación inicial de propiedades que orientan al ser humano hacia la experiencia futura, y hacia una cierta experiencia, de la que nada hace pensar que será exactamente la misma en unos y en otros.

A fin de cuentas, podría señalarse un error fundamental, común a la artificiosidad empirista y a la predestinación racionalista. En los dos casos se afirma el postulado de una especie de modelo prefabricado de ser humano, que sirve de contenido a un programa de educación igual y universal, aplicable a todos los individuos, en principio, si no de hecho. La única diferencia sería que el innatismo sitúa ese modelo prefabricado en el punto de partida de la educación o, más bien, antes del comienzo, mientras que el empirismo lo sitúa a la llegada o, más bien, un poco después de la llegada. Ese sueño de una educación total llega, de hecho, a negar la especificidad de la educación. Para el racionalista, la función del docente es ilusoria; sirve únicamente para compensar el retraso del conocimiento, la prórroga inexplicable del espíritu en el camino del conocimiento. Para el empirista, el papel de la enseñanza es soberano; tiene todos los poderes, y no se ve por qué no obtiene un éxito perfecto e igual en todos los casos.

Ahora bien, es igualmente absurdo pretender que la enseñanza es todo y que no es nada. Pues la experiencia constante de siglos prueba que la eficacia de la enseñanza se afirma como una variable entre todo y nada. Quienes pretenden reducir la educación a un sistema, y se imaginan que es posible cuantificar el lazo vital del encuentro entre maestro y discípulo, se equivocan completamente. Y, como ocurre en tales casos, los procedimientos especulativos acaban por ocultar completamente a sus ojos la realidad concreta que tenían por misión iluminar. De nada sirve partir del problema ya resuelto, por la excelente razón de que el problema es insoluble, y, por otra parte, no es un problema propiamente dicho, sino un debate, un problema vital, una puesta en cuestión de la existencia, cuyos pormenores escapan al análisis. En efecto, sería necesario considerar poco a poco la totalidad de la historia personal que en un momento ha servido de punto de aplicación a la actividad pedagógica. El coloquio singular entre el maestro y el alumno, la confrontación de dos existencias expuestas una a la otra, y rechazadas una por otra, sigue siendo el foco de una reflexión seria sobre el sentido de la educación. Bien es cierto que las doctrinas no son inútiles, a condición de no aceptarlas más que bajo reserva de inventario, como indicaciones fragmentarias, temas o instrumentos que puedan, aquí o allá, y sin exclusivismo, facilitar la tarea del análisis. El objetivo del debate educativo es esencialmente contribuir a la instrucción, es decir, a la edificación de un destino humano. El teórico considera la educación como un trabajo en cadena, el maestro sabe por experiencia que esta perspectiva técnica e industrial no es más que una lejana aproximación al fenómeno real. La realidad fundamental sigue siendo el diálogo incierto a lo largo del cual se enfrentan y confrontan dos seres humanos de madurez desigual, cada uno de los cuales da testimonio ante el otro, a su manera, de las posibilidades humanas.

CAPÍTULO 2

La función docente

No importa, pues, comenzar por el principio, y el principio es aquí el diálogo. Esta constatación, a pesar de ser de sentido común, ha sido desconocida para la mayor parte de los teóricos de la pedagogía. Para ellos, la enseñanza se reduce a un monólogo, que, por otra parte, se desdobla con el uso, el monólogo del maestro encontrando su eco en el monólogo del alumno que recita la lección. Así ocurre con esos manuales escolares que el editor juicioso publica en doble edición: libro del maestro y libro del alumno. El libro del maestro es un poco más grueso; proporciona algunas indicaciones complementarias, con la solución de las dificultades propuestas, evitando así al cuerpo docente cualquier fatiga inútil. La fórmula es excelente; permite incluso la supresión pura y simple del profesor. Basta con que el alumno compre el libro del maestro y lleve el monólogo por cuenta propia.

Se puede, por supuesto, reemplazar al maestro por un libro, por una radio o por un electrófono, y no faltan intentos en ese sentido. En el límite, todos los niños de un país podrían recibir, cada uno en su casa, la enseñanza de un solo y único profesor, repetida indefinidamente de siglo en siglo y de generación en generación. Un solo hombre ha podido grabar en muy poco tiempo el monólogo perpetuo del reloj parlante. Puede medirse la inmensa ventaja del sistema desde el punto de vista financiero: más escuelas, más clases, más funcionarios por miles; el presupuesto de la Educación Nacional se reduciría al sueldo de un pequeño equipo de instructores cuya voz única sería distribuida cada día hasta las fronteras del país.

Es preciso creer que semejante régimen se enfrenta a oposiciones de principio verdaderamente fuertes, puesto que ningún gobierno ha tratado jamás de instaurarlo, a pesar de los enormes ahorros que permitiría realizar. Un sentido común elemental basta aquí para derrotar los milagros de la planificación tecnocrática. Por supuesto, el buen alumno es el que repite sin falta todas las lecciones; y los examinadores no piden otra cosa a los candidatos de toda clase que la recitación correcta de las diversas materias inscritas en el programa. Todo ocurre, sin embargo, como si, a pesar de las apariencias, la verdadera realidad de la enseñanza estuviera en otra parte. Cualquiera percibe que si se ajusta un método de enseñanza-aprendizaje que permita a cada niño aprender sin esfuerzo, por ejemplo durante el curso de su sueño, cualquier manual escolar, ese sistema no sería la perfección de la educación, sino más bien su fracaso y su supresión.

Dicho de otro modo, el niño, el adolescente, el alumno de secundaria, el estudiante consagran los largos años en los que adquieren los conocimientos básicos a la adquisición de diplomas diversos y jerarquizados, del certificado de estudios de primaria a la *agrégation*, pasando por el bachillerato. Estos títulos representan el objetivo y la justificación del trabajo escolar; tienen, en la vida social, un valor eminente. Y, sin embargo, no son probablemente lo esencial, pues lo esencial es de un orden distinto; lo esencial permanece reservado entre las líneas de los programas, y como sobreentendido. Pero un cambio de perspectiva haría ver con facilidad que lo que está en cuestión aquí no es aquello de lo que se habla. Aquello de lo que se habla no es más que un pretexto.

Sería necesario en este punto regresar a ese momento inaugural de la primera clase. El niño pequeño que franquea por vez primera el umbral de la escuela sabe muy bien que lleva a cabo un gesto decisivo. La línea de demarcación se sitúa tan en el interior de su propia vida que toma sus distancias, en adelante, en relación con el medio familiar. Tras la puerta hay una existencia nueva en un mundo nuevo, desconocido y difícil. Nada más justificado que la angustia infantil en ese instante solemne en el que, abolidas las antiguas seguridades, se emprende la incierta aventura del conocimiento. El niño que ha entrado a la escuela, la mañana del primer día de la primera clase, ya no volverá a salir. A mediodía, mezclado con sus nuevos semejantes, en el bullicioso despegue de la liberación, el niño que vuelve a casa es un niño diferente para siempre del que la había abandonado algunas horas antes. Sin embargo, ese niño, en unas horas y en el alboroto de los comienzos, no ha aprendido gran cosa. No ha aprendido nada en absoluto, pero ha hecho la experiencia decisiva de otro mundo y de otra vida, en el seno de la cual le es preciso descubrir en adelante, no sin esfuerzo y sin alegría, no sin tormento, una nueva conciencia de sí mismo y del otro.

Todo se alía, es cierto, para privar a ese instante fugitivo de su carácter solemne. El niño, el héroe obscuro de esta iniciación, se refugia en las lágrimas; la emoción nubla a sus ojos la situación, y, por otra parte, le es completamente imposible tomar conciencia precisa de lo que está a punto de vivir. Los padres no dudan de nada, en su satisfacción: "ahora el pequeño va a la escuela; vamos a estar un poco más tranquilos, gracias a Dios, durante el día...". En cuanto al maestro, ha visto a otros; afronta el acontecimiento en masa, y no al detalle, y se preocupa de celebrar las liturgias escolares de la vuelta a clase que permitirán muy rápidamente hacer reinar el orden en el grupo asustado de los nuevos. La costumbre se instala rápidamente, y la rutina de las obligaciones del día a día; el umbral de la escuela, que deja muy pronto de materializar una frontera sagrada, será franqueado sin que el niño se dé cuenta siquiera.

La mayor parte de los seres humanos han olvidado la primera clase, el primer día de escuela. No les queda de ello más que vagos recuerdos, en los que, por lo demás, se mezclan en una indisociable coalescencia todas las imágenes del comienzo. Se pierden así para siempre los testimonios preciosos de la primera mirada al espacio escolar, al patio y a la clase, la primera mirada al maestro y la primera palabra pronunciada con autoridad, escuchada con respeto, de esa primera palabra antes de tantas otras, a lo largo de los años de enseñanza. En este acontecimiento, en este advenimiento, se resume sin duda, de una manera profética, el sentido mismo de la educación. Todo está ya incluido en el misterio ritual del primer momento de la

primera clase, aunque el contenido objetivo de ese instante privilegiado quede en casi nada.

Es cierto que el privilegio inaugural no juega solamente en favor
de la primera mañana de escuela primaria. A pesar de la costumbre
adquirida, cada nuevo año escolar es un comienzo. La clase vive otro
minuto de verdad, todos juntos y cada uno para sí, en la confrontación silenciosa, el contacto inicial con el maestro, que tendrá el deber
de dirigirla durante el periodo que se inicia. Todos los destinos aquí
reunidos se encuentran puestos en juego, para mejor o para peor; una
esfera de nuevas posibilidades se abre, y en una angustia secreta los
interesados se preguntan, uno por uno, en qué consistirá la prueba,
y si se volverá a su favor. Al mismo tiempo que la interrogación sobre sí, una inquietud sale a la luz, que trata sobre el propio maestro.
Pues la experiencia enseña deprisa que todos los maestros no están a
la misma altura. La maestra de la primera clase infantil era un maestro de derecho divino. Pero ese prestigio exterior que se vincula a su
función no resiste mucho tiempo al uso. Pronto se establecen nuevas
relaciones sobre la base de un libre reconocimiento de la autoridad
magistral por aquellos que se someten a ella. Esta validación tiene sus
grados: la autoridad así conquistada es más o menos grande; puede
también no serlo en absoluto.

Es por ello que, en el umbral de cada año, la clase acecha al nuevo
maestro; cada alumno, por su parte, espera esa confrontación, que de-
cidirá el régimen futuro de la comunidad. Diálogo sin palabras, o más
bien diálogo a través del diálogo y más allá de él. Se establece una especie de contrato, según reglas misteriosas que presiden la afirmación
y el ejercicio del poder. Cada maestro ve así cómo se le concede un
estatus, desde el profesor abucheado, el vencido por el sometimiento
escolar, hasta aquel cuya maestría incontestable domina cómodamente en el respeto general, pasando por todos los matices de la sumisión
y la insumisión, de la tolerancia y de la intolerancia. Cada clase, desde
este punto de vista, es el escenario de una sociología muy particular
que, aunque parezca ajena a la enseñanza propiamente dicha de las
materias del programa, desempeña un papel decisivo en la formación
intelectual. El discurso educativo del maestro se sitúa en el contexto

global de las relaciones con la clase, que influyen al mismo tiempo en la palabra pronunciada y en la recepción que hacen de ella los oyentes.

Por otra parte, es sorprendente que este aspecto decisivo de la cuestión pedagógica sea, por lo general, dejado en la sombra. Nos interesamos de buena gana por la pedagogía de las matemáticas, del inglés o del latín; pero no parecemos admitir el hecho, sin embargo evidente, de que el método por sí mismo no ofrece más que garantías ilusorias. Dicho método ofrecerá resultados muy diferentes en el caso de un maestro respetado o en el de un maestro abucheado. Los mejores métodos no salvarán a aquel que no ha sabido hacer reconocer su autoridad; mientras que los métodos más arcaicos y burdos harán maravillas en el caso de un profesor aceptado y estimado por los alumnos.

Podemos preguntarnos incluso si la pedagogía metódica y objetiva no constituye una especie de milagro y una coartada para aquellos que se niegan a tomar conciencia de la situación real. El maestro desafortunado culpa a los programas y a los métodos; aquel que tiene éxito atribuye su triunfo a las técnicas y procedimientos que pone en práctica. Ahora bien, los sistemas pedagógicos son sistemas en el aire, elaborados sin duda en función del presupuesto de un maestro de calidad media que actúa en una clase de nivel medio. La desgracia es que esas entidades no corresponden a nada real, más de lo que lo hacía el *homo oeconomicus* de la economía clásica, y esa es la razón por la que la pedagogía se revela, con el uso, tan sorprendentemente impotente como la economía política. Proporciona comentarios y explicaciones sin fin sobre lo que ha ocurrido, retroactivamente, pero no sirve de gran cosa cuando se trata de afrontar el presente y de planear el futuro.

Es preciso, pues, volver sobre esta confrontación de la primera clase, sobre ese frente a frente inaugural, instante solemne en el que, en el alboroto, en el silencio, se cruzan las primeras miradas. El maestro mira a la clase, la clase mira al maestro; de una parte y de otra, todo el mundo se examina, se espía, se desafía, entabla la lucha. Para las dos partes presentes, la prueba es temible, y se comprende muy bien que algunos docentes no la soporten, vencidos desde ese instante por esa colectividad ante la cual se sienten reducidos a una inferioridad irremediable. No se trata de hablar completamente solo, o de confiar su saber a un magnetófono de buena factura; es preciso afirmar la propia maestría, y hacerla prevalecer sobre un conjunto de jóvenes, seres revoltosos por naturaleza, cuya buena voluntad no está adquirida de antemano. No todo el mundo tiene un temperamento de domador.

Yo me acordaré siempre del momento en el que, joven oficial, y por primera vez llamado a dirigir por mí mismo un destacamento, tomé de hecho el mando para dar una orden. Era una orden banal de la liturgia militar, pero ante esa masa de hombres que me aplastaba por su número la partida parecía desigual, si no desesperada. ¿Y si no obedecían? ¿Y si, tomando conciencia de su superioridad, rehusaban, simple y llanamente, ejecutar la orden dada? Por supuesto, contaba en mi apoyo con el poder invisible y formidable de la jerarquía. Pero esta autoridad sigue siendo teórica; es puesta a prueba cada vez que se da una orden en el ejército, y, de hecho, se halla confirmada de ordinario por el acontecimiento. Nada prueba, sin embargo, que deba ser así siempre. Yo di la orden, con una voz tan cortante y autoritaria como pude, y me maravillé de ver organizarse el caos humano que me plantaba cara. Como Orfeo, el poeta cuyos hechizos encantaban incluso a las bestias y a las piedras, había creado la armonía, al precio de una victoria sobre mí mismo y sobre los otros. Y, habiendo creado en cierto modo jurisprudencia la primera orden, la primera obediencia, tenía en adelante garantizado el futuro.

Una cierta pedagogía técnica y racional puede ciertamente negar que haya en ello nada extraordinario. El subteniente X ha tomado el mando, el profesor Y ha dado la talla en la primera hora de su servicio anual. El acontecimiento es poco importante y, desde el punto de vista de los programas oficiales, esta primera sesión no es más que una puesta en marcha en la que no se ha hecho gran cosa. Pero los programas oficiales están equivocados; ignoran que la pedagogía es, ante todo, un misterio. Es ese misterio ritual el que se ha celebrado en esa ocasión solemne, en el sentido propio del término, que designa, en latín, una ceremonia renovada cada año.

Queda por dilucidar, en la medida de lo posible, la significación de ese momento tan grave en el que se cruzan las miradas y se establecen las primeras relaciones. En primer lugar, hay que repetir que, si el espacio escolar es el lugar de una confrontación, el papel del maestro no se reduce únicamente a la afirmación impersonal; el maestro no habla como un libro. El maestro es una presencia concreta, cualitativamente diferente de esas presencias abstractas y ausentes que pueden procurar las técnicas audiovisuales, tan de moda hoy en día. El maestro habla, pero la palabra docente no es solamente un palabra *ante* la clase, es también una palabra *en, con y para* la clase. No se trata pues de ejecutar más o menos brillantemente un número de oratoria, con el empleo de un auditorio, de un público más o menos aprobador. A decir verdad, el público del orador o del actor juega su papel en la creación de la elocuencia o del teatro. Pero la clase es mejor que un público, cuya colaboración se limita a una recepción pasiva y a una aprobación intermitente y controlada.

La palabra del maestro es una palabra colectiva. Treinta niños están a la espera; una voz rompe el silencio. No se trata aquí de divertir o de apasionar. El auditorio está conquistado de antemano; se trata de instruir, es decir, de edificar.[1*] El que escucha la comedia o la tragedia, el alegato, la arenga o el sermón, es un ser humano acabado, al que uno se dirige de tú a tú. El orador profesional, sea cual sea su zona de influencia, utiliza recursos propios de su oficio, recetas técnicas, pero sus oyentes silenciosos disponen de las armas defensivas del espíritu crítico. Tienen derecho a decir no, a silbar o a marcharse. El maestro ante la clase se encuentra en la difícil situación de quien tiene siempre y necesariamente razón. Su misión propia hace de él el revelador de la verdad. Semejante situación puede parecer privilegiada y confortable a primera vista; queda claro, en un segundo análisis, que es terriblemente difícil, y totalmente insostenible.

Pues es imposible tener siempre razón. A los ojos del niño pequeño, los padres, los adultos han disfrutado los primeros de ese privilegio, que hacía de ellos seres casi divinos. Pero llega el momento en el que la perspicacia infantil ha descubierto sus intenciones; han sido despojados de su privilegio, del que el maestro, a su vez, se convierte en depositario. Ahora bien, el maestro, tenga las ganas que tenga, no

---

1*. Como el verbo español "instruir", el francés *instruire* procede del latín *instruere*, que alude tanto a la construcción como a la instrucción en sentido militar. Gusdorf juega con ese doble sentido arquitectónico y formativo. (*N. del T.*)

puede renunciar a esta superioridad de ciencia y razón que hace de
él un superhombre. Conoce muy bien, por su parte, su debilidad y
sus insuficiencias; pero, en presencia de la clase, no tiene el derecho
de reconocerlas sin venir a menos, sin menoscabarse.

Todo esto está comprendido también en la confrontación silenciosa de la primera clase. No se trata de una simple relación de fuerza
en la que los niños se medirían con su domador. El maestro no debe
probar solamente que no tiene miedo y que, solo contra todos, no se
siente intimidado. Le corresponde también, y sobre todo, justificar
su existencia como representante de la sabiduría, de la cultura y de
todos los valores humanos más elevados. Tal es la apuesta secreta
de los comienzos: el maestro entra, la clase se levanta. Incluso si el
maestro es un maestro mediocre, que duda de su misión, incluso si
la clase reúne a niños escasamente dotados, el ritual del primer cara
a cara comporta ese homenaje rendido al depositario de la más alta
exigencia: porque él es *magister*;[2*] en él se afirma un excedente de
humanidad. Y cada mirada vuelta hacia el profesor manifiesta esa
expectativa, consciente o no, y esa esperanza.

Así es de arriba abajo en la jerarquía escolar, de la escuela mater-
nal a la universidad. La función docente en su actualidad plena no
es nunca mejor afirmada que en este homenaje de los comienzos, el
maestro entra, se hace el silencio, los alumnos se mantienen de pie
por un instante. El trabajo va a comenzar. Pues toda clase es una primera clase; toda lección es una vuelta a empezar, y nadie ignora que,
incluso si se trata de gramática, de zoología o de matemáticas, lo que
está en cuestión sobrepasa con mucho en importancia los límites de
tal o cual dominio técnico. Todo maestro, sea cual sea su especialidad,
es antes que nada un maestro de humanidad: por pobre que sea su
conciencia profesional, no es, lo desee o no, menos testigo y garante
para aquellos que le escuchan de la mayor exigencia. Es por ello que
la lección en su conjunto no hará más que comentar el instante inaugural, sin poder pretender igualarlo en riqueza. El primer silencio está
lleno de esa expectativa del ser humano que todas las enseñanzas y
todas las experiencias no alcanzarán jamás a colmar.

2*. En latín en el original. (*N. del T.*)

A veces hago una pausa en el umbral de un anfiteatro lleno a rebosar. Tras la puerta, la agitación ligera de la multitud de estudiantes, el ligero zumbido de las conversaciones, todos los ruidos de la colocación. Voy a entrar; el silencio se instalará y las miradas van a converger sobre mí. Por supuesto, eso no es nada, no es un acontecimiento. Un profesor va a comenzar su clase. Eso ocurre cientos de veces al día en el mismo edificio. La reflexión, sin embargo, no llega a disipar la inquietud, que puede rayar con la angustia. "¿Qué vengo a hacer aquí? ¿Y qué vienen ellos a hacer, todos y cada uno de ellos por su parte? ¿Qué espero de ellos? ¿Y qué esperan ellos de mí?".

A partir del momento en que se plantean tales cuestiones, está claro que quedarán sin respuesta. Por supuesto, hay un cuadrante de servicios, el horario de la Facultad y el programa de exámenes, que quitan a esos encuentros regulares toda significación particular en el seno de la rutina general. Y, sin embargo, la inquietud permanece, y la sospecha de un valor más elevado. No existe un momento totalmente neutro en una vida, a pesar de nuestros esfuerzos por desnaturalizar el acontecimiento, para arrebatarle lo que podría tener de insólito, de excepcional y, por ello, de amenazador. En todo encuentro con un calendario cualquiera, cada una de las partes implicadas se encuentra expuesta al peligro de la otra, si es verdad, como afirma la sentencia de Hofmannsthal, que "todo reencuentro nos desarma y nos recompone". El reencuentro es siempre posible, es siempre secretamente esperado, incluso si no se realiza nunca. La expectativa de los seres puede transformar el menor intercambio de frases en una trampa del destino.

La palabra del maestro abre un campo de posibilidades indefinidas. El diálogo con el auditorio se muestra entonces como una prueba para el que habla y para los que callan. Más allá de las preguntas tratadas, se plantea otra pregunta, una pregunta de cada uno para consigo, y esa pregunta cuestiona[3]* al mismo que plantea la pregunta de la que es conjunto el sujeto y el objeto. Ahora bien, el filósofo

---

3*. Tratamos de mantener aquí el uso del término *question* que hace Gusdorf en el original, excepto al traducir *mettre en question* por "cuestionar". Se trata de una frase con claros tintes heideggerianos, como confirma la referencia subsiguiente al filósofo alemán. (*N. del T.*)

Heidegger afirma de semejante pregunta que es propiamente meta-física. Así, se encuentran justificadas las lágrimas del niño pequeño que por primera vez franquea, con inquietud y angustia, el umbral de la escuela primaria.

Hay que admitir, por tanto, que la verdadera pedagogía se burla de la pedagogía. La educación esencial pasa por la enseñanza; pero se realiza cuando es necesario a pesar de ella y sin ella. La realidad de los horarios, de los programas y de los manuales, cuidadosamente ordenada por los tecnócratas ministeriales, no es más que un estilo de trampantojo. Es cierto que los rituales del empleo del tiempo llegan por lo general a engañar a los ejecutantes tanto como a la masa de los justiciables. Y, por otra parte, es necesario un empleo del tiempo, sin el cual la sociedad escolar, incapaz de legitimarse a sus propios ojos, sucumbiría muy rápidamente a la descomposición material y moral. Pero el empleo del tiempo no es más que un pretexto; su verdadera función es dosificar el encuentro fugaz e incierto, el diálogo del maestro y el discípulo, es decir, la confrontación de cada uno consigo mismo. Los años de escolarización pasan, y se olvidan las reglas de tres, las fechas de la historia de Francia, la clasificación de los verte-brados. Lo que permanece para siempre es la lenta y difícil toma de conciencia de una personalidad.

Que cada cual interrogue aquí a su memoria, y le pregunte lo que ha conservado, de hecho, de los recuerdos relativos a la nume-rosa línea de maestros que contribuyeron a su educación. Algunos se han borrado sin dejar ninguna traza, y entre aquellos cuya imagen subsiste, no todos han corrido la misma suerte. Me acuerdo de tal o cual que me ha enseñado matemáticas o inglés; me acuerdo o, mejor dicho, no me acuerdo. Me ha quedado algo de inglés, algo de mate-máticas y la imagen desdibujada de un rostro, la silueta de un buen hombre que hacía honestamente su trabajo. Otros me han dejado un recuerdo más vivo; he olvidado casi totalmente la propia materia de las lecciones que me dieron, de historia, de francés o de latín. Pero veo aún ciertos gestos, ciertas actitudes; escucho aún tal palabra, re-lativa a la clase o a otra cosa que la clase, que resonaba en el momento preciso, y hacía reflexionar; me queda la carga de una cólera o de una indignación memorable. Hay algunos que permanecen en mí vivos y presentes; su personalidad me ha marcado porque chocamos, porque nos enfrentamos cara a cara, nos estimamos y, sin duda, secretamente, nos quisimos. Vivos o muertos, por lejos que se encuentren, viven en mí hasta mi muerte.

En todos los casos en los que la memoria sigue siendo fiel, hay que reconocer que se apega a algo que se situaba fuera del saber propiamente dicho, y era más importante. El saber, es cierto, proporcionaba la ocasión, o el pretexto, del encuentro. Había en ello una especie de juego: se jugaba el juego escolar, se respetaba la regla, pero uno no se equivocaba. Una especie de connivencia más o menos confesada unía al maestro y la clase. Cada nueva lección era el lugar de un debate, en el que uno esperaba siempre algo distinto y mejor que lo que figuraba en el orden del día. Se escuchaba al profesor, pero a través del profesor era al maestro a quien se esperaba.

La inteligencia no se acuerda sola porque la inteligencia no existe sola. La escuela no es el lugar en el que se ejercitaría la memoria y se acumularían los materiales intelectuales de las diversas categorías homologadas. En la escuela, es el viviente humano quien obtiene su formación básica, y es él quien, más tarde, se acuerda según fidelidades diversas y, sin embargo, coexistentes, perpetuando juntos al niño, al adolescente, al joven de entonces en el adulto de ahora. En virtud de esta recapitulación, mi memoria organiza en mí la jerarquía cronológica de mis educadores, hacia cada uno de los cuales mantiene la actitud, cada vez diferente, que mantuve en el momento del encuentro.

Esta estratificación de los maestros tiene, por otra parte, su importancia, pues jalona las diferentes edades mentales en el desarrollo de la personalidad. El maestro de primaria, en el umbral de la vida, es el inolvidable maestro de la infancia, del que ningún otro igualará después el prestigio natural. Maestro absoluto de derecho divino, el maestro de primaria conserva la autoridad plenaria y la omnisciencia. Se afirma en él el imperativo categórico de la enseñanza, que reviste de un valor casi sagrado cada una de sus palabras. En los tiempos en los que la Iglesia detentaba de hecho el monopolio de la enseñanza, el cura profesor se hallaba revestido por naturaleza de todas las trascendencias. Con todo, la secularización de la escuela ha dejado al maestro, como consecuencia de sus funciones, una situación privilegiada: la enseñanza primaria no ha dejado de ser, a los ojos de la nación, una especie de clerecía laica. Todos los ciudadanos se sienten siempre, ante el maestro de escuela, como niños, y toda verdad salida de su boca tiene, más o menos, valor de catecismo.

Se encuentran en la literatura numerosas evocaciones del maestro de primaria, semidiós de un mundo infantil, cuya elevada talla reina sin contestación posible.[4] Si es verdad, como se ha dicho a menudo, que las impresiones y experiencias decisivas de la vida se remontan a la infancia, el primer maestro debe proporcionar a la existencia entera el prototipo de todo magisterio. Péguy, que fue alumno en sus comienzos de la escuela anexa de la École Normale d'Institueurs du Loiret, ha dejado un célebre retrato de esos aspirantes a educadores, sin duda más intimidados que los escolares sobre los cuales tenían que afirmar una autoridad todavía vacilante:

> Nuestros jóvenes maestros eran bellos como húsares negros. Esbeltos, severos, ajustados. Serios y un poco temblorosos por su precoz, por su repentina omnipotencia [...] Creo haber dicho que eran muy viejos. Tenían al menos quince años...[5]

Pero es preciso abandonar el estado de infancia y su reputación. La enseñanza secundaria consagra la entrada en ese otro mundo, que será pronto el de la adolescencia. El maestro, aquí, deja su lugar al profesor o, más bien, se multiplica y se especializa. Esta división del trabajo intelectual consagra una especie de decadencia del maestro absoluto, cuyo arquetipo reinaba sobre la escuela primaria. Aunque el profesor esté más cualificado que el maestro de primaria, disfruta de un menor prestigio. Limitado a su especialidad, no puede pretender la omnisciencia. Además, en el juicio del alumno, es confrontado necesariamente con sus colegas: hay buenos profesores y menos buenos, o malos. E incluso los buenos, a consecuencia de la comparación, no están libres de carencias y fisuras sobre tal o cual punto concreto. Poco a poco, el espíritu crítico se introduce; el adolescente toma su distancia, ejerce la autonomía de su juicio.

---

4. Cf. DUVEAU, G. (1957) *Les Instituteurs*, Éditions du Seuil.
5. PÉGUY, Ch. (1913) *Cahiers de la Quinzaine*, XIV, 6: *L'argent*, pp. 31-32.

En adelante, es una personalidad naciente la que se mide con la personalidad del maestro. La enseñanza secundaria consagra la primera toma de conciencia de la cultura. No se dirige ya solamente a los automatismos de la atención y de la memoria; se esfuerza por despertar la inteligencia y afinar la sensibilidad. De lo que se trata ahora no es ya solo la materia de los programas; el interés va más allá, pues se esboza ya la curiosidad, la búsqueda inquieta de sí mismo y de la humanidad. El profesor, tan solo con que dé signos de vida ante la clase, se encuentra hecho testigo, comprometido en este debate. Se le pide mucho, sin duda más de lo que puede dar, pero no puede rechazar esta complicidad de un diálogo particular, entre líneas, con palabras encubiertas, con este o aquel. No puede, si es consciente de sus responsabilidades, salir con evasivas ante ciertas interrogaciones o provocaciones, que son al mismo tiempo llamadas de auxilio. Una enseñanza universal, distribuida con imparcialidad, no basta. Manteniendo las distancias, el profesor debe estar atento, pues su tarea será a menudo, frente a las inquietudes y sufrimientos que habrá suscitado en ocasiones sin saberlo, justificar la existencia humana.

La escuela secundaria, el colegio, el liceo, son lugares privilegiados donde sopla el espíritu. Es este uno de los puntos neurálgicos en los que se debe constatar la cruel indigencia de la civilización pedagógica en Francia. Apenas se ha conocido entre nosotros más que la tensión de base religiosa de los colegios de jesuitas, con sus técnicas racionalizadas de lo espiritual, o esa otra tensión, de orden administrativo y militar, impuesta por Napoleón en los institutos del Estado. El internado francés no ha dejado nunca de ser, salvo raras excepciones, un régimen represivo o algo peor. Hay países en Occidente donde las escuelas secundarias no son cuarteles, clericales o laicos, sino emplazamientos privilegiados donde, por medio de un mínimo de disciplinas libremente consentidas, los adolescentes pueden llevar una vida equilibrada y placentera. En Suiza, en los Estados Unidos, en Inglaterra sobre todo, los jóvenes se sienten en casa en su escuela, y siguen identificándose con ella toda la vida, mientras que en Francia el liceo, el colegio, no son más que lugares de trabajo y de prueba donde la verdadera vida está ausente.

Sería preciso plantear aquí toda la cuestión de las relaciones humanas en el medio escolar, que en Francia se fundan sobre una disciplina jerárquica, de la que la camaradería y la amistad son desterradas necesariamente; el intelectualismo fanático que preside nuestras instituciones no alcanza a tener en cuenta la vida física y deportiva, o las actividades recreativas. Por otra parte, los grandes establecimientos se amontonan en las ciudades, cuando deberían situarse, liberados de todo espíritu concentracionario, al aire libre en el campo. Hay que observar, a fin de cuentas, que el sistema francés en su conjunto está concebido por adultos y para adultos, en función de normas que corresponden a preocupaciones de adultos un tanto endurecidos, sin contacto con la realidad humana de la edad mental de los usuarios de la enseñanza. Una sola etapa de nuestras instituciones escolares es digna de elogio sin reservas, porque está hecha verdaderamente a la medida de los niños que vienen alegremente a llenar sus clases y sus jardines: las escuelas maternales. Sin duda, no interesan apenas a los altos funcionarios encargados de las planificaciones intelectuales; se encuentran por consiguiente abandonados a las atenciones femeninas. Pero más allá, a partir de la edad de seis años, desde el momento en el que uno se pone a trabajar seriamente para aprender a leer y a escribir, el pequeño francés se convierte en la presa de un sistema cuyo único ideal es un engorde de cerebros, que no tiene en cuenta lo esencial: el desarrollo equilibrado de la personalidad. Los únicos elementos importantes de la vida escolar son los programas, las notas, las redacciones, las clasificaciones, y, para coronarlo todo, los exámenes. De manera que la enseñanza francesa parece reducirse toda ella a una gigantesca empresa de alienación mental.

Sería inútil esperar una revolución en las esferas dirigentes, y reformas estructurales lo bastante decisivas como para permitir el advenimiento de un nuevo espíritu pedagógico. Todas las tentativas bienintencionadas han acabado por fracasar ante la incomprensión de los servicios burocráticos, obstinados en juzgar la realidad según las normas de un rendimiento estrictamente intelectual y financiero. Lo único que importa es producir con el menor gasto la mayor masa posible de diplomados en todos los niveles. La enseñanza francesa no es más que una gran industria preocupada por disminuir el precio de coste, aunque sea en detrimento, incluso, de la calidad de los objetos fabricados.

Esta es la razón por la que la educación misma, en sentido estricto, no es más que un subproducto de la enseñanza. La educación se realiza a pesar de la enseñanza, cuando es posible; muy a menudo, el niño, el adolescente es abandonado a sí mismo; su personalidad debe buscar su camino a través de la jungla de horarios y de exámenes, en la que nada ha sido previsto para ayudarla a desarrollarse. Haría falta una verdadera inversión de los valores para que la educación, tomada por fin en serio, fuera considerada como el fin, del que la enseñanza sería, entre otros, un medio. Esperando que se produzca tal revolución copernicana, el diálogo del maestro y el discípulo, ese juego del escondite en el que las personalidades se buscan y se confrontan a través del laberinto de las instituciones, continúa siendo uno de los muy escasos recursos para una auténtica pedagogía, en el seno de un sistema del que, a pesar de todas las pretensiones técnicas, la pedagogía está ausente.

Se encuentra así precisada la tarea educativa esencial del maestro, desde el nivel de la enseñanza secundaria. Le corresponde probar por su actitud de conjunto que no es víctima del engaño del régimen del que está prisionero. Ciertamente, es preciso jugar el juego de los programas, pruebas y exámenes, pero también indicar al mismo tiempo que lo esencial se sitúa más allá. Se podría establecer una complicidad en la objeción de consciencia al orden establecido. "Estoy aquí, es cierto, para enseñarles matemáticas, alemán y latín. Y, por supuesto, es necesario aprender alemán y latín; pero, aprendiendo latín o alemán, hay algo más importante que hacer que aprender alemán o latín". Se juega otra partida, entre líneas y lecciones, una partida verdaderamente decisiva, pues es la que decide el destino de los seres humanos. La pedagogía real se sitúa más allá de los límites y de los propósitos de todas las disciplinas; es propiamente escatológica.

Reencontramos aquí el tema socrático según el cual lo más importante de la enseñanza es algo que no se enseña, sino que viene dado como un excedente de lo que se enseña. Sócrates no era profesor de nada, por la magnífica razón de que pretendía enseñarlo todo, al menos todo lo que importa. Por otra parte, tuvo tanto éxito que los eruditos de hoy en día se esfuerzan aún en desentrañar qué doctrina podía poseer. Sócrates parece aquí haber cubierto las pistas con un arte consumado. Pero los historiadores se equivocan; pueden buscar sin fin, por la buena razón de que no hay ninguna pista. Sócrates nos advierte de que se cuida mucho de no profesar nada. Una materia de enseñanza sería para él una falsa apariencia. El maestro prescinde de toda especialización y de todo profesorado; su influencia actúa como una llamada a ser, como una interpelación dirigida a todos y cada uno. Los programas escolares han cambiado muy a menudo desde el siglo IV antes de Cristo; se han construido y destruido en Atenas numerosas escuelas. Sin embargo Sócrates el maestro, desafía los milenios, porque su recuerdo no está ligado a la clase de sexto, de primero o de filosofía, ni al curso de alemán, de latín o de matemáticas. Docente sin programa, profesor fuera de horas de clase y sin tratamiento, Sócrates se ceñía a lo esencial; era maestro de humanidad.

Esta es la razón por la que la clase socrática de filosofía sigue siendo en Francia, con toda razón, el clímax de la enseñanza secundaria. Hay programas, por supuesto, y un examen, pero quizás menos tiránicos que en otra parte. La libertad del maestro puede ejercerse aquí, y cada cual dirige según su propio estilo la búsqueda sobre la condición humana, que sirve de tema a ese año escolar. Es justo subrayar que esto es algo original de nuestra enseñanza; la mayor parte de los otros países no juzgan necesario este período de reflexión. En Francia incluso, un buen número de tecnócratas de la pedagogía son de la misma opinión, y piensan que el tiempo perdido en la búsqueda de la verdad podría ser empleado con mucha más utilidad en un lavado de cerebro matemático intensivo, útil preludio a un embrutecimiento ulterior por las vías y medios de las ciencias y las técnicas. La propaganda contra la clase de filosofía, honor de nuestro sistema por lo demás tan deficiente, representa una de las formas contemporáneas del oscurantismo triunfante. Sin embargo, el profesor de filosofía sigue siendo en la tradición francesa una de las formas más realizadas del maestro, y tendremos que volver más adelante sobre su caso.

En el nivel de la enseñanza superior, la relación del maestro y el alumno cambia de sentido una vez más. La desproporción entre las partes presentes es menor de aquí en adelante; el estudiante no es ya un niño, tiene ya una cultura suficiente, y la posibilidad de juzgar. Es cierto que el profesor, en la universidad, disfruta de mucho crédito, y puede ser engañoso por sus títulos, por sus publicaciones, pues ha escrito libros y lo sagrado del libro lo aureola a los ojos de los profanos. Se supone que posee un saber extenso y personal, y que prosigue, enseñando, la investigación iniciada. Pero la confrontación del maestro y el estudiante se extiende aquí a lo largo de los años, y el debutante tímido afirma poco a poco su propia madurez. Se vuelve capaz entonces de juzgar a su maestro y, cuando sea necesario, de desafiarlo. En la Facultad, se puede comparar entre los diferentes profesores; se puede escoger seguir ciertos cursos y olvidar otros.

Esta crítica de autenticidad introduce en el diálogo un carácter nuevo; el maestro juzga al estudiante, pero se siente juzgado por él. Se trata aquí de una confrontación de igual a igual, a pesar de la diferencia persistente. El maestro duda de su maestría; tiene necesidad de encontrar en la aprobación del estudiante el reconocimiento de su valor, y su justificación. El estudiante, por su parte, en el umbral de su vida, espera del profesor los juicios decisivos que le harán decidirse sobre sus posibilidades y orientarán su carrera. El maestro de universidad es el último tutor, la última garantía ante la soledad de la vida en la que cada uno debe asumir sus responsabilidades. Puede conferir a su alumno el privilegio inmenso de la confianza en sí mismo, a pesar de las dudas y las angustias. En cuanto al profesor, si ha descubierto efectivamente indicios de maestría en el alumno, se alegra de esa filiación espiritual. Puede contar con que alguien continuará su labor, cuando él mismo deba abandonarla.

De la infancia a la madurez, la sucesión de maestros acompaña la promoción de la conciencia, lo que hace ver claramente que el diálogo no hace intervenir al otro más que como mediador en el descubrimiento de sí. Quien narra sus años de escolarización se narra a sí mismo, tan cierto es que de edad en edad nuestros maestros fueron los espejos siempre empañados e indecisos en los que, entre tantas imágenes confusas, nos buscamos a nosotros mismos.

Resultaría de todo esto que la enseñanza es ante todo una relación humana, cuyo sentido varía con la edad y la personalidad de quienes están implicados en ese vínculo. Esta relación tiene un valor en sí misma y por sí misma; es educativa independientemente de la actividad especializada que sirve de pretexto y de materia para su establecimiento. Los verdaderos maestros de un ser humano no son siempre sus maestros de primaria o sus profesores; son aquellos de los que, al azar de la vida, ha recibido ejemplo y lección.

Ha habido un tiempo, escribe Martin Buber, ha habido tiempos en los que la vocación específica de educador, de profesor, no existía y no había necesidad de que existiera. Un maestro vivía, filósofo, por ejemplo, o herrero; sus compañeros y sus aprendices vivían con él; aprendían lo que él les enseñaba de su trabajo manual o intelectual, pero aprendían también, sin ocuparse de ello ni ellos ni él, aprendían sin darse cuenta de ello el misterio de la vida en la persona; el Espíritu los visitaba.[6]

Me han hablado de un profesor de matemáticas en la clase preparatoria para la Escuela Politécnica, célebre por el gran número de sus alumnos a los que hace franquear victoriosamente cada año el umbral del gran establecimiento científico. Parece ser que, cuando sorprende, en la ciudad a uno de sus alumnos en la cola de espera del cine, lo hace abandonarla con autoridad y lo manda de vuelta a sus cálculos, pues no se tiene el derecho de malgastar en otra cosa un tiempo que podría ser consagrado al estudio del programa. El domingo por la mañana reunía a su clase para hacer ejercicios complementarios, y esa fue una de las grandes penas de su vida cuando, un año, los alumnos se negaron, en su mayoría, a consagrar también la mañana del domingo a las matemáticas.

Por supuesto, este profesor es el honor del establecimiento en el que enseña, y cuyo prestigio se beneficia ampliamente de su conciencia profesional. Sería injusto agobiarlo, y pretender que nunca ha comprendido nada de su oficio. Cientos de hombres le deben el haber obtenido un título prestigioso y una vida confortable. Todo eso merece consideración. En el grado más bajo de la jerarquía educativa hay que situar a esos maestros de primaria, esos profesores incompetentes, pues los hay, que no parecen movidos por ninguna

---

6. BUBER, M. (1959) De la fonction éducatrice, En: *La Vie en dialogue*, trad. Loewenson-Lavi, Aubier, p. 228.

pasión. No saben gran cosa; no hacen nada al respecto. Se contentan con ganarse la vida con el menor sufrimiento, pensando en otra cosa. Estos, por supuesto, no engañan a nadie; deben ser rechazados como incapaces y deshonestos.

El buen profesor es de un orden superior; ama su oficio, en el cual encuentra no solo una forma de ganarse la vida sino una razón de ser. Tal es el profesor de matemáticas del que acabamos de hablar, ha adquirido un saber y se ha proporcionado una técnica eficaz para la comunicación de ese saber. Equipado con un programa de conocimientos y de métodos apropiados, sabe de dónde parte, sabe a dónde debe llegar; enseña. La clase, colectivamente, y los alumnos uno por uno, están ante él como una pasta que hay que moldear hasta que se haya obtenido el resultado buscado. En virtud de un ideal de justicia distributiva, la misma exigencia se aplica a todos, pudiendo esperarse un resultado análogo de cada uno, siempre y cuando se emplee la dedicación necesaria. La enseñanza no se dirige a tal o cual en particular, del mismo modo que la verdad no tiene preferencia por nadie. El único interlocutor válido es el alumno medio, del que cada una de las individualidades reunidas en la clase representa una aproximación por exceso o por defecto.

Así pues, el profesor trabajará para el mayor bien de ese fantasma multiplicado del alumno medio, siendo la meta de la enseñanza producir en serie el mayor número posible de certificados de estudios o de bachillerato. El ideal, la satisfacción suprema, la apoteosis, sería que al final del año escolar todo el mundo fuera recibido en la Politécnica. El examen, el concurso, aparecen aquí como un fin en sí; ser bachiller es la salvación, es el imperativo categórico. El profesor domina la situación: él tiene su bachillerato, y sabe exactamente lo que hay que hacer para pasar la prueba. Poseedor de la verdad, distribuye juiciosamente el saber que posee, hasta que la clase pueda recitar con él al unísono: "Yo sé, tú sabes, él sabe, todos nosotros sabemos la misma cantidad de cosas...".

Todos hemos conocido a ese profesor honesto —que bien podría ser el profesor medio, interlocutor válido del alumno medio. Habla como un libro, e incluso mejor que un libro, porque es capaz de detenerse y de recomenzar la explicación cuando se da cuenta de que el alumno medio no ha comprendido. El historiador enseña hechos y fechas, el matemático teoremas, el gramático reglas y excepciones. Para cada uno de ellos, no hay duda de que lo que enseña es la verdad, como por cierto se puede verificar en los tratados y manuales. Y si un descubrimiento, una teoría más reciente, si un nuevo capítulo o una eliminación vienen a modificar el programa oficial, el profesor no deja de modificar escrupulosamente su curso consecuentemente, buscando siempre los caminos y los medios más simples, los más económicos, para poner al alcance de los alumnos esos datos.

Desde la perspectiva de esta pedagogía respetable, el alumno es invitado a *aprender* lo que debe saber. Es indispensable acumular un cierto capital de conocimientos, definiciones, reglas, fechas y hechos de toda clase. Así lo hacen los candidatos juiciosos a la *agrégation* de inglés, que se crean listas interminables de vocablos marítimos, y de nombres de flores, de plantas y pájaros, a menos que los reciban ya hechos gracias a la solicitud de algún profesor. Necesitan saberse de memoria centenares o miles de palabras más o menos técnicas. Todo el mundo sabe que la literatura inglesa es rica en aventuras de mar y en descripciones hortícolas. El tema, la versión, la explicación improvisada, son impracticables sin un vocabulario apropiado. El buen candidato conoce las palabras y las expresiones inglesas y las fórmulas francesas correspondientes. Poco importa en ese momento que tenga la menor idea de la flor, la jarcia o el pájaro en cuestión. Lo esencial es ser capaz de reemplazar una palabra por otra palabra equivalente. La memoria es suficiente. Es preciso ser capaz de recitar la lista correctamente; es así porque es así. Se recitaría de otro modo, o al revés, llegado el caso. Del mismo modo aprenden los estudiantes de medicina sus listas anatómicas y sus cuadros clínicos.

Esta memoria de repetición pura y simple representa sin duda el grado más bajo del saber. Desempeña, bien es verdad, un papel considerable a lo largo de los estudios; permite a menudo los éxitos prestigiosos en los exámenes. No obstante, el profesor honesto no se contenta con exigir las adquisiciones de este tipo. Su enseñanza se eleva hasta la manipulación correcta de esos datos memorísticos. El alumno debe estar ejercitado en componer, descomponer y recomponer los materiales de los que dispone, gracias a la movilización de las estructuras formales del pensamiento. Tal entrenamiento pone en práctica el predominio de la inteligencia sobre el recuerdo puro y simple. El sujeto manifiesta así no sólo que ha aprendido, sino que posee lo que sabe. Le será posible, desde ese momento, responder a preguntas, llevar a cabo ejercicios de aplicación.

El buen alumno es, pues, aquel que emplea honorablemente esta gimnasia intelectual durante sus actuaciones controladas en las composiciones y los exámenes. Sin embargo, sabemos que faltaría algo esencial al buen alumno que fuera solamente un buen alumno. Y vemos sin esfuerzo que un profesor cuyo esfuerzo y ambición al completo se limiten a la fabricación de buenos alumnos tan numerosos como sea posible, no sería un auténtico maestro. Hay una tristeza congénita del buen alumno, del alumno medio que seguirá siendo mediocre toda su vida —y una mediocridad también del docente medio que representa al pequeñoburgués de la enseñanza. Con poco que se piense en ello, se revela claramente que la plenitud de una vida, su éxito o su fracaso, no tienen nada que ver con la descripción que acabamos de intentar de un régimen escolar pobre, aunque honesto, que constituiría el mínimo vital de una inteligencia cerrada sobre sí misma e inconsciente de todo lo demás.

¿De qué se trata exactamente, si no es de eso de lo que se trata, cuando un maestro digno de tal nombre "da la clase"? Unos testimonios pueden dar una idea.

En octubre de 1879, durante la vuelta a clase, escribe Maurice Barrés, la clase de filosofía del instituto de Nancy fue conmocionada fuertemente. El profesor M. Paul Bouteiller era nuevo, y su aspecto, el sonido de su voz, sus palabras, sobrepasaban lo que cada uno de los chicos había imaginado nunca de más noble y de más imperioso. Una efervescencia extraña agitaba sus cerebros, y un rumor casi insurreccional inundó su patio, su cuarto, su comedor e incluso su dormitorio; pues, para despreciarlos, comparaban con ese gran hombre a sus colegas de la administración. Ese edificio, por lo general tan lóbrego, parecía una cuadra en la que se hubiera distribuido la avena. A esos jóvenes que hasta entonces rumiaban cualquier rudimento, se les acababa de dar el más vigoroso de los estimulantes: las ideas de su época...[7]

La novela de Barrés perpetúa la emoción del instituto, desde el momento del encuentro con el profesor que fue para él la primera figura del magisterio. La clase entera es subyugada de inmediato:

Un silencio perfecto se creó. Desde el primer momento, no hubo lugar a dudas de que el joven maestro era de esos que dominan una situación [...] Jóvenes salvajes, apretujados sobre sus bancos, le escuchan, lo observan, un poco desconfiados, lo espían y se amansan por admiración...[8]

El testimonio es aquí tan convincente como poco adulador el retrato. A Barrés no le gusta apenas Bouteiller, inspirado en Burdeau, que fue su profesor de filosofía en Nancy, y del que hace a fin de cuentas un político de poca monta. Sin embargo, la clase de Bouteiller, lejos de parecerse a un triste taller de fabricación en serie de bachilleres mediocres, es el lugar de una especie de fiesta recogida y siempre recomenzada.

Se ha dicho de un profesor célebre, y que fue maestro de muchos:

Estaba en su clase como el maestro en su iglesia en medio de sus fieles, o el pastor tocando la flauta para sus corderos. En realidad, el pastor toca la flauta para él mismo, pero no les está prohibido a los corderos volverse melómanos...[9]

Entra aquí en juego un poder de encantación que disipa todas las monotonías de la pedagogía, de la que transfigura incluso las limitaciones. Pero el encantamiento no se limita a ser un sortilegio exterior, como la fascinación del virtuoso que seduce al público de una noche, y se va a proseguir lejos su gira. El maestro debe recomenzar cada mañana el milagro, mantener día tras día un prestigio que la familiaridad podría desgastar. Su influencia debe pues justificarse por una virtud real y reconocida libremente por cada uno.

7. Barrés, M. *Les Déracinés*, comienzo, Émile Paul.

8. *Ibid.*, pp. 5 y 7.

9. Toesca, M. (1952) En: *Hommage à Alain*, N.R.F., Septiembre, p. 30.

Otro alumno de Alain explica a su manera la autoridad de ese profesor ilustre:

Esta enseñanza, escribe, se dirigía a nosotros, no como a alumnos, sino como a seres humanos. Éramos ascendidos a la existencia. En ninguna parte se podía sentir mejor el poder que posee un ser humano de dar existencia al ser humano por la forma de hablarle. Ya no éramos pobres niños, consagrados, como era bastante habitual entonces, a la compasión desdeñosa y a las malas notas. Éramos pequeños seres humanos, seres humanos sin más, iguales, cuya libre apreciación era no solamente admitida, sino solicitada [...] Todas las observaciones, todas las objeciones estaban permitidas, eran tomadas en serio, con la conmovedora idea preconcebida de encontrar su valor.[10]

Se objetará sin duda que estos testimonios conciernen a profesores de filosofía, casos particulares y privilegiados de la enseñanza. El profesor de alemán en quinto, el de geometría en segundo, cada una de cuyas horas debía ser consagrada a un ejercicio preciso so pena de no haber tratado todo el programa, ¿cómo podrían ellos encontrar la posibilidad de ejercer además sobre sus alumnos una acción espiritual? Es cierto que la libertad de acción es mayor en el caso de la filosofía; y esto bastaría para subrayar la importancia decisiva de una clase que los poderosos de la Educación Nacional tienen tendencia a considerar inútil, si no nociva. El filósofo es maestro de verdad; toda su labor es mostrar que la verdad existe, y convertir a sus alumnos a esta verdad de conjunto que es al mismo tiempo la verdad de cada uno de ellos. "Conozco muchos alumnos de Alain, escribe aún Maurice Toesca; tienen ese punto en común de no tener más lazos que haber seguido un destino apropiado a sus deseos profundos...".[11] Cada profesor no puede ser en igual medida un revelador del ser humano y un revelador del mundo.

No obstante, es importante sostener que la misma exigencia se imponga a todos, y a todos los niveles de la jerarquía docente. El especialista que se excusa arguyendo sobre su especialidad busca una

---

10. Bridoux, A. *ibid.*, pp. 25-26.

11. *Ibid.*, p. 33.

coartada, pero su evasiva no le justifica. Todo el mundo debe informar sobre sus verdades particulares, pero las verdades particulares no son más que la calderilla de la verdad humana en su conjunto. Una disciplina especializada, si se acantona en el magnífico aislamiento de su tecnicidad, pierde el contacto con sus orígenes y sus fines. Incapaz de ubicarse en la totalidad del saber, de situarse en la realidad humana, pierde todo valor de cultura y se convierte en un factor de alienación, como lo demuestra con total evidencia la crisis actual de nuestra civilización. Toda ciencia es obra del ser humano; se equivoca y nos engaña si lo olvida y pretende obtener por sí misma cualquier tipo de autoridad.

El régimen soviético está orgulloso legítimamente de la nueva universidad de Moscú, cuyo inmenso rascacielos se eleva en los alrededores de la capital. Decenas de plantas, cientos de salas, miles de estudiantes se amontonan en este inmenso edificio, que quiere ser la sede central de la nueva cultura científica y técnica. Las fotografías de este edificio evocan irresistiblemente la torre de Babel, tal como Brueghel la representó en un gran lienzo que se halla en el museo de Viena. Pero si el rascacielos bíblico quedó inacabado, el rascacielos de Moscú está terminado sin lugar a dudas. Y no se puede evitar soñar con lo que podría ser la odisea de un hombre de buena voluntad que, a la manera de los héroes de Kafka, comenzara a buscar el conocimiento y la sabiduría recorriendo uno tras otro todos los ascensores, todos los laboratorios y todos los anfiteatros de la prodigiosa edificación, que representa aquí el perfecto símbolo del ideal occidental en materia de educación. Nuestro héroe, por supuesto, se perdería en el laberinto, y su aventura acabaría miserablemente en algún trastero oscuro, lleno de viejos papeles y de cepillos fuera de servicio.

En opinión de un especialista en espiritualidad india, "el término *Upanishad* significa etimológicamente "sentarse a los pies de alguien", en signo de homenaje para escuchar una enseñanza".[12] Posteriormente, la palabra vino a designar la doctrina secreta de la revelación. Por otra parte, los primeros comentarios del *Rig Veda* se titulan *aranyaka*, que significa "escritos de los bosques". La sabiduría

---

12. BERNARD, S. (1949) En *Littérature religieuse*, Colin, p. 640.

tradicional de la India era una sabiduría al aire libre; no se trataba de rascacielos, y el mobiliario pedagógico se reducía a nada.

Las espiritualidades orientales son sospechosas a los ojos del occidental moderno, que se siente sobrepasado en esos climas lejanos y se arriesga a dejarse atrapar por la trampa de un exotismo demasiado fácil. Nuestros hábitos mentales siguen insatisfechos, sin que por ello se nos dé la comprensión de los valores, muy particulares, que rigen desde hace milenios esos lejanos espacios mentales. Aunque ciertos escrúpulos son perfectamente respetables, sería absurdo rechazar en bloque como nulo y sin valor todo lo que parece ajeno a nuestra sensibilidad intelectual. La buena conciencia del occidental, sobre muchos puntos, no es posible sino gracias a una xenofobia sistemática igualmente ingenua.

Ahora bien, ocurre que las sabidurías de Oriente se han mostrado particularmente atentas a la relación del maestro y el discípulo. La educación occidental, desde hace largo tiempo, se ha constituido en una organización de masas; el sistema escolar tiene por objeto producir el mayor número posible de individuos provistos del mismo bagaje mínimo de conocimientos intelectuales. En la India, China o Japón, al contrario, la educación fue en primer lugar la formación espiritual de la personalidad bajo el control de un maestro que representaba el papel de un director de conciencia mucho más que el de un profesor. El maestro, aquí, desea conducir a cada discípulo a la maestría, y no solamente dotarlo de una cierta cantidad de saber. Dicho de otro modo, entre Oriente y Occidente se establece una oposición de valores educativos cuyo contraste puede arrojar alguna luz sobre nuestra investigación. El occidental tiene tendencia, a propósito de la enseñanza, a limitar el problema a las cuestiones de equipamiento escolar y universitario. El Oriente tradicional evoca al discípulo sentado a los pies del maestro a la sombra de los bosques. Pero, de hecho, las dos perspectivas son complementarias, puesto que el niño, el estudiante de Occidente, prisionero como es de las planificaciones pedagógicas, permanece malogrado en busca de un maestro que le dará un sentido a su vida. Y el discípulo oriental, por su parte, aprende también algo; la educación que recibe le es proporcionada a propósito de una enseñanza. Las relaciones con el maestro implican un orden del día, una materia, de la naturaleza que sea, teología, poesía o gimnasia, poco importa.

Pediremos entonces a la sabiduría oriental que esclarezca la naturaleza, para nosotros un poco misteriosa, de la acción del maestro sobre el alumno. Se encontrarán preciosas indicaciones en el relato de un alemán que, viviendo en Japón, y deseando iniciarse a la esencia misma de la cultura local, comenzó a estudiar, bajo la dirección de un maestro, el tiro con arco, disciplina ritual del Japón tradicional. El testimonio de este europeo debe su valor al hecho de que no cede a ninguna de las tentaciones demasiado fáciles del color local. La escena ocurre en Japón, según las normas japonesas, pero el autor se halla únicamente en busca de una experiencia humana en el sentido universal del término. Analiza la pedagogía de su maestro oriental en tanto que persigue una edificación del ser humano en general, y podría, por tanto, realizarse en cualquier lugar, a propósito de cualquier aprendizaje. El carácter accidental y pintoresco de la aventura permanece en segundo plano, pues la búsqueda trata sobre lo esencial.

El narrador ha escogido la disciplina del tiro con arco, antes que la esgrima, por ejemplo, porque él es ya un tirador experimentado con el fusil y la pistola. Se imagina, por lo demás equivocadamente, que eso facilitará sus estudios. Al mismo tiempo, su mujer se hace iniciar en la composición floral y en el dibujo con tinta china, otras disciplinas tradicionales. Cada una de esas enseñanzas es específicamente diferente de las otras, y sin embargo la intención es la misma en todas. Se trata, mediante un difícil y lentísimo trabajo, que requiere muchos años, de alcanzar la maestría, la maestría de una técnica, y al mismo tiempo el dominio[13]* sobre sí mismo. Estos estudios diversos representan, en efecto, otras tantas vías de iniciación a la espiritualidad búdica, tal como se practica en Japón bajo la forma del Zen. El japonés,

> ...por el "arte" de la arquería, expone Herrigel, no entiende la habilidad del deportista, que puede ser controlada, en mayor o menor grado, por ejercicios corporales, sino una habilidad que debe ser buscada

---

13*. Gusdorf utiliza *maîtrise* para referirse tanto a la maestría en el sentido de arte y destreza en la ejecución de una actividad, como para aludir al *dominio de sí*, tópico filosófico de enorme importancia tanto en la tradición occidental como en la oriental. (*N. del T.*)

en ejercicios espirituales y cuya meta consiste en dar en un objetivo
espiritual, de modo que fundamentalmente el artista se apunta a
sí mismo y hasta puede tener éxito en llegar a acertarse a sí mismo
[...] ahora como antes es una cuestión de vida o muerte, por cuanto concierne a un enfrentamiento del tirador consigo mismo [...].[14]
Vemos que se trata aquí de algo completamente distinto a la formación deportiva según las normas occidentales, en la que se intenta
preparar a un campeón de tiro capaz de triunfar en el torneo. El prin-
cipiante europeo hace él mismo la experiencia, yendo de desilusión
en desilusión, durante todo el tiempo en el que no ha comprendido
el sentido profundo de los ejercicios que le son impuestos. El arco,
las flechas, el blanco, no son fines en sí, sino solamente medios a propósito de los cuales el alumno debe conquistar poco a poco las más
elevadas verdades.

Los ejercicios espirituales a los cuales se debe exclusivamente que la
técnica del tiro con arco se convierta en arte y, si se diera, finalmente
en arte sin artificio, son ejercicios místicos. Por eso, el tiro con arco
de ninguna manera puede significar un intento de lograr algo exteriormente, con arco y flecha, sino interiormente, con el propio yo.[15]

Por supuesto, un espíritu occidental y positivo puede rechazar
como absurda tal enseñanza. El deporte, la cultura física es una cosa,
la mística es otra; queriendo practicar las dos al mismo tiempo, se
arriesga uno a no tener éxito ni en una ni en otra. Por otra parte, si
el tiro con arco, en rigor, o al menos el tenis o el esquí, son cosas serias, la mística está muy desacreditada entre nosotros. Señalemos sin
embargo que no se trata aquí de aceptar en su conjunto el contenido
positivo de tal o cual escuela extremo-oriental de espiritualidad. Lo
que importa, en el caso considerado, no es el budismo zen, sino la afirmación de un dominio progresivo de sí sobre sí mismo, lentamente
realizado gracias a la práctica de una técnica particular. El tiro con
arco, al igual que el zen mismo, no nos interesan sino como reveladores de la esencia misma de toda enseñanza y de todo aprendizaje.

14. HERRIGEL, E. (2012) *Zen en el arte del tiro con arco*, Madrid, Gaia Ediciones, pp.
    20-22.
15. *Ibid.*, p. 26.

Goethe observa, en su *Wilhelm Meister*: "lo esencial es que un hombre posea a fondo algo, y que se aplique a ello perfectamente y como ningún otro podría hacerlo en su entorno". Esta afirmación del gran europeo podría muy bien definir el espíritu de la metodología japonesa del tiro con arco. Un estudio, sea cual sea, tiene por intención permitir a quien estudia someter a su control un dominio cualquiera de actividad o de saber. Pero ese dominio exterior no es posible sino al precio de un dominio íntimo del ser humano sobre sí mismo. Todo ejercicio, físico o mental, tiene dos caras: la apariencia material, el contenido objetivo, enmascara por lo general un ejercicio más profundo en el que cada uno se confronta a sí mismo. Sin duda nos hallamos aquí en el punto en el que se establece la distinción entre la *enseñanza*, como estudio especializado de un conjunto de datos de cierto orden, y la *educación* propiamente dicha, que es edificación de sí, y cuya enseñanza no es más que un medio.

En nuestro sistema educativo, la enseñanza, en lugar de tener como objetivo la educación y de hacerse a un lado ante ella, tiende a ser considerada como un fin en sí. Obstaculiza la culminación de la tarea educativa, que sin embargo debería contribuir a llevar a término. Uno de los teóricos japoneses del Zen definió muy claramente el espíritu, ya mostrado, del método que preconiza:

> Desde el punto de vista de la ética, el Zen puede considerarse una disciplina que tiene como objetivo la reconstrucción del carácter. Nuestra vida ordinaria no alcanza más que la superficie de nuestra personalidad, no causa ninguna conmoción en las partes más profundas del alma [...] Es así como somos conducidos a vivir en la superficie de las cosas. Podemos ser inteligentes, brillantes, etc., pero lo que producimos carece de profundidad, de sinceridad, y no recurre a los sentimientos profundos. Algunos de nosotros somos radicalmente incapaces de crear lo que sea con excepción de algunos apaños o imitaciones que delatan su carácter superficial y su ausencia de experiencia espiritual [...] Una profunda experiencia espiritual debe producir forzosamente una transformación en la estructura moral de la personalidad.[16]

---

16. SUZUKI, D.T. (1940) *Essai sur le Bouddhisme Zen*, trad. Jean Herber, Albin Michel, tercera edición, t. 1, p. 32.

Desde este punto de vista, el objetivo de la educación no es sobre-cargar la memoria de datos variados y rápidamente olvidados, sino volver a la persona consciente de sí misma, y formarla en el dominio. "El Zen —enseña Suzuki— es una experiencia real y personal, y no un conocimiento que se adquiere mediante el análisis o la comparación".[17] El maestro, en la enseñanza del tiro con arco, permanece extraña-mente silencioso; se contenta con dar, de vez en cuando, algunas in-dicaciones enigmáticas. Su método es una larga paciencia, guiando imperceptiblemente al alumno por el camino de una profundización de su propia vida. Así hacía ya Sócrates, según las vías y los medios de la ironía que le era propia. El gran quehacer no es aprender muchas cosas, sino conocerse a sí mismo y realizarse en la maestría, sea cual sea el terreno concreto de estudio que se haya escogido.

El maestro es aquel que alcanza, más allá de las operaciones dis-cursivas de la inteligencia y de la memoria, una expresión inmediata y directa de sí. Su obra, su acto, su palabra nacen de él sin premedi-tación, con la gracia de una espontaneidad perfectamente justificada.

Lo que es válido para el tiro con arco y el manejo de la espada —dice Herrigel— se verifica también, desde este punto de vista, para cada una de las artes. Es así como la pintura con tinta china revela el dominio precisamente por la mano que, en posesión de la técnica, ejecuta y hace visible su sueño, justo en el momento en el que el es-píritu comienza a elaborar formas, sin que medie, entre concepción y realización, "el ancho de un cabello". La pintura se convierte en escritura automática. También en este caso el precepto que ha de darse al pintor puede formularse simplemente con estas palabras: "observa durante diez años el bambú, conviértete en bambú, luego olvídate de todo y pinta".[18]

Se ve claramente que, en un caso semejante, no se trata de con-vertirse en pintor de talento gracias a la adquisición de un método y a algunos trucos del oficio. En un cierto sentido, incluso, no se trata de convertirse en pintor. La pintura no es más que un camino, como

---

17. *Ibid.*, p. 37.

18. HERRIGEL, E., *Zen en el arte...*, *op. cit.*, p. 141.

la esgrima, el teatro, o el arte de los arreglos florales. Al final de ese camino,

> si le fuera dado al discípulo, este recordará que más importante que todas las obras exteriores —por cautivantes que sean— es la obra interior, la que puede realizar si ha de cumplir precisamente su destino de artista [...] [En la maestría] se encuentran el artista y el hombre, en el sentido más amplio de la palabra, en algo superior. Porque la maestría es válida como forma de vida, por el hecho de vivir arraigada en la verdad sin límites y de ser, con su apoyo, el arte del origen. El maestro ya no busca, encuentra [...] El hombre, el artista, la obra, todo es uno. El arte de la obra interior, que no se desprende del artista como la exterior, que él no puede hacer, sino únicamente ser, surge de profundidades que la luz del día no conoce.[19]

La enseñanza de los maestros japoneses puede ser entendida al margen de todo pintoresquismo prestado. No se trata aquí de exotismo, de japonería,[20*] sino más bien de una verdad humana universal. El trabajo de la educación, sean cuales sean las modalidades particulares, representa antes que nada y a fin de cuentas un trabajo de sí sobre sí mismo. La educación de un ser humano se resume en la formación de su personalidad. Todo lo que contribuye a la edificación personal tiene, pues, un valor positivo; y todo lo que es contrario a dicha edificación debe ser considerado como nulo y sin efecto, o mejor dicho, hay que ver aquí un obstáculo al ser, y rechazarlo como tal.

Por otro lado, la paradoja es que sea necesario buscar tan lejos verdades tan elementales. El budismo zen enseña que la experiencia humana fundamental es la experiencia espiritual a la cual se reducen a fin de cuentas los aprendizajes técnicos e intelectuales. Ahora bien, semejante afirmación no es en absoluto ajena a las tradiciones occidentales. El cristianismo, en sus diversas formas, es rico en escuelas de espiritualidad, que se han propuesto pulir de una manera rigurosa las vías y los medios de la edificación personal. La predicación de Cristo,

---

19. *Ibid.*, pp. 94-95.

20*. Gusdorf utiliza el término "japonaiserie", análogo en su creación a "chinoiserie". Nos hemos permitido crear "japonería" para mantener el paralelismo con nuestra "chinería". (*N. del T.*)

tal como la cuentan los Evangelios, no tiene otra intención que llevar al ser humano a la salvación mediante la afirmación del primado de las realidades espirituales sobre cualquier otra exigencia. Y, limitándonos al cristianismo de Occidente, son muchos los métodos y las disciplinas que se proponen para formar al ser humano según la norma evangélica. Hay una escuela benedictina, una escuela oratoriana; existe el estilo de la *Imitación de Jesucristo*[21*] y el de los *Ejercicios espirituales* de Ignacio de Loyola. La Reforma introdujo la noción de la ascesis en el interior del mundo, así caracterizada por Max Weber, y después de que Wesley creara en Inglaterra el "metodismo", el nombre mismo de esta secta, entre muchas otras, subraya la necesidad de una piedad organizada y entrenada sistemáticamente. Se podrían multiplicar los ejemplos. Bastan para mostrar que el genio occidental no es ajeno a las necesidades de la edificación personal. Después de todo, nuestra cultura se ha constituido en la escuela del cristianismo. Solo que esta cultura se ha disociado poco a poco, de tal manera que la formación intelectual se encuentra hoy separada de la formación moral y espiritual. Siglos de malentendidos, de controversias intestinas, han dado lugar a la situación hoy presente en la que, con el pretexto de salvaguardar la especificidad de los diversos órdenes de valores, reina una división del trabajo que pone en riesgo toda posibilidad de unidad y de armonía en la vida humana. Mientras la Iglesia detentó de hecho el monopolio de la educación, podía asegurar al mismo tiempo la formación personal de los jóvenes que le eran confiados y la enseñanza propiamente dicha. Pero la descristianización general de Occidente ha sometido al control del Estado, más y más, el sistema escolar en su conjunto. Desde un punto de vista estrictamente intelectual, los interesados no perdían nada con ello, porque los profesores de la en-

---

21*. Se refiere Gusdorf a la obra atribuida a Tomás Kempis, *Imitación de Cristo*, obra de devoción publicada a comienzos del siglo XV, considerada uno de los libros cristianos más influyentes después de la Biblia: "La 'Imitación de Cristo' – también conocida como 'Desprecio del mundo' o simplemente 'Kempis'– es seguramente el libro más leído y de mayor influencia entre los cristianos, después de la Sagrada Escritura. Apenas habrá un santo o cristiano ejemplar en los últimos seis siglos que no haya leído y releído el Kempis, que Bossuet denominaba 'quinto evangelio' […]". Martínez Puche, O.P., en su "Introducción" a Kempis, T. (2013), *Imitación de Cristo*, Madrid, Edibesa, p. 13. (*N. del T.*)

señanza pública poseían una competencia superior, por lo general, a la de sus predecesores. Solo que estos maestros especializados en tal o cual disciplina concreta tenían una concepción restrictiva de su tarea: el matemático enseña las matemáticas, el historiador enseña la historia, el latinista el latín, etc. A fin de cuentas, la formación de conjunto no es más que la suma de las enseñanzas particulares. Nadie está encargado de unir los datos particulares proporcionados por los diversos profesores y constituirlos en una unidad a la medida del ser humano. El alumno va de técnico en técnico, esforzándose en conciliar lo mejor que puede sus exigencias contradictorias; su propia unidad no se le aparece más que de forma indirecta, como el hogar de resistencia de las solicitaciones de las que es objeto, como un último poder de negación y de rechazo.

Semejante sistema es inhumano porque nadie, entre los docentes, tiene la obligación de ocuparse de ello. Cada uno se ocupa de realizar su misión, según la medida de su conciencia profesional. Los programas fijan las tareas respectivas; han pensado en todo, salvo en lo esencial. A decir verdad, se admitió, en el origen de los sistemas laicos de educación, que las instituciones del Estado se encargaran únicamente de la enseñanza propiamente dicha, dejando a las familias el cuidado de confiar la formación espiritual y la dirección de conciencia de sus hijos a la Iglesia de su elección. Solo que esta división del trabajo se ha mostrado, con el uso, bastante poco oportuna. Por una parte, contribuyendo a ello la descristianización general y la dejadez de las familias, se ha considerado a menudo que la formación escolar bastaba, al igual que el tiempo empleado en la formación religiosa venía a saturar aun más horarios ya sobrecargados. Por otra parte, la religión misma, dejada así a un lado, se ha convertido en una disciplina especializada, un objeto de enseñanza. Ya no una vida, un sentido de la vida, sino otra casilla del empleo del tiempo.

No se trata aquí, por supuesto, de interceder por una religión cualquiera, o por una reconversión religiosa del sistema educativo, sobre todo porque cuando las escuelas se encontraban bajo el control de la Iglesia la situación no era en absoluto la de una edad de oro. Una vuelta atrás no tendría ningún sentido y correría el riesgo de introducir excesos, abusos de los que, afortunadamente, nos han librado las instituciones presentes. Desearíamos tan solo poner de relieve la incontestable carencia de la civilización escolar actual, en la medida en la que da por sobreentendido perpetuamente, como si fuera evidente, lo que debería ser su preocupación fundamental. Está claro que la educación tiene por tarea esencial la formación de la personalidad, y que esa formación que trata sobre las actitudes fundamentales del ser humano frente al mundo y a sí mismo no es asunto de conocimientos intelectuales, de memoria, sino de opciones morales y de elección de valores. Solo que uno de los dramas de la cultura occidental es que la vida espiritual haya aparecido aquí siempre unida a la religión, hasta el punto de que las dos expresiones parecen ser sinónimas a los ojos de la mayoría de las personas. Ahora bien, bajo la influencia del catolicismo dominante, la vida religiosa ha sido fuertemente institucionalizada, jerarquizada y planificada. La Iglesia así organizada ha intervenido necesariamente en la vida pública, esforzándose por someterla a su influencia con un encarnizamiento secular. La pasión clerical ha suscitado la pasión anticlerical, produciendo con ello, entre los partidarios como entre los adversarios de la Iglesia, un desconocimiento lamentable del sentido y de las intenciones de la vida religiosa.

Por esta razón nos era más fácil pedir a Oriente enseñanzas que no corran el riesgo de ser oscurecidas por nuestros malentendidos apasionados. Hay una realidad positiva de la vida espiritual, al margen de todos los dogmatismos que pretenden apresarla en tal o cual fórmula particular. Ninguna religión, de Occidente o de Oriente, detenta aquí el monopolio de la verdad, que se presenta como una verdad humana en estado naciente. El ser humano, una vez que haya tomado conciencia de su especificidad y de su vocación, podrá sin duda optar por tal o cual formulario, religioso o irreligioso, pero el primer momento, y sin duda el más decisivo, es aquel en el que una vida personal, antes de centrarse en Dios, en la ley moral, en la ciencia, o en cualquier otro valor de su elección, descubre que está centrada en ella misma, es decir, que lleva consigo la responsabilidad, imposible de eludir, de buscar por su propia cuenta y de definir las vías y medios de su propia realización.

El poeta romántico alemán Jean Paul Richter cuenta cómo un día de su infancia, cuando se encontraba en el umbral de la granja paterna, fue sorprendido por una iluminación repentina: "Yo soy yo". "Mi yo, añade, se ha distinguido a sí mismo por primera vez, y para siempre". La experiencia espiritual aparece aquí en su pureza, al margen de toda fórmula; el niño descubre que debe ocuparse de sí mismo. Por supuesto, esto no es más que el comienzo de una larguísima aventura en la que se desarrollarán ensayos y errores de una personalidad en busca de una vida a la medida de su exigencia íntima. Las profesiones de fe vendrán a continuación; corresponde a cada uno elegir aquella que se le adapta mejor, o lo menos mal posible. Pero antes de todo debate y de todo compromiso, parece posible definir una zona de la conciencia de sí que sería a la vez el punto de partida y el punto de llegada, el centro de gravitación de la experiencia espiritual en general. Se juega aquí una partida en la que cada uno es la apuesta para sí mismo.

Si la educación, en el sentido más general del término, tiene como meta promover el advenimiento de la humanidad en el ser humano, parece que debe organizarse en función de esta experiencia espiritual fundamental. No le corresponde forzar las cosas, ya que solo el interesado puede descubrir y poner en práctica las certezas que le pertenecen a él únicamente. Pero el maestro debe estar atento al acontecimiento; le corresponde plantear preguntas y tal vez sugerir respuestas, permaneciendo siempre a una distancia respetuosa. Por otro lado, lo quiera o no, él es parte en ese debate en el que el niño lo toma como testigo de sus inquietudes o de sus angustias. Bajo la máscara del empleo del tiempo y del trabajo escolar, y muy a menudo por alusión, continúa una confrontación incesante entre el joven y el profesor, al cual le reconoce una autoridad ligada al saber y a la experiencia. La tentación para el maestro es aquí la de desentenderse, porque, después de todo, este tipo de debate no le concierne. No está ahí para eso. Pero, incluso si opone a la interrogación muda la inadmisibilidad, su actitud negativa seguirá siendo un testimonio, en la medida en que será interpretada en uno u otro sentido, pase lo que pase. El maestro se expone aquí a una responsabilidad imposible de eludir, y que, en ciertos casos, si se prohíbe completamente intervenir, puede tener consecuencias trágicas. Quien se negara a comprometerse se haría culpable de omisión de socorro a la persona en peligro; pero quien acepta responder a la llamada no tiene por ello una tarea fácil. Todo sucede como si, desde el maestro de primaria al profesor de la facultad, el conjunto del cuerpo docente debiera desempeñar un doble juego, correspondiente a la doble función del conocimiento. Más allá de la función propiamente epistemológica de la enseñanza, dispensadora de un saber, se ejerce una función espiritual, correspondiente a un extra de significaciones. Todo aprendizaje teórico o práctico pone de relieve el hecho de que un saber o un saber hacer no pueden constituirse como un sistema cerrado, una especie de espacio neutralizado donde cualquiera podría penetrar sin riesgo, dejando su personalidad en el vestuario. Tanto si se trata de iniciarse en la pesca con caña, en las matemáticas o en la filosofía, toda información nueva es una formación del ser humano, y, al mismo tiempo, el riesgo de una deformación.

Así le ocurre al niño cuando entra en el lugar privilegiado que es para él la escuela. No va allí a enriquecerse o a saturarse de datos indiferentes; no es, día tras día, un cargamento de materiales cualesquiera que se acumulan en su espíritu. Todo lo que aprende exterior a sí mismo es a la vez algo que aprende de sí mismo. Toda enseñanza recibida se inscribe en la perspectiva de ciertas posibilidades que expresa, o de ciertas imposibilidades que desenmascara. Lo primero que tiene que aprender es su destreza o su torpeza, su inteligencia o su falta de inteligencia; la menor lección, el más simple ejercicio aparece así como un cuestionamiento de la personalidad en su conjunto.

Es por ello que la vida escolar, mejor conocida hoy, se ha revelado como un lugar de conflictos y de tormentos. Allí donde antes no se quería ver más que alumnos, buenos, medios o malos, la psicopedagogía actual reconoce personalidades en conflicto con el entorno o con ellas mismas. El modesto cálculo, la historia, el análisis gramatical no son solamente tareas intelectuales, sino pruebas, y pruebas de un ser humano. Por consiguiente, ante una insuficiencia en cálculo o en gramática, no bastará con recomenzar la explicación, mejorando los métodos propios del cálculo y de la gramática. Será necesario, si se quiere llegar a la raíz del mal, interesarse por una vida personal, y buscar en la situación total del niño cuáles pueden ser los factores de inadaptación que entran en juego. Los descubrimientos del psicoa-nálisis y los desarrollos diversos de las psicologías de lo profundo han puesto de relieve esta necesidad de una comprensión global previa a toda pedagogía especializada. Un problema con la ortografía o una carencia matemática no se muestran ya como afecciones aisladas, a las cuales se podría dar un remedio específico; son signos, síntomas, cuya interpretación, antes de cualquier terapia, reenvía a una com-prensión del dominio personal en su conjunto.

Estas indicaciones permiten dar un sentido más preciso a la noción de vida espiritual, que aparecería así como la meta de toda actividad educativa. La vida espiritual no se confunde con la vida religiosa; la vida religiosa retoma e interpreta la vida propiamente espiritual en función de una obediencia más elevada, ligada a una revelación y a una iglesia. A este lado del umbral revelado donde comienza el espacio religioso, el dominio espiritual define una amplia zona de conocimiento y de acción, verdadero terreno de pastoreo en el que se produce el reencuentro del maestro y el alumno. Si la moral se presenta como un sistema de obligaciones objetivas e impersonales, la vida espiritual pone el acento, al contrario, sobre el recorrido per-sonal de cada ser humano. Tanto si el interesado es consciente como si no, resulta evidente que todo ser humano debe vivir una aventura que le es propia. El desarrollo de las experiencias, éxitos y fracasos, cuyo encadenamiento constituye una historia vivida, recibe un sen-tido particular del hecho mismo de que cada incidente toma su lu-gar en un cierto contexto. Los elementos no son intercambiables de una existencia a otra, incluso si, para el testigo imparcial, presentan el mayor parecido. Todo el mundo puede presentarse a un examen, crear o romper amistades y enemistades; todo el mundo puede ga-nar o perder dinero, ser víctima de un duelo… Pero lo esencial sigue siendo la significación de ese suceso, de ese duelo o de esa amistad, en la perspectiva de esa búsqueda de sí mismo, de esa investigación y conquista, que representa para cada uno la realización de su destino.

Toda vida humana es antes que nada una lucha por la vida. El propio empleo del tiempo escolar, lejos de acotar un dominio reserva-do en el que las técnicas pedagógicas concernirían únicamente a una inteligencia descarnada, se despliega enteramente en la perspectiva de esta lucha por la vida espiritual. Aun cuando el maestro, atemorizado por responsabilidades desproporcionadas, busque refugio en el estudio intenso y a toda velocidad,[22]* no es por ello menos el artesano inconsciente de esta formación esencial. Lo quiera o no, el alumno espera de él mucho más de lo que enseña; la exigencia espiritual del niño y del adolescente no se contenta con el simple contenido de un tratado o de un manual.

Se le exige al maestro no presentarse únicamente como el hombre de un saber, sino ser también el testigo de la verdad, y el afirmador de valores. El maestro del saber enseña además, y cuando es necesario a su pesar, la insuficiencia del saber. Pues el auténtico saber, haciéndose más profundo, desemboca en un no-saber. El saber lleva a la toma de conciencia de los límites del saber, que son propiamente las condiciones de la existencia del ser humano. Enseñando lo que es necesario saber, el maestro muestra y demuestra que no se puede saber todo; el maestro juzga su saber, y ocurre en ocasiones que es juzgado por él. Ninguna norma de estilo, ninguna precaución puede evitar que surja, en uno u otro momento, la hora de la verdad, que revelará al maestro sin conciencia el alcance de su fracaso.

Así, el profesor de matemáticas enseña las matemáticas, pero enseña también la verdad humana, incluso si no la enseña en absoluto; el profesor de historia o de latín enseña historia o latín, pero enseña la verdad, incluso si considera que la administración no le paga por ello. Nadie se ocupa de la formación espiritual; pero todo el mundo se ocupa de ella, incluso aquel que no se ocupa de ella en absoluto. Tal es la responsabilidad mayor de la función docente en todos los grados de su ejercicio. La autoridad del maestro, que le viene dada por su situación eminente en el seno de la comunidad escolar, lo presenta necesariamente como un hombre de sabiduría al mismo tiempo que como un hombre de saber.

22*. *Bachotage* (procedente de *bachot*, forma coloquial para referirse al *baccalauréat*) es un término propio del argot escolar francés que se refiere a la práctica común de los alumnos de bachillerato en las semanas previas a las pruebas finales, consistente en repasar de forma intensiva los contenidos de los que serán examinados. Podría corresponder a nuestra palabra "empollada". (*N. del T.*)

Las horas de clase, las horas de curso se suceden, dejando tras ellas en la conciencia del alumno la lenta sedimentación de los conocimientos adquiridos. Pero la escolaridad no es atención pasiva solamente, es también trabajo, esfuerzo de repetición y de síntesis, de aplicación. Y, lecciones y deberes, todos los ejercicios particulares no son más que momentos abstractos de un ejercicio más profundo, ejercicio de sí a sí, en el que cada existencia, en conflicto con ella misma, con el mundo y con los otros, se esfuerza por desenmarañar el sentido de su ser auténtico y de su vocación. La escuela es el lugar privilegiado de los primeros ensayos en los que la personalidad, desafiada por las tareas impuestas, accede como respuesta a una nueva y laboriosa conciencia de sí.

La vida del niño es feliz la mayor parte de las veces, sin dificultad ni preocupación. Las horas pasan y se van los días, uno tras otro; muchas son las alegrías, el placer de los cuentos y los regalos de Navidad. Pero llega la edad del desencanto; el niño deja de creer en las mitologías ingenuas y los padres pierden a sus ojos el prestigio y la infalibilidad. No quedará gran cosa de esta vida desmontada, excepto, tal vez, la nostalgia de una felicidad perdida para siempre. El maestro, en quien se encarna el sistema de disciplinas escolares, consagra la desaparición de esta primera existencia, en la cual bastaba con dejarse llevar al ritmo afectuoso y cómplice del mundo cotidiano. En la dura obediencia de la escuela, cada vida personal se encuentra evocada y convocada. La enseñanza del maestro ataca al alumno, más allá del sistema defensivo de la indolencia natural; impone la tarea de volver a la unidad de una certeza difícil. Todo el mundo responde a la llamada de su nombre; la exigencia fundamental es, en adelante, la responsabilidad de ser un ser humano, de ser uno mismo.

Así se precisa la significación más esencial de la enseñanza recibida en los bancos de la escuela. Sin duda los alumnos esperan de cada profesor la revitalización intelectual que sirve de pretexto al reencuentro. Pero se trata de otra cosa distinta. Toda vida humana tiene necesidad de ser llamada al orden de sí misma. El maestro aporta al discípulo, más o menos afortunadamente, más o menos plenamente, la revelación de su propia existencia. No la demostración de la existencia de Dios, o del mundo exterior, o de la verdad matemática, sino la demostración de la existencia de sí, que se encuentra al comienzo de todas las otras demostraciones.[23*] Pues todo ser humano necesita creer, aunque sea por un tiempo, que su vida tiene un sentido y un valor. Es de esa verdad de la que el maestro da testimonio.

Es evidente que este testimonio no se realiza en el plano de la enseñanza, sino a través de la enseñanza, de una manera indirecta y alusiva. En efecto, la enseñanza expone el saber tal cual es; muestra el saber. Mientras que la verdad humana no se muestra o, mejor dicho, no se muestra más que ocultándose. Quien hace profesión de verdad deja gravitar una duda sobre la verdad. Con mayor razón el maestro ignora la verdad propia del alumno; la verdad del maestro no es la del alumno. El encuentro cara a cara sobre los temas impuestos por el empleo del tiempo no es más que la máscara de ese otro encuentro más secreto, de un carácter casi iniciático. El maestro está ahí; si verdaderamente es un maestro, a la altura de su maestría, prueba por su presencia que es alguien. Y porque ese alguien es alguien, impone al discípulo el deber de ser alguien, no a semejanza del maestro, sino según la fidelidad a sí mismo.

La pedagogía del maestro se desarrolla así en una especie de contrapunto de la pedagogía del profesor. El profesor enseña a todos lo mismo; el maestro anuncia a cada uno una verdad particular y, si es digno de su tarea, espera de cada uno una respuesta particular, un efecto singular y una realización. La más elevada función del magisterio parece, así, ser mensajera de la revelación más allá de la exposición del saber. El profesor ejerce su oficio y el maestro interviene como un agente doble, utilizando con otros fines esta actividad encubridora.

Sócrates preguntaba si la virtud puede enseñarse, o el valor, o la piedad. Y la respuesta no es sencilla, porque es evidente que no basta con repetir: "Sed virtuosos, sed valientes…". Se puede enseñar la tabla de multiplicar, la gramática griega o las islas del Pacífico. Pero, cuando se trata de actitudes humanas y de opciones esenciales ante

---

23*. Sin duda hay aquí una alusión al proceder de Descartes, quien comenzó por probar la existencia de la sustancia pensante, el famoso *cogito*, para, a partir de ella y sirviéndose de un método de inspiración matemática, proceder a la demostración de la existencia de Dios y, finalmente, del mundo como sustancia extensa, exterior a la sustancia pensante. (*N. del T.*)

las dificultades del mundo, no se puede uno contentar con recitar de memoria respuestas preconcebidas. Cada uno debe poner en juego aquí lo mejor de sí, y rebelarse, e inventar decisiones que se correspondan con su deseo.

El terreno reservado a la vida personal es el de las líneas de fuerza y las debilidades constitutivas de cada personalidad. Antes de conocerse, y para conocerse, cada uno observa cómo viven los otros y se alimenta de ejemplos. Antes de ser uno mismo, es preciso vivir a través de otros. El maestro, superhombre por su función, aparece como un arquetipo de las posibilidades humanas; anuncia a cada uno su futuro a través de las incertidumbres del presente. Anima y desanima a la vez; es, para aquellos que se le someten, un revelador de su condición. Poco importa a partir de aquí que el profesor enseñe esgrima o matemáticas; el maestro, él, contribuye a una toma de conciencia de la situación humana, que dibuja para cada uno el horizonte de sus preguntas y de sus respuestas.

Todo esto, por otra parte, con palabras veladas, y sin certeza última, y sin el beneficio de ese consentimiento universal que se concede a un texto aprendido de memoria. Pues la lección es aquí un testimonio, la prueba de una existencia. La verdad del maestro es el sentido de su lucha por la vida, como un homenaje rendido a una verdad capaz de reunir al ser humano reconciliándolo consigo mismo, capaz también de reunir a los seres humanos entre ellos bajo una invocación común. El alumno auténtico es aquel que reconoce y acepta esta dirección de atención y de intención. Yo dudaba en reconocerme, en tomar forma. No sé lo que quiero, lo que valgo, y puede ser que no lo sepa nunca. El maestro fija esas exigencias que se buscan. Su sola presencia introduce un sentido de certeza en el terreno humano. Ella me permite tomar distancia con relación a mí mismo, y al mismo tiempo me acerca a mí; ella separa en mí lo esencial de lo accidental.

El maestro no es el repetidor de una verdad preconcebida. Abre él mismo una perspectiva sobre la verdad, el ejemplo de un camino hacia lo verdadero que él señala. Pues la verdad es sobre todo el camino hacia la verdad. Y ese camino tan atormentado como peligroso se inaugura no solo con la afirmación de la necesidad, sino también de la posibilidad de ser un ser humano.

CAPÍTULO 3

El encuentro del maestro o el descubrimiento de sí

Para retomar la acción pedagógica en su más elevada actualidad, el medio más directo es solicitar el testimonio de aquellos que un día se han encontrado enfrentados a un verdadero maestro. Una pedagogía de la pedagogía se deja sondear a través de los momentos decisivos en los que una joven vida se despierta, en el azar del encuentro, a una nueva y más auténtica conciencia de sí misma.

El doxógrafo antiguo Diógenes Laercio nos ha conservado la sencilla narración del instante privilegiado en el que el joven Jenofonte, que aún no contaba veinte años, se convierte para siempre en el discípulo de Sócrates:

> Jenofonte fue hijo de Grilo, ateniense, del demo de Erquia. Fue un hombre muy discreto y de extremada belleza corporal. Cuentan que se lo encontró Sócrates en un pasaje angosto, y extendió su bastón impidiéndole pasar y le preguntó dónde se compraban unas y otras mercancías. Cuando él le hubo respondido, le preguntó de nuevo que dónde se hacen los hombres personas de bien, y como él vacilara, le dijo: "Sígueme entonces, y apréndelo". Y desde aquel momento fue oyente de Sócrates. Y fue el primero en tomar apuntes de sus dichos y en publicarlos, con el título de *Memorables*.[1]

El adolescente Jenofonte se topa con el maestro quien, con su bastón, le cierra el paso. No irá más lejos; renunciará a su impulso personal, que lo arrastraba a la aventura. A partir de ese momento,

---

1. LAERCIO, D. (2016) *Vidas, doctrinas y sentencias de los filósofos ilustres*, libro II, §48, traducción de Carlos García Gual, Madrid, Alianza Editorial, p. 123.

y para toda su vida, está ligado al maestro quien, imponiéndole ese cambio de dirección —esta *conversión*, hablando con propiedad—, le ha revelado el sentido de su propio destino. Tal es, en efecto, el testimonio restituido a su maestro por Jenofonte, al final del libro que consagró piadosamente a la memoria del desaparecido:

> De aquellos que conocieron a Sócrates tal como era, todos los que aspiraban a la virtud siguen añorándole todavía ahora más que a nadie, porque era el que más beneficioso resultaba en la preparación para la virtud. En mi opinión, al ser tal como lo he descrito [...]. Era, en efecto —prosigue Jenofonte— piadoso, justo, templado y bueno, capaz, por otra parte, de examinar y de rebatir a quien estaba equivocado y de exhortarlo a la virtud y a la integridad, en mi opinión, digo, Sócrates fue tal cual podría ser el mejor y más feliz de los hombres.[2]

Por una coincidencia significativa, es con un testimonio similar con el que acaba, de forma tranquilizadora, el *Fedón*, en el que Platón inmortalizó el recuerdo de los últimos momentos de su maestro, "un varón que, como podríamos afirmar, fue el mejor a más de ser el más sensato y justo de los hombres de su tiempo que tratamos".[3]

A la luz de estas pruebas de elevada sencillez, el maestro Sócrates se muestra a sus alumnos como un gran hombre, cuya singular grandeza fue ser un ser humano en toda la plenitud del término. El maestro desvela la medida de la humanidad, una medida insospechada, pero también reconocida y que obliga a la completa adhesión del alumno. Todo ser joven lleva en sí posibilidades no empleadas, sueños de poder o de fortuna. El maestro reúne esos fantasmas y los disipa; evoca de una manera irresistible el sentido de la verdadera grandeza. El filósofo Alain, que ha tenido su Sócrates antes de ser, a su vez, un Sócrates para muchos otros, no describe de modo diferente que Jenofonte o Platón esta revelación de humanidad de la que él fue beneficiario:

> Quiero escribir lo que he conocido de Jules Lagneau, que es el único Gran Hombre que he encontrado [...] A los veinte años vi el espíri-

2. Jenofonte (2009) *Memorables*, libro IV, cap. VIII, §11, traducción de José Antonio Caballero López, Madrid, Alianza Editorial, pp. 320-321.

3. Platón (1993) *Fedón*, 118a, traducción de Luis Gil en Platón, *Obras completas*, Madrid, Aguilar, p. 652.

tu en una nube. De mí dependía arreglármelas con eso; pero hacer como si no hubiera ocurrido, y como si el resto no fuera nada a su lado, eso no puedo...[4]

Hay, en la autoridad del maestro, un misterio insuperable. Esta autoridad no está ligada al ejercicio de una función, a la intervención de una jerarquía del orden que sea. El maestro se impone por sus propios medios y sin otro artificio fuerza, en algún sentido, el consentimiento del alumno, a su pesar cuando es necesario. En una escena célebre del *Banquete* de Platón, el joven Alcibíades, también él alumno de Sócrates, pero mal alumno, esnob, vividor, y que acabará mal, rinde a su maestro un extraordinario homenaje, más lírico aún por el efecto de la ebriedad, mientras el vino sirve en estas circunstancias de suero de la verdad.

Cuando le escucho, mi corazón da muchos más brincos que el de los Coribantes en su danza frenética, y se derraman mis lágrimas por efecto de sus palabras, y veo que a muchísimos otros les sucede lo mismo. En cambio, cuando escuchaba a Pericles y a otros buenos oradores, estimaba que hablaban bien, pero jamás me pasó nada semejante, ni se turbaba mi alma, ni se irritaba ante la idea de que me encontraba en situación de esclavitud; pero por efecto de este Marsias, que veis así, han sido ya muchas las veces que he atravesado una crisis tal, que estimaba que me era insoportable vivir, llevando la vida que llevo [...] me obliga a confesar que yo, a pesar de que es mucho lo que me falta, me descuido todavía de mí mismo y me entremeto en la política de los atenienses. A la fuerza, pues, como si me apartara de las sirenas, contengo mis oídos y me escapo huyendo, para que no me sorprenda la vejez allí, sentado a su lado. Y tan solo ante este hombre he experimentado algo que no se creería que puede haber en mí: el sentir vergüenza ante alguien. El caso es que yo la siento únicamente en su presencia [...] Muchas veces me gustaría no verle entre los hombres; pero si esto ocurriera, bien sé que mi pesar sería mucho mayor, de suerte que no sé qué hacer con este hombre.[5]

---

4. ALAIN (1925) *Souvenirs concernant Jules Lagneau*, N.R.F., pp. 7 y 15; cf. *Histoire de mes pensées*, N.R.F., 1936, p. 24: "Heme aquí en el liceo Michelet en el que seguía las lecciones de Jules Lagneau. Conocí a un pensador, le admiré, decidí imitarle".

5. PLATÓN, *El banquete*, 215e-216b, traducción de Luis Gil en Platón, *Obras completas*, ed. cit., pp. 592-593.

El testimonio del mal alumno, en su admirable franqueza, viene a corroborar aquí el testimonio de los buenos alumnos. O mejor dicho, la confesión de Alcibíades ilumina la de sus condiscípulos. Pues, ante el maestro, todo buen alumno es también mal alumno. La presencia del maestro interviene como un signo de contradicción, que desenmascara en cada uno las incapacidades secretas, devolviendo así a la confusión y a la vergüenza de aquellos que parecen los más seguros de sí. Paul Desjardins, moralista severo, que fue, como Alain, alumno de Lagneau, reconocía que, treinta años después de la muerte de su maestro conservaba en relación con su recuerdo un temor reverencial; le ocurría incluso ver en sueños su rostro duro y crispado. Alcibíades, el mal alumno, que confiesa francamente su mala conciencia ante Sócrates, es sin duda mejor revelador de esta fascinación sagrada, de esa mezcla de atracción y repulsión que caracteriza la actitud del discípulo en relación con aquel que le ha vuelto evidente, a un tiempo, la dignidad y la indignidad de su condición.

El encuentro del maestro consagra un cuestionamiento de la existencia. Todos, hasta aquí, habían recibido, más o menos dócilmente, enseñanzas variadas; pero esas enseñanzas, si habían movilizado la memoria y una cierta inteligencia superficial, no habían podido evocar esta atención profunda, o mejor dicho, este estar a la espera que se afirma en lo más esencial de cada vida personal. Cada ser humano, joven o menos joven, está a la espera del amor; y de igual modo cada ser humano está a la espera del maestro capaz de orientar su destino, mediante una especie de gracia decisiva.

Algo ocurre entonces, y no hay ninguna necesidad de que un gran espíritu encuentre otro gran espíritu. Una inteligencia aprisionada espera, para ser liberada, la Visitación de otra inteligencia emparentada con ella. Victor Cousin, a pesar de la alta estima que tenía por sí mismo, no era ni un pensador ni un hombre de muy elevada calidad; y menos aún que él, sin duda, el honesto Laromiguière, representante tardío y muy edulcorado de la escuela ideológica francesa. Pero el joven Victor Cousin encuentra en Laromiguière un maestro a su medida, y se encuentra con ello sancionado filósofo, al menos hasta donde era capaz de serlo.

Ha quedado y quedará siempre en mi memoria, con una emoción agradecida, escribe, el día en el que, por primera vez, en 1811, alumno de la École Normale, y destinado a la enseñanza de las letras, escuché al Sr. La Romiguière. Ese día decidió sobre toda mi vida: me apartó de mis primeros estudios, que me prometían triunfos apacibles, para arrojarme a una carrera en la que no han faltado las contrariedades y las tormentas...[6]

Quien encuentra a su maestro descubre al mismo tiempo su vocación. De lo que se deduce claramente que si la mayoría de los seres humanos no han sido llamados a beneficiarse de esta experiencia, es quizás porque no llevan en ellos el presentimiento de una verdadera vocación. Su vida no es capaz de ese reagrupamiento de energías, de esa movilización del ser para el servicio de una verdad. Reconocerse un maestro es identificarse a uno mismo y aceptar con ello la obligación novedosa de volver a buscar la realización en la perspectiva descubierta de repente de este modo. Dicho de otra forma, la lección de todo magisterio encontrada en nuestro camino es la de un imperativo concreto; el magisterio es el desvelamiento de una verdad a través de un mediador. Y esta verdad encarnada en un individuo no es solo su verdad; es también la mía, me compromete en lo sucesivo, a riesgo de ser infiel no solamente al maestro recién reconocido, sino también y sobre todo a mi propia exigencia.

La relación con el maestro, que de entrada parece ligarme a otro, recubre una relación más esencial conmigo mismo. A través de la mediación de una revelación exterior me hallo reenviado a una conciencia más elevada de mi propio ser. Esta es la razón por la que la acción del magisterio puede ejercerse incluso en ausencia del maestro, y más allá de su muerte. Una palabra basta, una obra, un libro, y la influencia se ejerce a pesar de los siglos. Una célebre anécdota afirma que Corregio, en su juventud, gritó ante la vista de la *Santa Cecilia* de Rafael: "Y yo, también, soy pintor...". El juego de los valores, las formas y luces de este cuadro había provocado en él el descubrimiento de una exigencia vinculada a aquella que se expresaba en las armonías del maestro de Urbino. De forma similar, el joven Agustín, a los diecinueve años, proseguía en Cartago sus estudios clásicos; el orden normal del programa le imponía la lectura del diálogo de Cicerón titulado *Hortensius*, obra, nos dice:

---

6. COUSIN, V. (1833) *Préface des Fragments philosophiques*, en J. Simon, *Victor Cousin*, Hachette, 1897, p. 12.

...cuyo estilo casi todos admiran no así su espíritu o intención. Ahora bien —prosigue Agustín—, este libro, hoy perdido, contenía una exhortación a la filosofía: "Este libro cambió mi visión de la vida [...] Todos mis vanos sueños perdieron de repente su encanto y mi corazón comenzó a suspirar con febril ardor por la eterna sabiduría [...] Lo que sólo me deleitaba, excitaba y encendía en él era amar, buscar y abrazar con fuerza no esta o aquella secta, sino la sabiduría misma, cualquiera que fuese".[7]

A través de los siglos, el orador pagano, el modelo de retórica es de este modo el primer indicador de su vocación para el futuro Padre de la Iglesia. Podemos, evidentemente, sorprendernos de semejante encuentro, pues si la complicidad se descubre fácilmente entre Rafael y Corregio, vemos con dificultad la unidad de intención que puede ligar a un Agustín y un Cicerón. El entendimiento entre el más puro estilista de la lengua latina y el maestro cristiano en el que se prolonga felizmente la fuerte tradición de las letras antiguas no es, sin embargo, fortuito. El estudiante Agustín se descubre llamado a los valores espirituales por la mediación del humanismo pagano; nunca más olvidará que el estilo es el hombre mismo, y la virtud del estilo permanecerá en él a pesar de todos los cambios de rumbo y vicisitudes que el destino le deparaba. Cicerón es, a los ojos de Agustín, profeta, y buen profeta, antes incluso de que Agustín se haya situado él mismo en la larga procesión de profetas de la tradición judeocristiana.

El maestro aparece a partir de este momento como aquel que desvela una necesidad íntima, hasta aquí insospechada, y libera energías que, a falta de haber encontrado su empleo, permanecían dormidas. El profesor, el artista, el escritor, se dirigen de una manera general a una clase, a un público determinado. Entre los alumnos, entre los lectores, el discípulo será aquel para el cual la afirmación general se convertirá en una palabra de vida personal. Fue así como en 1664, catorce años después de la muerte de Descartes, el Padre Malebranche se convirtió de repente en discípulo del maestro desaparecido:

Yendo por la calle Saint-Jacques y preguntando si no había libros nuevos, por los que sentía gran curiosidad, le mostraron el tratado

---

7. AGUSTÍN (1998) *Confesiones*, trad. de Pedro Rodríguez de Santidrián, Madrid, Alianza Editorial, pp. 68-69.

Del hombre de René Descartes, que el Sr. Clerselier, gran cartesiano, acababa de publicar [...] El método de razonamiento y la mecánica que descubrió hojeándolo le complació tanto que compró el libro y lo leyó con tanto placer que se descubría de vez en cuando obligado a interrumpir esta lectura a causa de los latidos del corazón que se apoderaban de él, tan grande era el placer que le producía la lectura.[8]

De nuevo, es preciso admirar aquí la ironía del destino que quiere que el oratoriano[9*] Malebranche, uno de los pensadores más religiosos de la escuela francesa y cuya doctrina será finalmente una especie de mística especulativa, haya sido despertado a la vida filosófica precisamente por un ensayo de Descartes cuyo mecanicismo integral bosqueja por adelantado con mucha precisión los hombres-máquina materialistas del siglo siguiente. Sin embargo, Malebranche no será materialista. Por el contrario, todo el esfuerzo de su propio pensamiento consistirá en una especie de corrosión de la inteligibilidad mecanicista, que disuelve en humo: en lugar de deber su coherencia a la virtud de las leyes físicas, el mundo subsiste únicamente gracias a la solicitud siempre presente de Dios, verdad última de toda verdad. Dicho de otro modo, Descartes es para Malebranche un obstáculo que superar más que un camino a seguir. Pero la función del maestro es precisamente la de proponer al discípulo la piedra de toque[10*] que le conviene exactamente. Es por ello que Malebranche podrá ofrecer a Descartes, al que no conoció en persona, este magnífico homenaje, en el que se transluce el recuerdo de la escena de la calle Saint-Jacques:

Quienes lean las obras de ese hombre sabio sentirán una alegría secreta de haber nacido en un siglo y en un país lo bastante afortu-

---

8. Le P. Lelong (1948) *Mémoires sur la Vie du R. P. Malebranche*, en Gouhier, *La philosophie de Malebranche et son expérience religieuse*, Vrin, 2ª edición, p. 8.

9*. Malebranche ingresó en el Oratorio de San Felipe Neri en 1660. (*N. del T.*)

10*. Sócrates se refiere al uso de la piedra de toque (básanos) para probar la valía de las almas en el *Gorgias* de Platón, 486d: "Si yo tuviera un alma de oro, amigo Calicles, ¿no te parece que sentiría yo mucho placer al encontrar una de esas piedras con que prueban el oro, máxime si fuese la mejor, ya que si, al acercarle mi alma, me concediese que ésta se encontraba en el buen estado resultante de un esmerado cultivo, yo habría de quedar convencido de que mi situación era del todo satisfactoria y que no tenía necesidad de recurrir a ninguna otra prueba?". Platón (1993) *Gorgias*, en *Obras completas*, traducción de Francisco García Yagüe, Aguilar, Madrid, p. 384. (*N. del T.*)

nados como para librarnos del esfuerzo de ir a buscar en los siglos pasados, entre los paganos y en los extremos de la tierra, entre los bárbaros o los extranjeros, un doctor para instruirnos en la verdad, o mejor dicho, un profesor lo bastante fiel como para prepararnos a ser instruidos en ella.[11]

Malebranche se cuida de escribir el nombre de su maestro, como signo de gratitud plena, al final de su gran obra, como si juzgara indigno poner en ella únicamente su firma. De ahí la fuerza singular de la distinción mantenida con ahínco en este mismo homenaje. Descartes no es "un doctor para instruirnos en la verdad"; Descartes no es el propietario por siempre jamás de una verdad ya dada, sino "antes bien", solamente "un profesor lo bastante fiel como para prepararnos a ser instruidos en ella". La distinción, por otra parte, corresponde perfectamente al espíritu mismo de la filosofía de Malebranche, según la cual toda verdad pertenece a Dios, y no a los hombres. Solo puede instruirnos el Verbo divino; un hombre, sea quien sea, nunca será más que un intercesor. Esta es la razón por la que Malebranche prosigue:

> Me molestaría enormemente que la estima que parezco aquí tener por el Sr. Descartes hiciera a alguien interesarse por él, y contentarse con leer y tomar sus opiniones, sin preocuparse de ser esclarecido por la luz de la verdad. Eso sería preferir el hombre a Dios, consultarlo en lugar de Dios...[12]

Con mayor razón se puede apelar a Descartes mismo en este punto, quien, según Malebranche, deseaba "volver discípulos de la verdad a los hombres antes que sectarios obstinados en sus sentimientos".[13]

Hay, pues, una teología del magisterio, que podría, por otra parte, conservar su sentido y su valor al margen de toda referencia a una religión precisa. El prestigio del maestro, una vez reconocido, corre el riesgo de corromperse por una especie de veneración que se atribuye al propio ser humano antes que a la revelación de la que es el mensajero. De ahí una especie de idolatría supersticiosa que confía en la palabra del maestro, contentándose, sin otro examen, con *iurare*

---

11. MALEBRANCHE, *La Recherche de la Vérité,* in fine, *Conclusion des trois Derniers Livres.*

12. *Ibid.*

13. *Ibid.*

in verba magistri.[14]* El mal maestro se contenta así con captar la benevolencia de los jóvenes seres que él domina; los esclaviza en lugar de liberarlos. El Sócrates del *Fedón*, dirigiéndose en su último día a sus fieles que hacen ya su duelo prematuro, les dirige una solemne advertencia: "Vosotros, por vuestra parte, si me hacéis caso, habéis de preocuparos de Sócrates poco; de la verdad, mucho más [...]".[15]

El maestro inolvidable enseña, en su hora postrera, que no hay maestro, o mejor dicho, que solo la verdad puede hacerse con nuestra adhesión plena. "Si parece que os digo la verdad, prosigue, dadme vuestro consentimiento; si no, oponeos a mí con toda vuestra razón". Dicho de otro modo, el propio maestro no es más que un servidor de la verdad: el discípulo no debe temer que esta verdad desaparezca con el maestro que va a morir; el maestro no se la llevará consigo. Por una singular coincidencia, el mismo Buda trata, como Sócrates, de consolar a sus discípulos de su inminente ausencia:

> Poco tiempo antes de abandonar este mundo, el Buda dijo a Ananda: Puede ocurrir, oh Ananda, que penséis así: "La palabra ha perdido a su maestro; ya no tenemos maestro". No hay que pensar así, oh Ananda. La doctrina, Ananda, y la regla que yo he enseñado y predicado, he ahí a vuestro maestro una vez que yo haya desaparecido...[16]

Destacaremos aquí la diferencia entre la última lección de Sócrates y las recomendaciones finales de Buda. Aunque este no sea un dios propiamente dicho, se presenta como un maestro de santidad, y como el inventor de una regla espiritual. Sócrates, al contrario, no es más que un maestro de la razón; lo que ha enseñado, lo ha descubierto cada uno en sí mismo, y puede por tanto encontrarlo de nuevo en el mismo lugar si es necesario. Buda, más allá de su muerte, será venerado por multitudes; el método de Sócrates pasa por la ironía, y el fervor que manifiesta él mismo o que inspira a los otros supone la conquista de la autonomía intelectual. Podemos pensar aquí en las palabras de Cristo: "Yo soy la Verdad y la Vida". Jesús, en la perspectiva cristiana, no enseña la verdad; él mismo es la verdad, es decir, la

---

14*. Literalmente, "jurar por la palabra del maestro". La expresión procede de la *Epístola 1, 14* de Horacio. (*N. del T.*)

15. PLATÓN, *Fedón*, 91, b-c, ed. cit., p. 635.

16. OLDENBERG, H. (1903) *Le Bouddha*, traducción de Foucher, Alcan, p. 98.

revelación de Dios y la encarnación de su palabra. La relación de Jesús con sus discípulos, como sin duda la de Buda, no es del mismo orden que la relación de Sócrates con aquellos que reciben su enseñanza. El maestro humano, en su relación con sus alumnos, no es más que una especie de mediador en la conciencia que cada uno puede tomar de sí mismo. Es por ello que Kierkegaard insiste con toda razón sobre el hecho de que Sócrates quiso seguir siendo un matrón de espíritus; de ser humano a ser humano es donde se encuentra, según el pensador danés, la "relación suprema". En efecto, "desde la perspectiva socrática cada hombre es para sí mismo el centro y el mundo entero se centraliza en él, porque el conocimiento de sí es conocimiento-de-Dios".[17] El socratismo sigue siendo un humanismo; y en el método del interrogatorio irónico "la intención final de todo preguntar es que el propio interrogado posee la verdad y ha de alcanzarla por sí solo".[18]

Según esta perspectiva, que es, en definitiva, la de la reminiscencia platónica, incluso si he encontrado a Sócrates puedo olvidar a Sócrates, pues Sócrates no fue más que una causa ocasional en esta relación con la verdad que es el tema fundamental de toda mi existencia.

> Sólo desde el punto de vista histórico puede tener interés para mí que la doctrina de Sócrates o de Prodikos haya sido ésta u otra, ya que la verdad en que me apoyo estaba en mí mismo y de mí surgió, y ni el propio Sócrates hubiese podido dármela, de idéntico modo a como el cochero es incapaz de arrastrar la carga de su caballo, aunque disponga de una fusta.[19]

Sócrates, muriendo, tiene razón al consolar a sus discípulos; su ausencia no será la ausencia de la verdad, ya que Sócrates no era más que una persona interpuesta en ese soliloquio de cada uno consigo mismo, que es la tierra natal de la verdad.

> El maestro nada tiene que reclamar del alma del discípulo, igual o menos que el discípulo no puede reclamar al maestro responsabilidad alguna.[20]

17. KIERKEGAARD (2007) *Migajas filosóficas o un poco de filosofía*, trad. de Rafael Larrañeta, Madrid, Trotta, p. 29.
18. *Ibid.*, p. 30.
19. *Ibid.*, p. 29.
20. *Ibid.*, p. 40.

San Agustín se planteó también, en la tradición platónica, el problema de saber cómo el ser humano puede ir a la verdad, cómo la verdad puede venir al ser humano. La doctrina de la reminiscencia proporcionaba una primera respuesta: lo que parecemos aprender, lo sabíamos ya, y la adquisición del saber no es más que un recuerdo. Pero el privilegio así reconocido al pasado introduce una dimensión de fuga mítica; y uno se pierde en esa regresión al infinito sin encontrar en ella una solución real. El diálogo titulado *De Magistro* sustituye la idea de una recuperación del pasado por la de una elevación del presente a una potencia más elevada. La verdad no se oculta en la distancia del tiempo; está presente en nosotros por toda la eternidad; la información, la enseñanza que viene de fuera no puede producir un efecto si no es gracias a la presencia anticipada, en cada uno de nosotros, de un conocimiento preestablecido.

La autoridad de los maestros no es, por tanto, más que una autoridad en trampantojo. El verdadero maestro se esconde dentro de cada uno de vosotros, y ese maestro interior es también el maestro del maestro:

> Una vez que los maestros han explicado las disciplinas que profesan enseñar, las leyes de la virtud y la sabiduría, entonces los discípulos juzgan en sí mismos si han dicho cosas verdaderas, examinando según sus fuerzas aquella verdad interior. Entonces es cuando aprenden [...] Pero se engañan los hombres al llamar maestros a quienes no lo son, porque la mayoría de las veces no media ningún intervalo entre el tiempo de la locución y el tiempo del conocimiento; y porque, advertidos por la palabra del profesor, aprenden pronto interiormente, creen haber sido instruidos por la palabra exterior del que enseña.[21]

Sócrates no merece, pues, ninguna admiración excesiva; no es a él a quien debe dirigirse el agradecimiento del alumno. Sobre todo porque el Sócrates auténtico profesaba una especie de agustinismo *avant la lettre*, cuando atribuía a su *démon* las indicaciones que transmitía a sus discípulos. Este oráculo interior lo puede identificar fácilmente Agustín, fiel a la revelación cristiana:

---

21. AGUSTÍN (1971) *El maestro, Obras de San Agustín*, vol. III, §45, traducción de Manuel Martínez, Madrid, B.A.C., pp. 667-668.

Ahora bien, comprendemos la multitud de cosas que penetran en nuestra inteligencia, no consultando la voz exterior que nos habla, sino consultando interiormente la verdad que reina en la mente; las palabras tal vez nos mueven a consultar. Y esta verdad que es consultada y enseña, y que se dice habita en el hombre interior, es Cristo, la inmutable virtud de Dios y su eterna sabiduría.[22]

Jesús mismo, prosigue Agustín, recomendó a sus discípulos que no se dejaran llamar maestros, "porque uno solo es vuestro Maestro";[23] y el Maestro que está en los cielos es el único que puede ser dignamente llamado con ese nombre.

La doctrina agustiniana de la iluminación lleva a cabo, por tanto, una reconversión cristiana de la teoría platónica de las ideas. Minimiza sin duda la intervención del maestro humano; sin embargo, no la niega. Tomás de Aquino, retomando en su *De Veritate* los análisis de Agustín, compara la intervención del profesor con la del médico:

> ...del mismo modo, dice, que se afirma del médico que produce la salud en el enfermo, gracias a la intervención de la naturaleza, así también se afirma de un hombre que produce la ciencia en otro, gracias a la operación de la razón natural propia de este. Y es a esto a lo que se llama enseñar.[24]

El desposeimiento del maestro humano no es, por tanto, total; la responsabilidad del médico sigue siendo considerable para lo mejor y para lo peor.

Esta teología del magisterio podría parecer un poco superfetatoria, si se piensa en la relación modesta y cotidiana del maestro de primaria o del profesor con los alumnos de su clase. Constituye, con todo, el horizonte último de esta confrontación que, más allá de toda

---

22. *Ibid.*, § 38, p. 659; cf. § 40, pp. 661-662: "Luego ni a éste, que ve cosas verdaderas, le enseño yo algo diciéndole la verdad, pues aprende, no por mis palabras, sino por las mismas cosas que Dios le muestra interiormente; por lo tanto, si se le preguntase sobre estas cosas, también él podría responder. ¿Y hay algo más absurdo que pensar que le enseño con mi locución, cuando podía, preguntado, exponer las mismas cosas antes de que yo hablase?".

23. Evangelio según san Mateo, cap. XXIII, v. 8, traducción de Manuel Revuelta, en *Biblia de Jerusalén*, Nuevo Testamento, Madrid, 1994, Alianza Editorial, p. 39.

24. TOMÁS DE AQUINO, *De Veritate*, Cuestión XI, citado por Thonnard, en su comentario a *De Magistro*, *op. cit.*, p. 489.

cuestión personal, pone en tela de juicio el sentido de la verdad para el ser humano. El diálogo de Sócrates y de Jesús representa uno de los temas fundamentales de la cultura occidental. Pero las sabidurías de Oriente se han planteado la cuestión de forma similar. La China clásica, por ejemplo, encontró en Confucio el "Maestro para diez mil generaciones", cuya presencia se identificaba con una especie de Visitación de la verdad trascendente entre los hombres.

Pensaba haber recibido del Cielo, con una misión que cumplir, todos los dones necesarios para llevarla a cabo. También inspiraba una confianza absoluta a sus fieles. Uno de ellos, en un momento de peligro, pasó por muerto; dijo, cuando reapareció: "Oh maestro: en tanto que tú vivas, ¿cómo podré yo morir?".[25]

El Buda, Confucio, Jesús, se afirman en los límites de la condición humana, y, más exactamente, incluso al otro lado de los límites. Personajes históricos cuyo estatus sigue siendo impreciso,[26] encarnan a través de los milenios el sentido del más elevado magisterio; su testimonio basta para invalidar a todos los maestros humanos. Sócrates, él, maestro de humanidad, permanece voluntariamente a este lado del límite. No predica, enseña; no redime los pecados, no lleva las cargas de otros; no exige fe, sino inteligencia. Pide a cada uno tomar conciencia de su responsabilidad propia, y dominar su juicio. La entrega, el afecto que se le tiene, la piedad que suscita, todo ello le parece sin duda indigno de él. Esta es la razón por la cual la función docente, tal como se ha desarrollado en Occidente, halla en Sócrates su patriarca y su héroe ejemplar. El Buda y Jesús son personajes sagrados, modelos e intercesores de santidad; no sería posible representarlos como profesores sin desfigurarlos. Inversamente, el profesor que se ofreciera por Jesús o se tomara por el Buda usurparía una identidad que no le pertenecería, y se entregaría a una especie de tráfico de influencias.

Se precisa así la posibilidad de un emplazamiento del maestro. Sócrates es un hombre; todos los hombres son mortales. El maestro es también un hombre falible y mortal. La verdad que testimonia no la

---

25. GRANET, M. (1934) *La Pasée chinoise*, Rennaissance du Livre, p. 478.

26. *Ibid.*, pp. 473-474: "No queda ningún testimonio fiel sobre Confucio, más allá de que enseñó a comienzos del siglo V en una aldea del Shandong...".

ha creado él. No le pertenece. Él es el primero, desde el momento en que la evoca, en invocarla, en situarse bajo su protección. El maestro se presenta a sí mismo como un servidor de la verdad. Así pues, la idea de una verdad que poseería el maestro, para comunicarla generosamente a quien le parezca oportuno, debe ser sustituida por la idea de una verdad que le sobrepasa, y en relación a la cual se sitúa. Tal es la condición humana que a todos los seres humanos les pertenece la verdad, cuya protección puede servir para congregarlos a todos. Para todos aquellos que desean llevar a su realización el voto de humanidad que llevan en ellos, la verdad es la patria común.

Por consiguiente, no puede haber, en el orden de la pedagogía, ningún maestro universal. Confucio, arquetipo de la sabiduría china, puede ser reconocido como el maestro para diez mil generaciones; el Buda, Jesús, representan para sus fieles al Santo por excelencia, y la vía de la santidad se resume en la imitación de Jesús o de Buda. Sócrates, por el contrario, no exige a sus alumnos repetir su comportamiento; él indica un camino y una verdad, en función de las cuales se orienta por cuenta propia, pero no pretende ser él mismo ese camino y esa verdad.

Se justifica así ese carácter aparentemente sorprendente del encuentro entre el maestro y el discípulo. El discípulo que encuentra un maestro y reconoce en él el indicador de su verdad, sufre a cambio la conmoción de esta experiencia decisiva que transforma el sentido de su vida. El encuentro auténtico, según las palabras de Hoffmannstahl, nos desarma y nos recompone. Pero la lección del magisterio no es una lección que pueda ser aprendida de memoria o recitada palabra por palabra, pues el maestro puede enseñar algo distinto de lo que enseña. El maestro se enfrenta, desde el seno de una historia que le es propia, a una cierta situación espiritual. La situación del discípulo no es, evidentemente, la misma; cada uno debe abrir el camino de su vida a través de circunstancias que no son nunca las mismas. Los destinos no son transferibles, ni superponibles.

Lo mejor que enseña el maestro, lo esencial, lo ha extraído de la experiencia de su vida; lo ha aprendido a riesgo de su vida, y se esfuerza por transmitirlo a aquellos sobre los que tiene algún poder. La enseñanza no enseña la verdad a la manera de una lección de historia o de cálculo; el sentido de toda lección es aquí la designación de una cierta relación con una verdad que no está ante el ser humano y es susceptible de ser señalada con el dedo, sino que está a la vez dentro del ser humano y alrededor de él. La verdad humana se define como un ser que nos engloba y nos orienta, como el sentido último del empleo del tiempo y de la vida. Sócrates calla, Sócrates pregunta, Sócrates se muestra. Sócrates no hace un curso sobre la verdad en filosofía; Sócrates se realiza a sí mismo según el camino de su difícil vida. Sócrates no enseña; no se enseña a sí mismo; existe e invita a existir a quienes viven a su lado. Pero no los libera, mágicamente, de sus dificultades; al contrario, los hará más plenamente conscientes de la dificultad de ser.

La alegría de los comienzos no debe engañar a nadie. Quien observa jugar a los campeones de tenis admira la perfecta simplicidad de los ataques y las respuestas, la economía soberana de los movimientos. El éxito armonioso del maestro engaña, y cada espectador se dice que sería capaz de hacer otro tanto. Así se nos muestra, en el juego de la vida, aquel en quien hemos reconocido el signo de la maestría. Pero no nos facilita por ello la dura tarea de llevar a buen puerto nuestro propio partido, remontando nuestras dificultades particulares. Y, sin embargo, hay en esta Visitación del magisterio una gracia dada y recibida, al igual que el campeón de tenis, la bailarina, el atleta, nos hacen triunfar durante un momento sobre las limitaciones y la pesadez de nuestra encarnación.

Esta seguridad sobre la vida, esta seguridad en la vida, es la gracia de todo magisterio. Cada obra maestra, del arte, del deporte, de la técnica o de la acción, nos ofrece el testimonio de una libertad humana o, mejor dicho, de una liberación que nos compromete, pues puede ser, pues es también, la nuestra. Aquel en quien me reconozco un maestro se me aparece ligado a mí por una pertenencia intrínseca de los destinos. Y también yo soy pintor, o filósofo, u hombre honesto. El maestro convoca mi gratitud, y yo le estoy reconocido por existir; pero su derecho sobre mí, su preeminencia, no es otra cosa que una especie de derecho de ascendencia. Él y yo, somos de la misma sangre, del mismo rango. Yo no lo sabía, pero acabo de aprenderlo. Y este anuncio es ya más que una promesa; equivale a un compromiso. Lo que el magisterio me revela, a la plena luz de la virtud de necesidad y de la virtud de la evidencia, es la regla moral kantiana: "debes, por lo tanto puedes". Me es dado un nuevo conocimiento de mi ser personal, un conocimiento profético, pero tal que la profecía lleva con ella las condiciones de su cumplimiento.

La influencia del magisterio se justifica entonces por la puesta en marcha de una especie de principio de identidad humano. Pero la identidad no es una repetición. No se trata de copiar la obra maestra sino de producir uno mismo obras maestras, que podrían no tener ningún parecido con la primera. Una obra maestra es la expresión de un equilibrio y de una realización; o, mejor dicho, es la realización que se realiza expresándose. El éxito interior, la armonía íntima significada por la obra es su lección más elevada. Quien recibe la lección del pintor o del músico, del hombre de Estado, no tiene necesidad de ser él mismo hombre de Estado, o músico o pintor. Elegirá, cuando le sea necesario, otras vías de expresión; lo importante es que alcanzará, bajo una u otra forma, la expresión liberadora.

En febrero de 1860, Charles Baudelaire escuchó en un concierto, por primera vez, obras de Wagner. Escribió al maestro alemán, al que nunca había visto, una carta para manifestarle su gratitud:

> Lo que he experimentado es indescriptible, y si tiene la amabilidad de no reírse, intentaré traducírselo. En primer lugar, me ha parecido que conocía esta música y, más tarde, pensando en ello, he comprendido de dónde venía ese milagro; me parecía que esa música era la *mía*, y la reconocía como todo ser humano reconoce las cosas que está destinado a amar. Para cualquiera que no sea inteligente, esta frase sería inmensamente ridícula, sobre todo escrita por alguien que, como yo, *no sabe música*...[27]

El pudor de Baudelaire subraya aquí la paradoja. El poeta ha sido golpeado por el rayo del encuentro; el poeta ha encontrado a su maestro; pero este maestro músico no es aquí un maestro de música. Pero no se ha equivocado de persona, y Baudelaire no se convertirá a la composición musical. La lección que el poeta ha recibido, en la soberana presentación y demostración de su poder, es una lección de arte y, al mismo tiempo, una lección de humanidad.

---

27. Carta de Baudelaire a Wagner, 17 de febrero de 1860, en *Oeuvres de Baudelaire*, Bibliothèque de la Pléiade, t. II, p. 770.

Encontramos una experiencia análoga en el caso del poeta austriaco Rilke, cuyos maestros fueron sobre todo Rodin y Cézanne, un escultor y un pintor. El joven Rilke, en búsqueda de sí mismo, y hablando un francés inseguro, llega a París con la intención de encontrarse con Rodin.

> Su arte es tal, escribe, lo he sentido desde hace mucho tiempo, que sabe otorgar pan y oro a los pintores, a los poetas, a los escultores; a todos los artistas que van por el camino del dolor, sin desear otra cosa que ese rayo de eternidad, que es la meta suprema de la vida creadora [...] Toda mi vida se ha transformado desde que sé que usted es mi Maestro, y el día en el que le vea será uno (y quizás el más feliz) de mis días. Pues la tristeza imprecisa e infinita de mi juventud era que me parecía que todos los grandes hombres han muerto hace mucho tiempo, y que en este mundo extraño, no hay ni madre, ni maestro, ni héroe.[28]

No había, sin embargo, ninguna similitud externa o íntima entre el escritor austriaco enfermizo, de genio sensible y delicado, y el rudo tallador de piedra y mármol, del que solicita la enseñanza. Pero el propio contraste, la oposición entera de personalidades saca a la luz lo que puede ser la acción del magisterio. Concierne, más allá de los acuerdos o los antagonismos de superficie, la región del ser en la que se anudan y se desanudan las exigencias primeras y últimas. En esta zona de los confines, cada existencia puede ser, para otra existencia, un signo, un elemento de orientación. Una lengua más allá de la lengua interviene entonces, en la que lo que cuenta no es lo que se dice según el orden del discurso, sino lo que se prueba mediante la acción significativa de la presencia.

Rilke no será decepcionado. Rodin lo recibió, Rodin, cuya naturaleza tosca no estaba hecha de ningún modo para comprender la petición del poeta austriaco. Este, no obstante, tras el encuentro, declarará su agradecimiento:

> No es solamente para estudiar para lo que he venido a su casa; era para preguntarle: ¿cómo hay que vivir? Y usted me ha respondido: "trabajando". Y yo, he comprendido totalmente. Siento que trabajar

---

28. RILKE, W. R. M. (1931) *Lettres, à Rodin*, 14 de agosto de 1902, Émile Paul, pp. 8-9.

es vivir sin morir. Estoy lleno de agradecimiento y de alegría [...] es el gran reconocimiento de mi vida y de mi esperanza lo que me ha dado [...] Fue ayer, en el silencio de su jardín, cuando me encontré a mí mismo. Y ahora el ruido de la inmensa ciudad se ha vuelto más lejano y hay alrededor de mi corazón un silencio profundo en el que se alzan sus palabras como estatuas.[29]

A fuerza de humildad Rilke logrará vivir algún tiempo junto al maestro que admira. Se impregnará de la lección que es para él la larga paciencia del genio estatuario. Y cuando llegue la separación en la incomprensión, el escritor austriaco, transformado en maestro a su vez, no olvidará jamás la deuda de gratitud que le une al viejo escultor francés. Rodin, por su parte, no había sospechado jamás, sin duda, el elevado valor del joven extranjero que había acogido, y del que ignoraba la lengua. Pero poco importaba a Rilke; él buscaba comprender, no ser comprendido. Esperaba del maestro que había escogido libremente la simple afirmación de su potencia creadora. La existencia de Rodin era para Rilke una invitación a existir, una razón para existir.

Semejante ejemplo hace ver a las claras que el auténtico vínculo del discípulo con el maestro no se reduce a las relaciones humanas en las que se manifiesta a lo largo del tiempo. Dos hombres se enfrentan, en una relación desigual, dos caracteres, dos temperamentos, que se avienen más o menos bien. Pero una aventura más secreta se desarrolla, como en filigrana, a lo largo de esta historia anecdótica. Aquel que ha encontrado a su maestro se halla conducido por él según una vía iniciática hacia la conquista de su propia vocación. La confrontación de hombre a hombre, el enfrentamiento feliz o desdichado de dos personalidades, esconde esta aventura más secreta en la que cada uno hace frente a su difícil destino. Como dice una frase de Saint-Exupéry en la que se ocupa del amor, no se trata aquí de mirarse uno en el otro, sino de mirar los dos en la misma dirección, adelante y más arriba.

CAPÍTULO 4

El magisterio y las relaciones de dependencia

Parece que el maestro adquiere su dignidad por el consentimiento de sus pares, o el reconocimiento de sus discípulos. El magisterio es antes que nada un grado universitario y una función profesoral. Pero estas distinciones sociales no cuestionan lo esencial: en materia de maestría, posesión vale tanto como título. Se puede haber triunfado en los exámenes y concursos universitarios sin haber adquirido sin embargo la autoridad magistral, y se puede ser un maestro reconocido y respetado sin haber pasado por tal o cual carrera pedagógica. El hecho mismo de desempeñar una función docente, o de tener alrededor de sí alumnos, no basta; buen número de docentes no engañan ni a ellos mismos ni a los demás.

El magisterio prescinde, pues, cuando es necesario, de toda sanción externa, y se puede imaginar a un maestro sin alumno. Porque si el magisterio es magistratura, si es una sobreabundancia de ser, se gana antes que nada de sí a sí. "Soy tan dueño[1]* de mí como del universo",[2]* dice el emperador romano en la tragedia de Corneille. Pero el poder sobre el universo no bastaría en ningún caso para asegurar a quien lo detenta el dominio[3]* de sí. Al contrario, el dominio

---

1*. La palabra *maître*, en francés, posee el doble sentido de "maestro" y "amo", "dueño", lo que le permite a Gusdorf emplear este ejemplo. (*N. del T.*)

2*. Es el emperador Augusto quien así habla en un verso de la escena 3 del acto V del *Cinna* de Corneille. (*N. del T.*)

3*. *Maîtrise*, empleado de nuevo en el sentido de dominio de uno mismo. (*N. del T.*)

sobre uno mismo confiere al sabio una especie de soberanía. El esclavo Epicteto es el maestro espiritual del emperador sabio Marco Aurelio; sin lugar a dudas, el segundo reconocería al primero una autoridad igual, si no superior, a la suya. No se trata únicamente de dar órdenes, de firmar decretos; se trata de dominar en espíritu y en verdad la condición humana.

Sea en el terreno que sea, el maestro, antes de aparecer ante otros como un modelo, es aquel que se ha encontrado a sí mismo, porque se ha conquistado a sí mismo. El maestro ha ganado su vida, tal es la lección más evidente del magisterio. La vida del maestro tiene un sentido, libremente elegido, entre tantas otras vidas que van a la aventura. Allí donde el alumno no ve más que dificultades técnicas o contradicciones espirituales, el maestro descubre de inmediato la solución, con una facilidad desconcertante, en lo que uno estaría tentado de ver en alguna ocasión una especie de gracia diabólica.

> Me complace imaginar, según un relato bien conocido —escribe Alain a propósito de Johann Sebastian Bach— al gran improvisador ante tres clavecines nuevos y admirables; habría también tres bellas fugas para cada uno, la más bella para el más bello.[4]

La espontaneidad creadora muestra y demuestra un poder soberano, ese mismo que pone en práctica el maestro japonés en el arte del buqué:

> Un maestro de arreglos florales inicia la clase desanudando cuidadosamente la cinta de rafia que mantiene unidas la flores y ramas, y esmeradamente arrollada la deposita a un lado. Luego examina las distintas ramas y, después de estudiarlas repetidas veces, elige las mejores, las dobla atentamente, les da forma según el papel que han de desempeñar en el conjunto y por último las reúne en un florero ya escogido. El arreglo acabado causa la impresión de que el maestro adivinara lo que la naturaleza vagamente se propuso en recónditos ensueños.[5]

No es un sacrilegio aproximar aquí el genio de Bach, el músico inmortal, al arte del modesto artista japonés cuyas composiciones flora-

---

4.   ALAIN (1932) *Le langage de Bach*, Revue Musicale.

5.   HERRIGEL, E. (2012) *Zen en el arte del tiro al arco*, Madrid, Gaia Ediciones, pp. 88-89.

les son perecederas como ninguna. En el antiguo sistema de gremios, la jerarquía profesional ascendía también desde el aprendiz hasta el oficial, y de ahí al maestro. Quien observa trabajar a un obrero experto obrando sobre su materia, jardinero o alfarero, experimenta, al ver actuar las manos inspiradas, la misma impresión de facilidad soberana y de triunfo afortunado, sin esfuerzo aparente. Sabiduría duramente adquirida, poder merecido a fuerza de trabajo. Deslumbrado por el virtuosismo de Mozart al pianoforte, el pianista Richter exclamaba: "¡Yo que sufro tanto, hasta sudar! ¡No es más que un juego para ti!" A lo que respondía Mozart: "¡Oh! Me he sacrificado mucho antes de llegar ahí...".[6] Van Gogh, en una carta a su hermano, refiere unas palabras del pintor americano Whistler, a propósito de una acuarela: "Sí, lo hice en dos horas, pero para poder hacerlo en dos horas tuve que trabajar durante años".[7]

El triunfo de la improvisación sanciona la prolongada paciencia del genio. Y, por supuesto, la paciencia no basta, pero el genio tampoco. Todo maestro es también, en cierto sentido, un maestro artesano, que, antes que nada, ha debido volverse maestro de sí mismo mediante una conquista metódica. La obra fundamental del ser humano es él mismo, y las relaciones exteriores no son más que testimonios de esa obra maestra fundamental que es para el ser humano digno de ese nombre la edificación de sí.

Por ello, lo que el discípulo espera del maestro no es la enseñanza de un saber o de un saber hacer. Por supuesto, esta enseñanza puede servir de pretexto y de programa al encuentro. Pero la realidad profunda se encuentra en otro lugar, si el maestro es verdaderamente un maestro, y el discípulo un discípulo auténtico. A través de la actividad docente, el alumno permanece vigilante a la justificación de esta actividad. Admira la inteligencia del profesor, la facilidad de su elocución, la amplitud de su saber, pero todas sus cualidades y sus potencialidades no son ellas mismas más que símbolos de una cualidad de ser esencial, a la cual, conscientemente o no, se fija la atención respetuosa de aquel que pide antes que nada una lección de vida.

---

6. En GHÉON, H. (1932) *Promenades avec Mozart*, Desclée de Brouwer, p. 254.

7. VAN GOGH (2007) *Cartas a Theo*, carta de marzo de 1883, traducción de Víctor Goldstein, Buenos Aires, Adriana Hidalgo Editora, p. 101.

Se puede ser un maestro sin discípulo, desde el momento mismo en que uno ha puesto orden en su vida, en su pensamiento, o en tal o cual de sus actividades. El eremita del desierto puede ser un maestro espiritual, como también el gran artista en su solitario taller. Pero no se puede ser un discípulo sin maestro. El discípulo es el ser humano que no posee el dominio[8]* de su propia vida; en busca de sí mismo, no se pertenece. Se ha convertido en discípulo en el momento en el que ha reconocido en una personalidad más fuerte que la suya el sentido y el secreto de su exigencia propia. El maestro ha encontrado su centro y su equilibrio; el discípulo está descentrado;[9]* vive por representación y su equilibrio, su ritmo personal, son tributarios de otra existencia que les sirve de garantía y de fianza. Mientras que el maestro no puede extraer su esperanza y su fuerza más que de sí mismo, el discípulo, en situación de dependencia, espera de otro su consuelo o su desolación. Disfruta sin duda de esa seguridad procurada por su apego a otro pero, por el contrario, en tanto que sigue siendo discípulo no existe por sí mismo. Cuando la crítica de arte atribuye, en todo o en parte, tal o cual gran composición al "taller de Rubens" o al "taller de Tiziano", esta denominación colectiva sume en el anonimato a los alumnos que han contribuido a la finalización de la obra. El proyecto es el del maestro, el estilo es suyo, y el discípulo no se manifiesta más que por defecto, en cierto modo; aquí y allá se trasluce la inexperiencia y la falta de virtuosismo que traicionan la intervención de los familiares. Estos no poseen en propiedad más que su falta de genio; nada que permita identificarlos positivamente. Para tener un nombre sería necesario que fueran maestros a su vez.

La relación del discípulo con el maestro aparece entonces como una relación de dependencia, pero entre todas las relaciones de dependencia reviste un carácter original. El grado más bajo de la dependencia sería la relación del esclavo con su amo,[10]* que es solamente relación según el poseer. El esclavo es la cosa del maestro; le perte-

---

8*. *Maîtrise*, con el sentido que ya he mencionado de "maestría" y "dominio". (*N. del T.*)

9*. *Excentré*, esto es "alejado del centro". (*N. del T.*)

10*. *Maître*, en francés. (*N. del T.*)

nece materialmente, por capricho del destino, y le pertenece de una forma tan completa que no se pertenece a sí mismo. No es necesario aquí ningún consentimiento ni compromiso; no puede haber diálogo. El interés del maestro es la propia ley y, cuando sea necesario, su capricho, de manera que el único recurso del siervo será la adulación o el disimulo o el robo. Condición inmoral, en la medida en que representa una disminución capital de humanidad. El único recurso para una justificación de la esclavitud es pues afirmar que el esclavo es un ser infrahumano, incapaz por naturaleza de ningún otro estatus aparte de ese.

La relación del patrón con el empleado es muy diferente, porque supone un contrato, es decir que podría no haber sido lo que es, y podría dejar de ser por la voluntad de uno u otro de los socios. La subordinación es aquí de orden económico; su establecimiento y su mantenimiento dependen de una especie de negociación entre los intereses implicados. Es evidente que el vínculo financiero concierne poco a poco a regiones más o menos amplias de la vida personal, pero todo el mundo puede reservar en este punto lo esencial de su vida. Frente a la "ley de hierro" del salario subsiste la posibilidad de la reivindicación del asalariado, que representa para él una afirmación moral a la vez que una defensa de los intereses materiales. Luchando por una mejor remuneración, por un mejor régimen de trabajo, la clase obrera lucha por obtener el reconocimiento de su humanidad. Sea como sea, la relación del empleador con el empleado no puede ir más allá de poner de relieve una interdependencia y una cierta solidaridad en el terreno material y financiero. De un buen patrón no se puede esperar más que una remuneración ventajosa y buenas condiciones de trabajo. El interés de las partes implicadas parece ser limitar las relaciones al orden económico; los ensayos patronales por desplazar su autoridad y darle una significación moral, política o espiritual se topan de inmediato con la desconfianza. El paternalismo es considerado por los asalariados, con toda razón, un abuso de poder.

El coronel hace sonreír, también él, cuando pretende ser el padre del regimiento. No es sin duda el padre, pero tampoco el patrón. Entre el oficial y el soldado, el vínculo de la jerarquía militar consagra a los subordinados a la obediencia, pero la disciplina no es una esclavitud, y excluye, por parte de quien manda, cualquier idea de provecho personal directo. Por otra parte, el vínculo es de doble sentido, pues quien manda está él mismo sometido a un mandato más elevado. Los defectos de los individuos pueden, evidentemente, falsear el juego de las instituciones; parece no obstante que la cohesión del ejército se funda en la idea de un servicio con vistas a la comunidad: es con razón que se habla de un servicio militar. La exigencia misma de ese servicio delimita el campo de acción de la disciplina; esta puede tener una influencia, afortunada o desafortunada, sobre el desarrollo de tal o cual personalidad, solo que esta influencia no es más que un accidente o una consecuencia. El sistema militar no es, en esencia, un sistema educativo; es antes que nada, para el país, un sistema de seguridad. La intención utilitaria prevalece sobre todas las demás, y si las relaciones humanas salen ganando de vez en cuando, es por añadidura y casi de contrabando. La disciplina, en su más alta intensidad, quiere ser automática e impersonal.

En el extremo opuesto de estas relaciones de subordinación se afirma el vínculo que une al niño con su padre. Como el empleado ante su empleador, como el militar ante su superior, el niño se encuentra frente a su padre en situación de minoría. Solo que esta minoría es al mismo tiempo accidental —pues el niño no puede hacer nada al respecto, su nacimiento es para él contingencia pura— y esencial, pues el vínculo de dependencia afirma una responsabilidad recíproca tal que solo muy difícilmente pueden las dos partes eludirla. No se trata de un contrato temporal y revocable, sino de un frente a frente impuesto por la naturaleza, y que no cesará de hacer sentir su presión mientras uno de los interesados siga viviendo. Uno no acaba nunca de hacer frente a su padre y de estar en diálogo con él, tal como han establecido claramente el psicoanálisis y las psicologías profundas.[11*]

La relación parental y la dependencia filial representan, por tanto, un modo fundamental de relación entre los seres humanos. Esta es la

---

11*. El término *psychologies des profondeurs* que emplea Gusdorf deriva del alemán *Tiefenpsychologie*, palabra acuñada por Eugen Bleuler para referirse a la psicología del inconsciente, propia del enfoque psicoanalítico, y empleada más tarde para calificar corrientes como la psicología analítica de Carl G. Jung o la psicología individual de Alfred Adler, entre otras. (*N. del T.*)

razón por la que esas relaciones revisten un valor ejemplar; definen una especie de ideal. El patrón querría ser el padre de sus subordinados, y la propia palabra lo dice; el patrón se engaña, pues la paternidad no arregla nada. Nunca es fácil ser padre; ello implica una coexistencia impuesta, exigencias naturales y un conjunto de responsabilidades sociales. El padre es necesariamente alguien de más edad, mayor y adulto, separado del hijo y unido a él al mismo tiempo por el desfase de una generación en sentido estricto. Es decir, el padre, lo quiera o no, debe afirmarse ante su hijo como un modelo, como un juez y también como un amigo. Su papel le impone encarnar, al principio, todos los valores; lo que le condena, a medida que el hijo crece y se despierta su espíritu crítico, a defraudar la primera confianza que se depositó espontáneamente en él. Es imposible tener razón siempre, y ofrecer a un testigo demasiado próximo una vida sin fallos ni debilidades. El padre absoluto se convierte en un padre demasiado humano, de forma que se arriesga a pasar, ante los ojos del hijo, de un extremo al otro. Nada más complicado, nada más raro, que la afortunada preservación del diálogo; es muy complicado para un padre ser justo con sus hijos, e igualmente difícil para los hijos ser justos con su padre, no teniendo apenas sentido la noción de justicia en un caso semejante. Es necesario, enseña Freud, que el hijo mate a su padre, y que luego se convierta en su amigo; pero la mayor parte de las vidas humanas son igualmente incapaces de ambos extremos.

La relación conyugal y la paternidad, la maternidad, la fraternidad que la prolongan, constituyen sin duda una especie de revelación natural de relaciones fundamentales entre los seres humanos. El pequeño grupo de la familia, en el sentido restringido del término, aparece como un foco de significaciones y de valores, en función de los cuales serán juzgados todos los modelos de relación entre los individuos. La institución social y jurídica de la familia consagra los lazos de sangre, asegurando la biología a la parentela una especie de fundamento metafísico y metamoral. Es por ello que la dependencia del niño en relación con su padre aparece sobredeterminada, sobrecargada de temas y de motivos que le impiden ser nunca completamente clara. No se trata aquí de dos libertades enfrentadas, porque nunca el padre y el hijo serán verdaderamente libres uno frente al otro, al encontrarse cada uno movido por reivindicaciones confusas, o incluso contradictorias, en relación con el otro. Por eso, como regla general, los padres, incluso si son pedagogos, tienen muchas dificultades para dar una enseñanza a sus hijos, y prefieren a menudo confiar esta responsabilidad a algún otro. Es muy difícil para el padre adoptar la actitud del profesor, y para el hijo no ser más que un alumno ante su padre. Se perfila de este modo el carácter específico de la relación entre el maestro y el discípulo. El maestro desempeña la figura de un padre espiritual, pero esta denominación misma prueba que su autoridad no es la del padre biológico. Por otra parte, la imagen del engendramiento según el espíritu aparece en la mayoría de las grandes tradiciones espirituales; representa uno de los símbolos más habituales del magisterio. La paternidad designa aquí, sin duda, la prioridad del maestro, y la responsabilidad que asume en relación con aquellos que conduce hacia la verdad. Solo que esta responsabilidad es limitada, mientras que la del padre propiamente dicho no conoce límites. Trata sobre la vida del espíritu, no sobre la vida en su totalidad. Sobre todo, es el resultado de una adopción, es decir, de una elección libremente consentida por una y otra parte. Corresponde al maestro designar a sus discípulos; corresponde al discípulo elegir a su maestro. Por otra parte, ni uno ni otro actúan al azar; obedecen a una necesidad íntima, su consentimiento mutuo se rige por una vinculación de la que ambas partes han reconocido la realidad. La familia tiene también sus valores, y su continuidad reposa en el respeto de ciertas tradiciones. Pero la familia puede existir sin tradiciones y sin valores, mientras que el magisterio presupone una comunidad libre de inspiración y de invocación, fuera de la cual pierde su sentido y su realidad.

La relación paternal es tanto una relación material como moral. Por el contrario, la relación de maestro y discípulo concierne exclusivamente al dominio del conocimiento. Y mientras que las otras relaciones de dependencia, como por ejemplo la del empleado en relación con el patrón, el soldado en relación con sus jefes, son dominadas por imperativos técnicos, ocurre de otro modo en las relaciones entre el maestro y el discípulo. Las jerarquías militares, profesionales, económicas o administrativas se subordinan a consideraciones objetivas de servicio, privado o público, de interés financiero o cualquier otro.

El maestro, es cierto, encuentra al discípulo según las normas y las instituciones de instrucción pública, al menos en el caso más general. Pero mientras las modalidades técnicas son predominantes, la relación sigue siendo una relación de enseñanza, y el maestro de primaria, el profesor, que desempeñan honestamente su papel de funcionarios, no son maestros en sentido estricto. El magisterio presupone por lo general ciertas condiciones materiales y técnicas, pero se sirve de ellas más de lo que las sirve. Establecimientos escolares, ciclos y programas de estudios proporcionan pretextos y ocasiones para el encuentro. Pero esas condiciones no son necesarias, pues la relación de maestro a discípulo puede establecerse fuera de ellas. Y no son suficientes, pues la enseñanza puede existir sin el magisterio. El magisterio comienza cuando se opera el pasaje del orden intelectual del saber al orden espiritual en el que se realiza la edificación de la vida personal. La relación con otro reenvía aquí al discípulo a sí mismo. El maestro no es un jefe; no pide una obediencia ciega y una disciplina al servicio de una causa exterior. El maestro no es un patrón; no puede convertirse en eso más que por usurpación, pues el discípulo en cuanto tal no tiene que trabajar en provecho de aquel que le guía.

Reducida a lo esencial, la relación de magisterio es algo distinto de un vínculo de subordinación. El discípulo confía en el maestro para que le instruya, y le conduzca durante el tiempo en el que él no sea capaz de conducirse a sí mismo. El estado del discípulo es un estado provisional, una situación de pasaje, esperando esa habilitación que volverá al individuo apto para conducirse a sí mismo. Los ritos de pasaje de la vida universitaria pueden revestir también una especie de valor simbólico: jalonan exteriormente esa iniciación gracias a la cual un hombre toma posesión de sí mismo. El maestro no limita su influencia a consejos técnicos, a una orientación epistemológica; no guía solamente al alumno a través del laberinto de su propia existencia. Gracias a la acción persuasiva de su presencia, y quizás sin que esta sea cuestionada expresamente, desanuda las contradicciones íntimas, explica a cada uno a sí mismo, indica los caminos decisivos.

En las relaciones humanas, por lo general, el magisterio es un excedente. Se da por incremento, y como la enseñanza de la enseñanza.

Por eso, interviniendo en segunda lectura, puede también sobrecargar con sus significaciones cualquiera de las otras relaciones. Un superior jerárquico puede ser un maestro, como Galliéni lo fue para el joven Lyautey;[12] un patrón podría serlo también para sus empleados. Pero también el inferior puede ser un maestro para el superior, e imponerse a él como el ejemplo viviente de una realización elevada en la afirmación de sí. La relatividad de todas las grandezas humanas aparece de lleno en la humildad cuya lección se impone a todas las grandezas tomadas prestadas. De esa inversión de valores nos proporciona una parábola cristiana la prosternación de los reyes magos ante el niño Jesús y el asombro de los Doctores; podría encontrarse la analogía filosófica y pagana en la piedad del emperador Marco Aurelio por el esclavo Epicteto.

El sentido del magisterio define una jerarquía, pero a contracorriente de las jerarquías ordinarias, fundadas sobre la institución, la tradición, la riqueza o el poder. Ciertamente, el maestro simboliza el poder y la riqueza, pero una riqueza y un poder del ser humano reducido a sí mismo y fuerte por la sola fuerza que da el descubrimiento de su verdad a quien lo ha conquistado. De ahí ese prestigio que provoca la atención y el respeto. Porque todas las autoridades, al lado de la del magisterio auténtico, parecen arbitrarias y de prestado. Sócrates, en su celda y condenado a muerte, conserva su tranquila seguridad y juzga a sus jueces. Desde el fondo de su infortunio enseña aun mejor la inversión de todos los valores o, mejor dicho, el establecimiento de todos los valores. Igualmente, más cercano a nosotros, Gandhi.

De acuerdo con los lectores rusos de la obra maestra de Tolstoi, *Guerra y Paz*, la clave de la novela se encuentra contenida en un breve episodio que corre el riesgo de escapar a un lector desprevenido. El héroe del libro, el príncipe Pierre Bezoukhov, inquieto e insatisfecho, siempre en busca del sentido de su vida, se encuentra, durante la ocupación de Moscú por el ejército de Napoleón, arrojado en una prisión donde los conquistadores han hacinado a todo tipo de

---

12*. Militares franceses del siglo XIX que contribuyeron a desarrollar un método de ocupación colonial basado en la política en lugar de hacerlo en la ocupación armada. (*N. del T.*)

sospechosos. En medio de las miserias del universo concentracionario, Pierre conoce a un soldado muy humilde, de origen campesino, llamado Platon Karataiev. Es un hombre tosco, un iletrado, cuya vida está centrada sobre sí misma y que se contenta con enfrentar con corazón justo las vicisitudes de la fortuna. Está completamente impregnado de sabiduría popular, hecha de proverbios, de refranes, de tradiciones campesinas y de citas religiosas. Su sencillez, su constante simplicidad, todas sus humildes cualidades imperceptibles que se manifiestan apaciblemente en el claroscuro de la prisión, son para el príncipe Pierre la revelación de ese secreto de la vida que había estado buscando en vano durante muchos años. Platon Karataiev morirá pronto, tan oscuramente como había vivido, abatido al borde de la carretera porque no podía seguir la columna de prisioneros en retirada. Pero seguirá vivo en la fidelidad de Pierre Bezoukhov, no solo porque encarna la paciencia milenaria y las virtudes del pueblo ruso, sino también porque ha sido para él, en el tiempo trágico del universo concentracionario, el modelo y el ejemplo de la verdadera maestría humana: la paz del espíritu y del corazón a pesar de la inhumanidad de la guerra. Y efectivamente el pobre Platocha mismo no dudaba de esa maestría que era la suya, a contracorriente de todas las jerarquías sociales e intelectuales; y sin duda Pierre no comprendió de inmediato el sentido decisivo de la lección que se le había dado de este modo. Pero ese diálogo incoherente y pronto interrumpido no hace sino poner de manifiesto el sentido de la maestría: es esa acción de presencia que, tras una desorientación más o menos larga, conduce a la reorientación del ser personal. Estaba en el error, estaba en la errancia, y no lo sabía, o lo sabía; ha aparecido el maestro que me ha vencido y convencido. Su testimonio esencial no concierne a un saber, ni a un saber hacer. El maestro es. Porque su vida tiene un sentido, enseña la posibilidad de existir. Y también yo, yo soy un ser humano; lo soy, quiero serlo... Mi vida se justifica; debo justificar mi vida. Y, ya que debo, puedo.

CAPÍTULO 5

El magisterio o el deseo
de lo imposible

Es difícil precisar cuándo y cómo el maestro se convierte en un maestro. Sin duda, el magisterio es una promoción, pero esta promoción no se identifica con tal o cual rito de pasaje en virtud del cual un individuo se eleva en una jerarquía social. Uno no se convierte en un maestro por delegación rectoral o decreto ministerial el día en el que se han superado con éxito las pruebas del certificado de aptitud pedagógica, de la licenciatura o de la *agrégation*. Un decreto de nominación puede designar a un maestro de primaria o a un profesor; no tiene poder para consagrar a un maestro, al igual que, por otra parte, ningún decreto puede suspenderlo o revocarlo.

La afirmación de la maestría se inscribe en una jerarquía ontológica, al margen de toda sanción administrativa. Hay, sin embargo, un ascenso a la maestría, y como un franqueamiento de la línea, que hace del estudiante de antaño, del aprendiz, sometido a la enseñanza de otro, el detentador de una autoridad, que en adelante se impone a otros. Se puede llegar a ser un maestro sin haberlo buscado ni querido; se puede descubrir un día que uno se ha convertido en un maestro incluso sin haberse dado cuenta. Simplemente, se encuentra que se ha alcanzado una situación de mayoría espiritual; uno había vivido hasta ese momento como discípulo y como alumno, con la confianza conferida a este o aquel, de quien se admitía la eminente superioridad. Y he aquí que uno se descubre, en tal o cual ocasión precisa, o fuera de toda ocasión, que se ha salido de la tutela. Yo tenía un maestro, hasta entonces, o maestros; pero puede ser que les otorgara más confianza de la que merecían. Ellos también tienen sus límites y, en todo caso, no pueden hacer ya nada por mí. Sigo ligado a ellos por los vínculos del recuerdo y el agradecimiento; la admiración y el respeto que les profesaba, sin haber desaparecido completamente, dejan su lugar a la amistad. Pero es preciso que yo vuele con mis propias alas; la palabra de otro no me basta.

El magisterio es antes que nada responsabilidad asumida. Y, primeramente, responsabilidad a los ojos de otro: el maestro descubre que tiene almas a su cargo. Vivía hasta ese momento confiado a otro; desde ahora, otros se confían a él. La primera impresión no tiene nada de triunfal: más que una impresión de haber vencido un peso, es la carga de un peso a vencer. Hasta ahora, me contentaba con una verdad de prestado; en adelante deberé dársela a otros que esperan de mí que les diga la verdad, que se la indique. Y, de golpe, descubro que sin duda es imposible para un ser humano decir la verdad.

Pero el maestro no llega a ser un maestro simplemente porque otros esperen de él la verdad. El magisterio no es esencialmente una relación con otro, una dignidad, que alcanzaría a algunos por el simple ruego de un alumno, de un público. Digámoslo una vez más, la mayoría de los docentes no son maestros. Adquieren los conocimientos básicos, lo necesario, honestamente, como buenos funcionarios. Redistribuyen los conocimientos que han acumulado, pero nunca han tenido la idea de que más allá de las verdades a las que se dedican se afirme la exigencia de una verdad más elevada, ante la cual todo ser humano digno de ese nombre es responsable. Por otra parte, sus alumnos no se equivocan en esto, por regla general, y se cuidan mucho de pedirles más de lo que pueden darles. Al otro lado de la esfera de la enseñanza, el orden del magisterio supone un cuestionamiento de las relaciones humanas. No se pide al profesor más que un saber; del maestro se reclama otra competencia, que supone el rebasamiento y la relativización del saber.

Dicho de otro modo, el alumno no puede plantear al maestro la cuestión del magisterio si antes no se la ha planteado el maestro a sí mismo. El profesor inconsciente y mediocre no entendería la pregunta; o mejor dicho, el alumno no se la plantearía, advertido por un instinto seguro de que no ha habido lugar al planteo. El consentimiento mutuo que impone el maestro a sus discípulos tiene pues por condición primera un consentimiento de sí a sí, este nuevo nacimiento a sí mismo de un ser humano que se descubre solo, y responsable, de una responsabilidad no solamente material e intelectual, sino espiritual. Había una verdad completamente acabada, una verdad dada, enunciada en los libros, en las instituciones, en la enseñanza de los profesores autorizados. Esos sistemas de certezas, un buen día se borran y el ser humano que gravitaba apaciblemente en torno a las convicciones de otro se ve obligado a realizar la más difícil, la más imposible de las revoluciones copernicanas. En adelante, es alrededor de él, alrededor de su pensamiento, de su palabra y de su conciencia, que se organiza una verdad nueva y decisiva, no para él solamente, sino para aquellos que dependen de él.

Uno se convierte en un maestro el día en el que descubre que no hay maestro. Ha habido, claro está, héroes, pensadores, genios y santos. Pero, a pesar de sus aureolas, aparecen en adelante como hombres que, lejos de poseer la verdad, han luchado por la verdad, o mejor dicho contra ella; han hecho lo que han podido, cada uno por su parte. Y esta partida que han jugado hasta el final sin saber si la habían ganado o perdido, es preciso volver a jugarla hoy, cada uno para sí, en una incertidumbre parecida. Tal es el debate de la maestría, en el cual cada uno es la apuesta para sí mismo. Y se ve sin esfuerzo que la relación con el discípulo permanece en el exterior de esta confrontación, de esta lucha con el ángel de la verdad, de la que el héroe solitario no entregará gran cosa, ni siquiera al alumno más amado, porque la palabra apenas atrapa nada de esa realidad íntima de un destino en gestación, en vocación, cuyos detalles se pierden en la penumbra, más allá de los confines del discurso.

Hay un misterio del magisterio, y sin duda tiene su raíz en lo más profundo de este debate que cualifica al maestro como maestro, escapando completamente al conocimiento de los discípulos, que sufren su influencia. Una lenta iniciación, jalonada de ritos de pasaje más y más temibles, hizo de Miguel Ángel un maestro, o de Bach o de Mozart, de Mallarmé, de Rilke o de Descartes. Cada uno de aquellos cuyo ejemplo se impone en adelante a los seres humanos ha debido primero realizar su formación, pero por caminos que no tienen nada que ver con la progresión regular de los itinerarios de escuela, de aprendizaje o de universidad. Los exámenes escolares, en los que uno se mide con los camaradas, con los profesores, según reglas de juego bien definidas, hechas para tranquilizar al buen alumno, y no para inquietarlo, ceden su lugar aquí a otro examen, más implacable, porque enfrenta con su propia exigencia al candidato a la maestría. En efecto, solo aquél que haya obtenido todo de sí mismo podrá pedir mucho a los otros. El obstáculo es, de sí a sí, esta resistencia y este rechazo, esta evasiva constante de una naturaleza rebelde a la perfección. Es preciso seguir hacia adelante, y es difícil, y es imposible. Es necesario despedirse de sí, de toda humanidad, para alcanzar el acabamiento y la consumación de la humanidad; es preciso llevar a buen término las liturgias del sacrificio cotidiano, para que al fin la maestría sea la recompensa suprema de un sacrificio supremo.

Todo el mundo se encuentra aquí solo, a riesgo de su vida. Y el maestro, para ganar su vida, debe antes que nada aceptar perderla. Sería necesario retomar y examinar una a una las confidencias de todos aquellos que se han comprometido en ese combate desesperado y que han llegado muy lejos, hasta las fronteras de la condición humana, de donde, tal vez, no han vuelto jamás. De ahí ese distanciamiento con ellos mismos y con nosotros, de ahí esa distancia, en virtud de la cual la presencia del maestro está siempre nublada de ausencia. En efecto, la consagración del maestro es la culminación de esta aventura, sea en el terreno que sea, donde ha luchado con lo absoluto, donde ha luchado por lo absoluto. Y de esta aventura imposible, ha salido quebrado. Pero esa quiebra es tal que solo puede sospecharla otro maestro; la admiración y el respeto de la mayoría se fundan sobre la incomprensión. No ven más que facilidad, dificultad vencida, allí donde el maestro muy a menudo lee con claridad su propio fracaso.

La larga paciencia del genio, bajo el análisis, aparece así como una larga impaciencia, en la duda y la angustia. Goethe, por ejemplo, representa, para el Occidente cultivado, el tipo mismo de equilibrio en la plenitud. Sin embargo, no dejó de quejarse del dolor que experimentaba por vivir para crear.

Lucho con el ángel desconocido —escribía, en su *Diario* en 1779— a riesgo de desarticularme; ningún hombre conoce todos los enemigos que he tenido que combatir para producir lo poco que he producido.

Y dos semanas más tarde:

¡Qué poco orden y fruto en mi acción, en mi pensamiento, en mi creación poética! ¡Qué pocos días me han aprovechado realmente! Que Dios tenga a bien continuar asistiéndonos, dándonos suficiente luz para que no seamos para nosotros mismos en el camino nuestro propio obstáculo.[1]

Se puede objetar sin duda que estas palabras son de un hombre joven, todavía bajo el impacto del tormento romántico del *Sturm und Drang*. Pero cuarenta y cinco años más tarde, el viejo Goethe, en el atardecer de una vida cargada de gloria y jalonada de obras maestras, no hablará de modo distinto. Eckermann registró esta confesión:

Siempre se me ha tenido por alguien especialmente agraciado por la fortuna, y no seré yo quien se queje o critique el curso que ha tomado mi vida. Sin embargo, en el fondo no ha sido más que una sucesión de esfuerzos y trabajos, y bien puedo decir que a mis setenta y cinco años no he tenido ni cuatro semanas seguidas de verdadero bienestar. Ha sido como hacer rodar incesantemente una piedra que había que subir de nuevo una y otra vez.[2]

Así se queja Goethe el olímpico, uno de los maestros espirituales de Occidente; su destino, aparentemente tan logrado, se le aparecía a él como el castigo de un maldito, a quien se impone el tormento siempre recomenzado de girar sin esperanza la roca de Sísifo.

El 29 de julio de 1890 se encontró sobre Van Gogh suicidado una última carta dirigida a su hermano. El pintor revela ahí esta confesión: "Y bien, mi trabajo, yo arriesgo mi vida en él, y mi razón se ha hundido a medias...".[3] Por mucha distancia que haya aparentemente

---

1. *Diario*, julio-agosto de 1779, citado en D'HACOURT, R. (1949) *Sagesse de Goethe, Revue de Paris,* agosto, p. 14.

2. ECKERMANN, J. P. (2005) *Conversaciones con Goethe,* edición de Rosa Sala Rosé, Barcelona, El Acantilado, p. 96.

3. VAN GOGH (2007) *Cartas a Theo,* Adriana Hidalgo Editora, Buenos Aires, p. 397.

entre Goethe y Van Gogh, la confesión es la misma, y podrían encontrarse muchos otros ejemplos entre las confidencias de los maestros más auténticamente marcados por el genio. Su triunfo exterior, la consagración del éxito, cuando se les ha concedido, el respeto admirativo de sus discípulos, no ha podido nunca disimular a sus ojos el sentido de su fracaso. El poeta Mallarmé, como el pintor Van Gogh, estuvo a punto de perder la razón en esta lucha solitaria; lo mismo les sucedió a Rilke y a Cézanne, a Nietzsche y a Leonardo da Vinci, o a Miguel Ángel. Clásico o romántico, el maestro enfrenta en sí mismo a su mejor enemigo. Y las razones que se da a sí mismo, las obras que produce, si se imponen a otros, no han podido nunca convencerle por ellas mismas. El maestro es un maestro para los otros; pero, si es un auténtico maestro, no podrá engañarse a sí mismo. Esa duda invencible y esa inquietud siguen siendo sin duda para él un recurso extremo, un remedio a la tentación de quedar atrapado en su propia trampa.

El maestro, por consiguiente, es un hombre necesariamente solo. Nadie fuera de él puede ser testigo válido y juez de su esfuerzo. No obstante, el testigo es implacable, y el juez constata la culpabilidad de aquel cuyas realizaciones no alcanzan jamás a igualar su ambición. Mientras Dostoievski escribía *El idiota*, su mujer observaba a medida que

> ...la parte ya escrita de la novela no le gustaba; debo decir en relación con esto que mi marido era siempre severo con él mismo, raramente sus escritos encontraban su propia aprobación. Se apasionaba de vez en cuando por las ideas de sus novelas, que llevaba largo tiempo en su cabeza, pero casi nunca estaba satisfecho al verlas expresadas.[4]

Y la honesta Sra. Dostoievski, cuyo testimonio es tan precioso como poco comprensivo, añade, a propósito de *El Idiota*, que su marido

> ...decía a menudo que no había tenido nunca idea poética más rica que desarrollar que la de esta novela, pero que no había expresado la décima parte de lo que habría querido decir.[5]

4. Grigorievna Dostoïevskaïa, A. (1930) *Dostoïevski, por su mujer Anna Grigorievna Dostoïevskaïa*, trad. Beucler, N.R.F., p. 177.

5. *Ibid.*, p. 191.

Leemos *El idiota*, y lo comentamos, como una obra maestra. Pero Dostoievski no es ingenuo, y la obra no es para él más que la sombra de los sueños, el fantasma de una ambición frustrada. Esta insatisfacción no está ligada en absoluto a la psicología eslava o al genio particular de Dostoievski; es uno de los signos de la más elevada maestría empeñada sin cesar en volver a jugar esa partida decisiva que no puede ganar, como Cézanne repintando infatigablemente hasta su muerte el cuadro imposible y perfecto que se le aparecía en sueños. Evocando sin duda su propia empresa, Nietzsche describe a ese escritor que

> …como muchos otros hombres, resulta más atractivo por sus imperfecciones que por todo aquello que, en sus manos, adquiere forma perfecta y acabada […] Su obra nunca expresa completamente lo que él propiamente quisiera expresar, lo que le *habría gustado ver*: parece como si hubiese tenido en sus manos el gusto previo de una visión, aunque nunca la visión como tal −sin embargo, en su alma subsiste el enorme apetito por esta visión, gracias a ella, obtiene también la enorme elocuencia de su deseo y apetito. También, gracias a ella, eleva a quien le escucha por encima de su obra y de toda "obra", y le da alas […].[6]

La maestría es esa exigencia que nunca descansa, y si el maestro puede exigírselo todo a los discípulos, es antes que nada porque él nunca ha dejado de exigirse todo a sí mismo, sin lograr darse plena satisfacción. No se trata aquí de problemas técnicos, de búsquedas de estilo o de perfeccionamiento de detalle gracias a los cuales una obra u otra podrían ser completadas. La búsqueda apunta a una expresión

---

6. Nietzsche, F. (2001) *La gaya ciencia*, §79, traducción de Germán Cano, Madrid, Biblioteca Nueva, p. 163; se puede pensar aquí en la confesión conmovedora y desencantada con la que termina el *Port-Royal* de Saint-Beuve, una de las obras maestras de la crítica literaria: "Gibbon cuenta que el día, o mejor dicho la noche de junio en la que, en su jardín de Lausana, escribió las últimas líneas de la última página de su gran obra, después de haber dejado la pluma, dio muchas vueltas bajo una pérgola de acacias desde donde la vista dominaba y se extendía sobre el campo, el lago y las montañas: la luna iluminaba ese espectáculo y él experimentó una primera emoción de alegría, seguida pronto de un sentimiento de melancolía y de tristeza. El autor de *Port-Royal*, en el momento en el que acababa la última página del manuscrito de su libro, muy de mañana, un día del mes de agosto de 1857, se encontraba en una disposición análoga, aunque mucho menos dulce no obstante; se sentía liberado, pero triste…" (*Port-Royal*, edición Hachette, t. VI, p. 244).

total, a una liberación soñada, pero inaccesible. El crítico juzga la realización, llega a clamar ante la obra maestra. Pero el maestro se juzga a sí mismo en función de sus intenciones; no le es posible engañarse a sí mismo. El 11 de febrero de 1852, Nicolás Gogol, que morirá algunos días más tarde, quema el manuscrito de la segunda parte de *Almas muertas*. Kafka, mediante un gesto similar, había prohibido la publicación de sus escritos, de los que la mayor parte solo han llegado hasta nosotros en contra de la voluntad de su autor.

Sería absurdo considerar como actos inspirados por la locura las decisiones negativas de hombres en los cuales la posteridad ha reconocido a maestros de la literatura occidental. Es con pleno conocimiento de causa, muy lúcidamente, como ellos han condenado su obra, cuya insuficiencia, cuya indignidad se impone a ellos con total evidencia. Kafka lo anotó en su diario íntimo:

> …todo lo que se me ha ocurrido previamente, incluso con buenos propósitos, palabra por palabra, o bien solo de manera incidental, pero con palabras explícitas, aparece en el escritorio, cuando trato de escribirlo, seco, erróneo, inmóvil, entorpecedor para todo lo que me rodea, medroso, pero sobre todo incompleto, aunque no haya olvidado nada de la ocurrencia original. En gran parte esto se debe, por supuesto, a que cuando estoy sin papel se me ocurren cosas buenas solo en los momentos de exaltación, que temo más que anhelo, aunque también los anhelo, pero luego la abundancia es tan grande que he de empezar a renunciar, y de la corriente extraigo cosas a ciegas, al puro azar, a golpes, de modo que esos logros, al escribirlos reflexivamente, no son nada en comparación con la abundancia en que vivían, son incapaces de revivir esa abundancia y por ello son malos y perturbadores, porque seducen inútilmente.[7]

Hay, por tanto, un malentendido fundamental entre aquel que lee la obra con la idea preconcebida de encontrar en ella los signos de la maestría, y el propio autor, que se acusa, a pesar de todos sus esfuerzos, de haber preferido al pájaro en mano a cientos volando. Es cierto

---

7. KAFKA, F. (2000) *Diario*, 15 de noviembre de 1911, en *Obras completas*, II, *Diarios*, traducción de Andrés Sánchez Pascual y Joan Parra Contreras, Barcelona, Galaxia Gutenberg, p. 209.

que hay autores satisfechos, pero tal vez no son auténticos maestros, en la medida en que no se impone en ellos la virtud de la humildad. El misterio de la maestría, en su eminencia decisiva, está ligado así a esta facultad de decepción perpetua que constituye el tormento, confesado o no, de los seres humanos más ejemplares. Cuando Miguel Ángel, después de años de trabajo, vio por primera vez el techo de la Sixtina, sin duda no encontró allí el sueño visionario por cuya representación había luchado tanto. Vendrán, claro está, los críticos y los historiadores, los profesores que entrarán en el juego de comentar y explicar, de desvelar las intenciones, de describir las simetrías. El maestro los escucha con secreto asombro, pero a pesar de sus bellos análisis sabe que la realidad es al mismo tiempo infinitamente más complicada, e infinitamente más simple. Hay que dejar hablar a los charlatanes; lo esencial sigue siendo esta búsqueda desigual, este deseo de lo imposible, por el que el maestro auténtico vive día a día, y que acabará por matarle. Pero esta historia no puede entenderla nadie, y además no le interesa a nadie.

Semejante descripción de la maestría corre el riesgo de parecer impregnada de un cierto romanticismo y de una tragedia inútil. Parece con todo que pueda encontrarse lo esencial en la mayoría de aquellos en quienes se afirma el genio creador. Goethe dominó su romanticismo, pero no su tormento y sus dudas; y el apacible profesor de inglés, Stéphane Mallarmé, conoció bajo su sencillez aparente todas las agonías del fracaso, de la inconclusión. Todos los maestros han llegado a quejarse, pero nunca se trata sino de medias confidencias a media voz, peticiones de amor o de amistad, sin esperanza ni respuesta. Lo que está en cuestión no concierne aquí más que a quien plantea la pregunta, y se la plantea a sí mismo sin que nadie más que él pueda proporcionar una respuesta.

Podría pensarse aquí en las célebres palabras de Clotilde de Vaux, contadas por Auguste Comte, según las cuales "no es digno de los grandes corazones derramar a su alrededor la turbación que sienten". El silencio del maestro no se inspira en consideraciones de este orden; se funda sobre la toma de conciencia de la imposibilidad de la comunicación. Silencio, pues, de desesperación y de impotencia, silencio de esa soledad última a la cual se halla reducido aquel que ha escogido ser un iniciador y un modelo. Para llegar a ser quien es, le ha sido necesario tomar su distancia, y ese apartamiento es tal en adelante, hacia él mismo y hacia los otros, que ninguna palabra simple y directa puede franquear el espacio de separación. El maestro se ha alejado; se encuentra a partir de ese momento al otro lado del espejo. Cuando trata de expresarse, se ven gestos, se oyen sonidos, pero las verdaderas significaciones, como sucede en ciertos sueños, son arrastradas por el viento, disueltas en la atmósfera. El maestro no puede hablar de sí. Esto no sería tan grave si quisiera decir solamente que el maestro no puede enseñarse a sí mismo. Pero la experiencia del maestro es experiencia de verdad, y la imposibilidad de hablar de su experiencia de verdad, de transcribirla al orden de la comunicación cotidiana, crea un obstáculo a toda enseñanza que trata sobre lo esencial. Por supuesto, los profesores hablan, y los malos maestros, los maestros del engaño no dejan de dar lecciones. El magisterio auténtico comienza más allá del silencio.

El austríaco Ludwig Wittgenstein, uno de los pensadores más originales de nuestro tiempo, ha intentado extraer de la lógica matemática una concepción rigurosa del lenguaje. Su obra maestra, el *Tractatus Logico-Philosophicus*, aparecido por primera vez en 1921, termina con las siguientes afirmaciones:

> Mis proposiciones esclarecen porque quien me entiende las reconoce al final como absurdas, cuando a través de ellas —sobre ellas— ha salido fuera de ellas. (Tiene, por así decirlo, que arrojar la escalera después de haber subido por ella.) Tiene que superar estas proposiciones; entonces ve correctamente el mundo. De lo que no se puede hablar hay que callar.[8]

Semejante manera de despedirse del lector, al final de un libro por lo demás muy austero, puede parecer marcada por un humor desenfadado. Sin embargo, pensando bien en ello, podemos preguntarnos si la última palabra de Descartes y de Spinoza, aunque hayan jugado correctamente el juego, no es el silencio de Descartes y de Spinoza, un silencio que sería a la vez una llamada y un desafío, el último re-

8. WITTGENSTEIN, L. (1997) *Tractatus Logico-Philosophicus*, proposición 6.54 y 7, trad. Jacobo Muñoz e Isidoro Reguera, Madrid, Alianza Editorial, p. 183.

curso del ser humano al ser humano. La civilización de Occidente prolonga la cultura helenística, fundada toda ella sobre el valor de la retórica. No puede admitir sin resistencia la idea de que la verdad no se situaría en el orden del discurso, ni se reduciría a fin de cuentas a un discurso sobre la verdad. Es, sin embargo, evidente que la más elevada influencia del ser humano sobre el ser humano se realiza fuera de la palabra enunciada. Para Confucio, dice Granet, la verdadera enseñanza no era en absoluto la que se transmite con palabras.

Prefiero no hablar. Si no hablas, dice Tsen-Kong, nosotros, tus discípulos, ¿qué tendremos para enseñar? ¿Habla el cielo acaso? Las cuatro estaciones siguen su curso, todos los seres reciben la vida y, sin embargo, ¿habla el cielo?[9]

Nos equivocaríamos de nuevo si rechazáramos esta enseñanza con el pretexto de que estaría marcada por no sé qué exotismo. Una verdad se afirma ahí, que es la de una elevadísima experiencia espiritual. La sabiduría japonesa del Zen confirma aquella otra del maestro de la China tradicional; también allí prevalece la regla del silencio:

Los maestros del Zen —escribe Suzuki— no nos dan ningún indicio explícito para penetrar lo que divisamos en la superficie. Cuando tratamos de comprender intelectualmente, el sentido se nos escapa entre las manos [...] La idea de los maestros es mostrar la vía en la cual la verdad del Zen debe ser experimentada, pero esta verdad no puede ser hallada mediante el lenguaje que emplean, y que todos nosotros empleamos como medio para comunicar ideas. Cuando tienen que recurrir a las palabras, el lenguaje sirve para expresar sentimientos, estados de ánimo, actitudes interiores, pero no ideas; se vuelve entonces completamente incomprensible cuando buscamos en él el sentido de las palabras del maestro, creyendo que esas palabras revisten ideas [...] El sentido no debe ser buscado en la expresión misma, sino en nosotros mismos, en nuestro propio espíritu, despertado a la misma experiencia.[10]

9. GRANET, M. (1934) *La Pensé chinoise*, Renaissance du Livre, p. 480.
10. SUZUKI, D. T. (2002) *Essais sur le Bouddhisme Zen*, trad. J. Herbert, t. I, Albin Michel, 3ª edición, pp. 370-371.

Semejante reflexión saca a la luz el sentido paradójico de toda palabra, que es signo, y signo de experiencia. El signo no vale sino por la experiencia que designa; quien no ha tenido la experiencia no comprenderá el lenguaje, pero para aquel que ya ha tenido la experiencia el lenguaje es inútil. Una especie de círculo vicioso se dibuja aquí, que desenmascara la contradicción fundamental de toda enseñanza. El maestro no puede revelar nada; la revelación solo es posible para aquel que ya la posee.

I-t'ouan, en uno de sus sermones, dice esto: "Hablar es una blasfemia, permanecer silencioso es un engaño. Más allá del silencio y de la palabra, se halla, hacia lo alto, un pasaje, pero mi boca no es bastante amplia para mostrároslo". Diciendo esto, bajó de la silla...[11]

Tal es sin duda la más elevada confesión del maestro, de la que se vuelve a encontrar otra expresión en la historia del gran pintor chino Ou-Tao-Tseu, quien decora para el Emperador una sala del palacio. Acabada la pintura, el Emperador pudo admirar un magnífico paisaje:

Mirad, dijo el pintor, en la caverna, al pie de esa montaña, reside un espíritu. Batió las palmas, y la puerta que cerraba la entrada de la caverna se abrió. El interior es magnífico, más allá de todo lo que las palabras pueden expresar, continuó. Permitidme mostraros el camino. Diciendo esto, entró en la caverna; la puerta se cerró tras él y, antes de que el asombrado Emperador pudiera hablar o hacer un gesto, todo se había desvanecido sobre la pared, vuelta blanca de nuevo [...] Nunca más se vio a Ou-Tao-Tseu...[12]

La parábola lleva lejos. El maestro ha pasado al otro lado del espejo, el milagro se ha disipado. Ante la pared blanca, el Emperador y su corte permanecen silenciosos y se preguntan sin duda si ha sucedido algo, y si todo eso no ha sido un sueño. El maestro ha desaparecido, todo ha vuelto a ser como antes, la pared y los hombres. Y sin embargo nada es ya parecido; todo el mundo ha sido reenviado a sí mismo; está claro que, en adelante, el sentido de toda realidad se encuentra más allá de toda realidad. La pintura señalaba una belleza presente; pero es necesario sobrepasar la pintura y buscarse a sí mismo, desa-

---

11. *Ibid.*, t. III, 1958, p. 998.
12. *Ibid.*, t. I, pp. 396-397.

pareciendo a los ojos de todos. La más elevada enseñanza del maestro es borrar todo lo que ha enseñado, y después borrarse a sí mismo a los ojos de los discípulos. Sócrates, cuando está a punto de morir, no actúa de otro modo, pidiendo a sus discípulos que olviden a Sócrates. El maestro es un hombre de la verdad. Su presencia no tiene sentido más que si dice la verdad, si se esfuerza por todos los medios por comunicarla. Pero el maestro sabe que la verdad no es un decir. De tal manera que debe aceptar por anticipado la gran renuncia de tratar de decir, durante toda su vida, y de reconocer que no podrá decir lo que quiere decir. Porque el ser no es objeto de posesión, ni de comunicación. El ser no se deja poner a distancia, ni transcribir, ni traducir. Todo lo que se puede reducir a fórmulas carece de interés.

Que un hombre tenga el derecho de hablar del buen tiempo —observa Kierkegaard—, lo sé; pero la otra pregunta me ha ocupado toda la vida.[13]

No se habla de la verdad como se habla de la lluvia o del buen tiempo; y aquel que, en esas condiciones, se imagina hablar de la verdad, ha olvidado la verdad, si es que alguna vez la ha conocido.

Entre espíritu y espíritu —añade Kierkegaard— es impensable una relación directa en lo que concierne a la verdad esencial. Si se admite esta relación, eso significa en realidad que una de las partes ha dejado de ser espíritu, y esto es sobre lo que no reflexionan ciertos genios que, por una parte, empujan en masa a la gente hacia el umbral de la verdad y, por otra, son tan simples como para pensar que aplausos, deseo de escuchar, firmas, etc., significan que uno ha aceptado la verdad. Tan importante como la verdad, o incluso más, es la forma en la que la verdad es aceptada, y no serviría de gran cosa conducir a millones de personas a aceptar la verdad si, precisamente por la manera en que la aceptan, se encontrasen rechazados fuera de ella.[14]

No se podría indicar mejor la diferencia entre el magisterio auténtico y el profesorado honesto, o la propaganda pura y simple. La

---

13. KIERKEGAARD, S. (1938) *Journal,* 1850, en Wahl, Études kierkegaardiennes, Aubier, p. 655.

14. KIERKEGAARD, S. (1941) *Post-Scriptum aux Miettes philosophiques*, trad. Petit, N.R.F., p. 163.

iniciación a la verdad, que equivale a una introducción en la verdad, no puede revestir la forma de una fabricación en serie. Karl Jaspers distingue tres categorías de maestros, en orden jerárquico. Hay, en primer lugar, quienes enseñan ciertos principios particulares bien determinados, cumpliendo honestamente una tarea fragmentaria. Vienen a continuación los maestros del sistema; estos se equivocan al creer que han descubierto el sentido de la vida en su totalidad; lo saben todo, y enseñan lo que saben, imponiendo serenamente a quienes les escuchan la servidumbre de un imperialismo intelectual. En ellos triunfa la presunción. Hegel anuncia el fin de la historia y al mismo tiempo el fin de la filosofía, que él se figura haber acabado para siempre. Nada más absurdo que semejante actitud, cuya ridiculez denunció Kierkegaard con dureza.

Los maestros más auténticos, según Jaspers, son los "profetas de la comunicación indirecta", aquellos que se niegan a enseñar una doctrina, sea cual sea. En ellos se afirma el deseo más apasionado de comunicarse con otro, pero la relación con el otro es objeto de una búsqueda y de un diálogo, de una dialéctica sin resolución.

> Ninguna doctrina es la vida; ninguna comunicación de una doctrina es transmisión de la vida [...] Sócrates dice que él no engendra, sino que ayuda al parto. Kierkegaard llama comunicación indirecta a una comunicación de existencia. Toda doctrina, toda enseñanza racional es algo general. Por eso lo esencial, lo absoluto no puede figurar en ella, pues la sustancia del espíritu, la existencia, es siempre absolutamente individual.[15]

El maestro enseña, pero enseña algo distinto de lo que enseña. La más elevada enseñanza del maestro no está en lo que dice, sino en lo que no dice. Platón, quien es sin duda el gran inspirador de la cultura occidental, pasó su vida tratando de elucidar el sentido de la verdad. Sin embargo, afirma expresamente en uno de sus últimos escritos que jamás ha expuesto lo esencial de su mensaje.

> He ahí lo que yo puedo afirmar respecto de todos los que han escrito o han de escribir y pretenden ser competentes acerca de aquello que constituye el objeto de mis preocupaciones, por haber sido instruidos

---

15. JASPERS, K. (1925) *Psychologie der Weltanschauungen*, Berlin, Springer, p. 378.

sobre ello por mí o por otros o por haberlo descubierto personalmente: según mi modo de ver, es imposible que hayan comprendido, sea lo que sea, la materia. Por lo menos, bien de cierto, que no hay ni habrá ninguna obra sobre semejantes temas. No hay, en efecto, ningún medio de reducirlos a fórmulas, como se hace con las demás ciencias, sino que cuando se han frecuentado durante largo tiempo estos problemas y cuando se ha convivido con ellos, entonces brota repentinamente la verdad en el alma, como de la chispa brota la luz, y enseguida crece por sí misma.[16]

Los diálogos de Platón muestran la dialéctica de Platón, tal como se constituye a lo largo de las conversaciones entre Sócrates y sus discípulos. Pero la dialéctica de los diálogos no es la verdadera dialéctica; no es más que la sombra de esa dialéctica, perseguida en la oscuridad y el silencio, que sería la aventura platónica, la experiencia de Platón con la verdad. Cada uno es abandonado aquí a sí mismo; y si Platón no ha dicho nada es porque se trata de un secreto que no le pertenece. Más bien hay que admitir que Platón pertenece a su secreto. Con más razón ese secreto no tiene sentido más que para el propio Platón; y si se supone que un día, por casualidad, se ha convertido en maestro, ese secreto no tendría interés para los otros, teniendo que afrontar cada discípulo su verdad como Platón la suya.

El sentido de la verdad, para cada ser humano, es su lucha por lo absoluto, es su lucha contra lo absoluto. Pero esta vocación e invocación de lo absoluto, que constituye, para cada ser humano, su principio de identidad, impone a cada uno el sello del secreto. Tal es en efecto nuestra condición que no podemos aprovechar la verdad universal más que en la perspectiva de una relatividad generalizada. De ahí la imposibilidad de una enseñanza universal de la verdad. El pensador que se figura haberla dominado, y se cree capaz de ponerla al alcance de todos, este demuestra por ello mismo que no sabe qué es la verdad. Platón no se coloca en esa mala situación; pero Kierkegaard puede reprochar con justicia a Hegel haberse presentado como detentador de una certeza definitiva y universalizable. La pedagogía auténtica no es tan sencilla:

---

16. PLATÓN, *Carta VII*, 341b-d, en *Obras completas*, ed. cit., p. 1581.

Detener a un hombre en la calle, y hablar con él, no es tan difícil como tener que decirle algo caminando a alguien que pasa, sin pararse uno mismo ni retener al otro, ni querer obligarle a tomar el mismo camino que uno, presionándole para seguir su propio camino: y es así como se relaciona un ser existente con otro ser existente, cuando el mensaje tiene que ver con la verdad en tanto que interioridad de la existencia.[17]

Se aprecia aquí cómo el espacio pedagógico de la clase, del aula, da lugar al contrasentido. Ese campo escolar orientado en función de la silla magistral sugiere una distribución de la verdad mediante el ministerio de la palabra docente y según el principio de los vasos comunicantes. El rápido croquis de Kierkegaard hace ver claramente que la situación real es, de hecho, diferente. Lejos de dominar a los alumnos desde lo alto de su saber, el maestro auténtico, demasiado consciente de la imposibilidad de su labor, duda en tomar la palabra, porque esa palabra no le pertenece. Se traiciona a la verdad desde el momento en que se quiere enseñar la verdad.

Se habla callando —enseña Angélus Silesius—. Hombre, si quieres expresar el ser de la eternidad, es preciso privarte antes de toda palabra.[18]

Muchos maestros, la mayoría seguramente, dudarían en reconocer en el silencio la última palabra, y la primera, de su enseñanza. Confortablemente instalados en el pequeño cercado de su especialidad, consideran la verdad con el ojo del gerente de supermercado de numerosas sucursales para el conjunto de la red de distribución de la que forma parte. Se trata para ellos de repartir el saber que poseen, y los problemas técnicos les bastan: cómo hacer para que el mayor número posible de alumnos de la clase se eleve a la media en inglés o en cálculo... Pero, aquí como en todas partes, la técnica enmascara la metafísica. No basta con ignorar la metafísica para suprimirla, tal como un niño que, cerrando los ojos, se imaginara estar escondido.

---

17. KIERKEGAARD, S. (1941) *Post-Scriptum aux Miettes philosophiques*, *op. cit.*, p. 185.

18. SILESIUS, A. (1946) *Le Pèlerin chérubinique*, trad. Plard, II, 68, Aubier, p. 121.

CAPÍTULO 6

Patología del magisterio

Defender que el maestro auténtico es maestro de la comunicación indirecta y del silencio es defender, a fin de cuentas, que el magisterio es imposible, porque implica contradicción. Platón lo confirma a su manera cuando declara, luego de haber enseñado toda su vida, no haber desvelado nunca su pensamiento más verdadero. A ejemplo de Kierkegaard, quien después de haber acabado los estudios de teología no se resolvió aceptar un puesto de pastor, el maestro digno de ese nombre eludiría las responsabilidades imposibles del profesorado. El magisterio no puede ser realizado más que por defecto, y tal vez sea eso lo que quieren decir Agustín y Tomás de Aquino cuando afirman la insuficiencia última de todos los maestros humanos. Solo Cristo, según ellos, puede ser considerado un maestro. Los partidarios de la muerte de Dios en pedagogía podrían no obstante extraer de esta tesis la descalificación de todos aquellos que pretenden revestirse de una infalibilidad docente.

El maestro auténtico sería entonces aquel que, reconocido como tal por los otros, se negara a sí mismo una cualificación de la que él se sabe, en su fuero interno, esencialmente indigno. Pero es grande la tentación de ceder al ruego de otro, y de dejarse persuadir por la adhesión de una clase o de un público. Aquel que luchaba en solitario por la vida espiritual, a partir del momento en el que la aprobación, el éxito, vienen a consagrar su empresa, se arriesga a perder la partida en el momento mismo en que se figura haberla ganado. Pues el magisterio es una obra personal de edificación y de realización, mientras que el éxito consagra un triunfo social que incumbe a la política exterior. La aprobación de otro nos conmueve porque creemos encontrar en ella un criterio de validez, como si los otros tuvieran más autoridad que nosotros para reconocer lo que es verdadero, bueno y bello. Sería extraño, sin embargo, que algún otro pudiera decidir mejor que yo si he respondido verdaderamente a mi propia pregunta.

Sin embargo el interesado no pide aquí más que creer a los otros fiándose de su palabra, adoptando así el cambio sobre su vocación. Todo éxito supone al menos la amenaza de un malentendido. El tiro por la culata de la aprobación de otro engendra una satisfacción de sí que produce, a su vez, una desmovilización de la exigencia íntima. Es por ello que la virtud de la maestría permanece más pura en aquellos a quienes la consagración social no se les ha concedido. Cézanne luchó hasta su último día, como Gauguin o Van Gogh, porque los marchantes y los aficionados rechazaban las pinturas que rompían con la tradición. Tal suerte le fue evitada a Corot quien, una vez alcanzado el éxito, se puso a confeccionar en serie telas según el gusto del público. Kierkegaard, Schopenhauer, Sócrates o Nietzsche se apoyaron en la incomprensión casi general. Maestros no reconocidos por su generación, serán maestros para las generaciones futuras.

La gracia del fracaso no le es concedida a todo el mundo y, por otra parte, el fracaso mismo no constituye de ningún modo un signo de maestría. No basta con ser desconocido para ser un genio; la verdad se halla en otra parte. Todo sucede como si la aprobación generalizada tuviera por efecto desplazar la cuestión del dominio propiamente espiritual al dominio social. Aquel que aprueban los otros no puede apenas evitar aprobarse a sí mismo. ¿Cómo no estar satisfecho de sí?, ¿cómo no darse la razón cuando los otros te la dan? Sería necesaria una especie de heroísmo para rechazar el éxito propio y para perseverar en la búsqueda, en el momento mismo en el que el consentimiento más o menos universal prueba que uno lo ha encontrado. El éxito se convierte entonces en la forma más sutil de fracaso para el hombre liberado al fin de su angustia y de su soledad. A partir de entonces, es el éxito lo que perseguirá, más que la maestría. Y la mayor parte de aquellos que persiguen la maestría no han buscado nunca, sin duda, otra cosa que el éxito. Por otra parte, a aquel que negara al éxito toda fuerza probatoria, ¿qué otro signo le quedaría de la maestría alcanzada? Tal vez es una situación sin salida, pues el escritor, el pensador, el artista que no conoce más que la falta de éxito, si persevera en la búsqueda, es sin duda con la esperanza de forzar, un día, el reconocimiento de los hombres. Stendhal cuenta con los lectores de 1880 para vengarle de la indiferencia de sus contemporáneos. Cézanne, probablemente, no habría sido nunca Cézanne si, desde el principio, los marchantes de cuadros se hubieran disputado sus telas. Y Kierkegaard o Nietzsche, escuchados y aplaudidos desde sus primeros escritos, sin duda no habrían perseverado en su búsqueda que se profundizó tanto más como se sabía y se quería intempestiva. La popularidad es mala consejera; desalienta la obstinación en el trabajo, porque solo merece la pena volver a jugarse la partida que se ha perdido. El actor de moda o el escritor, desde el momento en que creen haber alcanzado su meta, se encuentran pronto definitivamente perdidos.

Esta indecisión fundamental corresponde a uno de los dramas secretos del magisterio. Entre el maestro auténtico y el falso testigo, tal vez no hay otra diferencia: el verdadero maestro duda de su maestría al mismo tiempo en que esta es unánimemente reconocida por quienes le rodean. Todo éxito se funda sobre un malentendido; sitúa sobre el rostro del hombre en busca de su verdad la máscara de aquel que los otros creen aferrar en él. La tentación es entonces abandonar la realidad de la persona por las ilusiones del personaje. Un argumento tradicional en favor de la existencia de Dios se funda en el consentimiento universal de la humanidad; ocurre que el maestro desempeña el papel de un Dios que duda de sí que se dejaría persuadir por los hombres de su propia divinidad.

Por otra parte, es difícil, tal vez imposible, resistirse a la presión de la popularidad, al dinero, a los aplausos, al respeto. El hombre más preocupado de su integridad, si quiere zafarse de las influencias que sabe que constituyen otras tantas amenazas para su vocación, será condenado a una perpetua huida ante su sombra. Y la sombra acabará tal vez por devorar al hombre real. El novelista inglés Graham Greene cuenta la historia de un arquitecto ilustre agobiado por su gloria, consciente de que esta es absurda y no corresponde a nada.

Acabó por refugiarse en lo más profundo de África en una leprosería, sin lograr no obstante eludir su destino. Nadie se fiaba de sus protestas, que parecían, al contrario, acrecentar su maestría. Terminó muriendo, completamente desesperado, y el médico de la leprosería, el único que le comprendió, pronunció su oración fúnebre:

> Se curó de todo, excepto de su éxito; pero uno no puede curarse del éxito más de lo que yo puedo dar a mis mutilados los dedos de manos y pies. Los mando de nuevo a la ciudad, y la gente los mira en las tiendas, y los siguen con la mirada en la calle, y llaman sobre ellos la atención de sus vecinos al pasar. El éxito es así: es una mutilación del hombre natural.[1]

El drama de la estrella de cine, de teatro o de music-hall, víctima de su popularidad, se despliega cada día en las revistas, en los periódicos de gran tirada. Aquel o aquella que se ha convertido, mediante la aplicación de las técnicas apropiadas, en ídolo del público, acaba por lo general por sucumbir bajo el golpe de esa alienación de una personalidad mediocre en un personaje prestigioso. El maestro auténtico, al poseer una consistencia real, está en mejor disposición para resistir el hechizo de su propio fantoche. Es capaz de tomar distancia en relación a ese conjunto de representaciones colectivas por las que pretende sustituirlo una conspiración a la vez ávida e interesada. El general de Gaulle, cuando escribe sus memorias, habla de vez en cuando de "de Gaulle" en tercera persona, entendiendo con ello que en tal o cual ocasión el hombre público, el gran hombre, en quien el deseo de la nación se ha afirmado y reconocido, ha prevalecido sobre el hombre real y sus propios pensamientos. Aquel no se deja embaucar; incluso si debe en ocasiones pasar por una imagen de Épinal,[2]* sabe que esa imagen no es más que una imagen. Juega el juego por las necesidades de la causa, pero, sabiendo que juega el juego, no es atrapado por su propio juego. Tal es, sin duda, la diferencia, nada despreciable,

---

1. GREENE, G. (1960) *La Saison des Pluies*, traducción Sibon, Robert Laffont, p. 308.

2*. Las imágenes de Épinal, ciudad francesa del departamento de los Vosgos, eran est tampas creadas por la empresa "Imagerie d'Épinal" en el siglo XIX, que representaba con figuras coloridas temáticas tradicionales, dichos populares, etc. En sentido figurado, la expresión se utiliza en francés para referirse a una visión ingenua y tradicionalista de las cosas que pone el acento en el lado bueno de la vida. (*N. del T.*)

entre Charles de Gaulle y Brigitte Bardot: de Gaulle no se toma por de Gaulle, mientras que Brigitte Bardot se toma por Brigitte Bardot. Por otra parte, en igualdad de condiciones es más fácil, más tentador, ser Brigitte Bardot que ser de Gaulle. Ahora bien, el maestro se halla en la posición de la estrella. Poco importa que su público sea de treinta individuos, de treinta mil o de treinta millones. Está expuesto a las miradas; se ofrece como modelo y ejemplo; vive de la popularidad y la impopularidad. Existe para otro y su tentación es siempre verse como es visto, o, mejor dicho, como desearía ser visto. De ahí la amenaza constante de una insinceridad, de una impureza, a la cual los mejores no sabrían siempre escapar. La palabra implacable de Nietzsche se insinúa aquí, según la cual todo gran hombre sería el signo de su propio ideal. Dicho de otro modo, el maestro imitaría a la maestría; jugaría enfrente de su público un juego complejo de embaucador embaucado, en el cual no se sabe propiamente quién engaña al otro ni cuándo.

La perspectiva así abierta es desagradable. Tenemos naturalmente respeto por la maestría, y nos repugna sorprender a un ser humano ejemplar en postura inauténtica. Se cuenta que Winston Churchill, en tiempo de su más alta gloria, tenía reservado un cigarro en previsión de la llegada de los fotógrafos, con el fin de poder ofrecer a la contemplación de las masas su postura predilecta. El aspecto no es, sin duda, algo de poca monta. Pero es más inquietante escuchar esta confidencia de un condiscípulo de Alain: "Alain me dijo un día: Cuando estaba en el colegio, me paseaba siempre con un volumen de Platón bajo el brazo; no lo abría apenas, eso no tenía ninguna importancia. Decían: ¡Oh! Para Platón, es necesario mandarle a Chartier [...]' Me han dicho que en Pontivy, se pasó a Aristóteles".[3] Bajo el *normalien*[4]* Chartier se entreveía ya a Alain,[5]* el maestro ejemplar, tal vez demasiado consciente ya de su ejemplaridad.

3. COTARD, R. (1960) *Bulletin de la Société des Amis de l'École Normale Supérieure*, junio, p. 18.

4*. Un *normalien* es un alumno o antiguo alumno de una escuela normal. En Francia, muchos de los grandes intelectuales de los dos últimos siglos han sido alumnos de la École normale superiór de la calle D'Ulm de París. (*N. del T.*)

5*. Alain era el pseudónimo que utilizó como filósofo Émile-Auguste Chartier. Alain fue alumno de la École Normale Supérieur de la calle D'Ulm. (*N. del T.*)

Desde el maestro de escuela hasta el profesor de universidad, todo miembro de la función docente es un personaje. La silla magistral lo convierte en estrella; representa su papel de dispensador de sabiduría y de saber ante un público fácilmente persuadido de su superioridad. Como aquel actor romano que, representando el papel de un mártir cristiano, acabó él mismo como mártir de la fe que simulaba, el profesor se arriesga a identificarse con la verdad de la que no era, sin embargo, más que el portavoz. Tal es, en resumen, la aventura especulativa de Hegel, cuya envergadura intelectual domina buena parte del siglo XIX occidental. El profesor, según Hegel, ejerce el sacerdocio del absoluto, como buen servidor del Estado del que es el mejor sostén, porque la razón del filósofo hegeliano no es otra cosa que una perpetua razón de Estado.

Por otra parte, nada más significativo que los resultados obtenidos por la enseñanza de ese profeta del Estado, asalariado del Estado. Los buenos alumnos de Hegel recitaron la lección de Hegel, simples repetidores del espíritu absoluto, definido por el maestro absoluto, al cual sería vano pretender añadir nada. Pero los mejores alumnos de Hegel terminaron por volverse contra el ídolo, encontrando su propia verdad en la denuncia de toda pretensión totalitaria a la verdad. Kierkegaard y Marx, el afirmador del individualismo cristiano y del pensamiento existencialista así como el crítico político, fundador del socialismo científico, tienen como punto de partida común el rechazo del pontificado hegeliano. En 1860, Feuerbach, otro discípulo sublevado, denunció la idolatría reinante; Hegel es "el ideal realizado, el modelo de un profesor alemán de filosofía, de un escolarca filosófico. El Espíritu absoluto no es otra cosa que el profesor absoluto".[6] Desde 1850, Schopenhauer publicó un panfleto *Sobre la filosofía universitaria*. La filosofía de Estado, enseñada por profesores de Estado, víctimas de su propio personaje, asegura sin oposición posible el imperialismo del maestro. Pero el pensamiento auténtico

> ...es una planta que, como la rosa de los Alpes y las flores de los despeñaderos, solo crece al aire libre de la montaña y, por el contrario,

---

6. FEUERBACH, L. (1957) "Carta a Bolin, 1860", en ARVON, H., *Ludwig Feuerbach ou la transformation du Sacré*, P.U.F., p. 5.

degenera con los cuidados artificiales. Aquellos representantes de la filosofía en la vida civil la encarnan en su mayor parte solo como el actor al rey.[7]

Son el aburguesamiento de la filosofía y su funcionarialización los que se encuentran en el origen de las ilusiones del magisterio. El aparato administrativo proporciona a quien se encuentra en la posición de maestro los medios para imponer una autoridad que se da a ella misma sus propios criterios, gracias a un sistema de redacciones, exámenes y concursos, en el que los alumnos y candidatos de toda especie están obligados a *iurare in verba magistri*. Repitiendo en eco la palabra del maestro, el discípulo produce, ante el maestro y para su más alta satisfacción, la prueba de existencia del maestro. No le sería posible hacer otra cosa, y uno se imagina fácilmente la reacción del maestro ante el cual un candidato cualquiera comenzara, por error, confusión o mala voluntad, a demostrar la existencia de otro maestro distinto. Tampoco en la universidad puede nadie servir a dos maestros, y no es por efecto del azar que, en los estudios médicos o científicos, el estudiante trate a su maestro de patrón, evocando así una subordinación casi material, una jerarquía de fidelidades y de servicios.

La misma situación se encuentra por lo demás en todas las esferas del saber. El magisterio, en tanto que situación a adquirir, después a defender, representa la apuesta esencial de la táctica y de la estrategia universitarias, desde la escuela primaria hasta el liceo o la facultad. En el dominio de la filosofía, la Francia del siglo XIX posee un destacado seguidor de Hegel, Victor Cousin, por otra parte modestamente inferior a su homólogo alemán en lo que se refiere a la especulación pura, pero compensando con creces esta deficiencia mediante un sentido agudo de la administración. Cousin reinó sin oposición posible durante medio siglo de pensamiento francés. Para abatirlo fue necesaria la revolución de 1848, pero si esta lo privó de sus puestos oficiales y prebendas múltiples, no extinguió su influencia que se ha prolongado hasta nuestros días gracias a una especie de inercia de la velocidad adquirida.

---

7. Schopenhauer, A. (2014) "Sobre la filosofía de la universidad", en *Parerga y Paralipómena*, traducción de Pilar López de Santa María, Madrid, Trotta, vol. I, p. 183.

Jules Simon, alumno clarividente de Victor Cousin, dibujó el retrato de este hombre sorprendente que hizo de la filosofía universitaria el medio para lograr una verdadera dictadura intelectual. Profesor, director de la École Normale, presidente del jurado de la *agrégation* y de los jurados de doctorado, dominó también el Consejo Superior de la Instrucción Pública, la Academia Francesa y la Academia de las Ciencias Morales; fue incluso, durante algún tiempo, ministro. El maestro detenta el poder absoluto, con todos los medios necesarios para ponerlo en práctica.

La enseñanza de la filosofía —escribe Jules Simon— estaba reservada entre las manos del Sr. Cousin [...] El Sr. Cousin decía que los profesores de filosofía formaban su regimiento; pero entonces era un regimiento cuyo coronel era mariscal de Francia.[8]

Tajante y autoritario —dice aún Jules Simon—, conocía el nombre y el dosier de todos sus soldados".[9]

Por otra parte, el hombre no carecía de valor; gran trabajador, erudito respetable, ejerció en diversos terrenos una influencia digna de estima. Pero la influencia a la que estaba más unido era la acción directa del ser humano sobre el ser humano, mediante la cual movilizaba las fuerzas más radicales.

En una palabra —escribe aún su antiguo alumno—, era un maestro, ¡y qué maestro! Encuentro hoy que no estamos todo lo agradecidos que deberíamos. Las pequeñas contribuciones nos ocultan las grandes.[10]

Desgraciadamente, puede pensarse que las "pequeñas contribuciones", a pesar de la indulgencia tardía de Jules Simon, eran mayores que las grandes. El mismo testigo nos informa de que su gran hombre "consideraba a todos los profesores de filosofía encargados de llevar la palabra en su nombre". Cada año daba un curso a los alumnos de tercer año de la École Normale

---

8.   Simon, J. (1887) *Victor Cousin*, Hachette, p. 81.

9.   *Ibid.*, p. 95.

10. *Ibid.*, p. 91.

...para llenar allí de su espíritu a los jóvenes maestros. Les indicaba muy expresamente cuáles de sus libros debían tomar como base de su enseñanza. Se hacía informar por los inspectores generales, y cuando un recalcitrante o un indeciso llegaba a París, era recibido y tratado según sus méritos.[11] Dos discípulos del maestro habían sido elegidos por él para escribir un breviario de su filosofía para uso escolar.

Cuando la revolución de febrero vino a poner fin a la dominación de Cousin, estaban ocupados, bajo su dirección, en escribir un manual de filosofía elemental, donde no se incluían más que pasajes de sus distintos libros, bien coordinados entre ellos para constituir un sistema regular, completo e irreprochable. Este manual habría sido autorizado oficialmente e impuesto oficiosamente. La filosofía habría tenido su catecismo. Ya tenía su obispo.[12]

Estos detalles no tienen únicamente un interés documental y retrospectivo. La personalidad singular de Cousin pone en práctica de manera ejemplar la desviación más usual del magisterio. "Todo el secreto de esta vida —resume Jules Simon— es que Cousin amó y cultivó sobre todo la política de la filosofía".[13] La afirmación lleva lejos. Evoca por anticipación las célebres palabras de Péguy sobre el deterioro de la mística en política. Muchas existencias universitarias son así corroídas desde el interior por la tentación de la autoridad y el prestigio, si es que no sucumben todas a ello. Todo maestro reconocido lleva en él la sombra de un potentado. Es cierto que Cousin tal vez salvó la filosofía francesa, amenazada a comienzos del siglo XIX por la conjura de la Iglesia y el Estado. Pero es difícil negar que Cousin esterilizó, para más de cien años, la filosofía universitaria francesa, de manera que el balance de cuentas resulta finalmente deficitario.

Esta oración fúnebre de Victor Cousin no apenará probablemente a nadie. Nos ahorra hacer la oración fúnebre de muchos otros difuntos, y de vivos ilustres. Si había, entre las manos de Cousin, una

---

11. *Ibid.*, p. 116.
12. *Ibid.*, p. 117.
13. *Ibid.*, p. 178.

política de la filosofía, hay también una política de la geografía, de la historia, de los estudios franceses o ingleses, de la biología o de la medicina. Cada departamento de saber es un campo cerrado del que los diversos maestros en la materia se disputan el control. La voluntad de poder habita también entre los sabios, sean quienes sean. La autoridad de su saber no es real si no se impone a otro. Nada más fácil que confundir la autoridad del hombre con la de la función que ejerce. Al igual que la función, los puestos no son más que el signo y la consagración del valor del hombre. Sería necesaria una humildad singular, y una grandeza de alma para resistir al prestigio de su propio poder. Imponerse a otro, para alguien que no está demasiado seguro de sí mismo, es precisamente la mejor manera de imponerse a sí mismo.

Los alumnos, los estudiantes, desde el momento en que se encuentran comprometidos en el juego de estas feudalidades, no pueden tomar conciencia exacta de una situación que los sobrepasa. El respeto natural de las jerarquías establecidas asegura una fácil eminencia al maestro del que depende tu carrera. Bergson hizo, en 1904, el elogio de Ravaisson, su antiguo maestro, del que fue sucesor en la Academia de Ciencias Morales y Políticas. Evocando las doctrinas de este distinguido continuador del espiritualismo cousiniano, Bergson exclama: "Ningún análisis dará una idea de esas admirables páginas. Veinte generaciones de alumnos las han sabido de memoria".[14] Thibaudet arroja una sombra sobre este magnífico homenaje, comentando simplemente: "Recuerdo no inútil, Ravaisson ocupando ese puesto de influencia, la presidencia del jurado de la *agrégation* de filosofía...".[15] Sería injusto, sin embargo, y demasiado simple, acusar al antiguo aspirante[16*] Bergson de zalamería retrospectiva, aunque fuera con las circunstancias atenuantes de la oración fúnebre. La naturaleza humana es tal que, por armonía preestablecida, el candidato normal

---

14. BERGSON, H. (2013) *El pensamiento y lo moviente*, traducción de Pablo Ires, Buenos Aires, Editorial Cactus, pp. 269-270.

15. THIBAUDET, A. (1936) *Hiſtoire de la littérature française de 1789 à nos jours*, Stock, p. 403. Tomo preſtado el cotejo de REVEL, J. F. (1957) *Pourquoi des Philosophes?* Julliard, p. 57.

16*. *Agrégatif,* sin traducción directa, se refiere a los eſtudiantes que eſtán preparando el concurso de la *agrégation*. (*N. del T.*)

profesa con toda sinceridad la más grande estima y deferencia por los miembros del jurado. Y sus obras maestras, sus ideas favoritas, se inscriben con afortunada facilidad en las reservas de su memoria. Claro está, una vez más, que la filosofía no es la única implicada. Como en los gremios medievales, el servicio a los maestros es, en todos los terrenos, el camino impuesto para llegar a la maestría. Y si hay algunos Rastignac[17]* que juegan el juego con cinismo, la mayor parte de los alumnos sufren su destino con una dosis variable de candor y habilidad, esperando el día en el que imponer a su vez su propia disciplina a los futuros discípulos. Así se abre la posibilidad de una especie de geografía humana de la vida intelectual y universitaria, o de una economía política, en la que se saca a la luz la red de los sistemas de influencia y de puestos de seguridad que dan el control de un espacio epistemológico determinado. Los puestos clave serán aquí las cátedras en la Sorbona, la Inspección general, las direcciones de trabajo, las presidencias del jurado de doctorado o de la *agrégation*, las comisiones oficiales del Ministerio y del Centro Nacional de la Investigación Científica, las grandes revistas, la concesión de subvenciones, las diversas Academias... una estrategia sagaz, pactos oportunos, ayudan a progresar poco a poco según las vías y medios de esa selección artificial que permite imponerse desde el principio, y luego perdurar hasta una edad muy avanzada.

No obstante, son generalmente los mediocres quienes se entregan a ese juego con más pasión y tenacidad. Los mejores no estarán nunca exentos de todo compromiso con el sistema, pero tienen otra cosa que hacer y encuentran en su trabajo una ocupación de predilección. Aquellos a los que, por el contrario, corroe el oscuro presentimiento de ser unos fracasados, encuentran en la conciencia de su nulidad el principio motor de su carrera. La esterilidad, la pereza incluso, son incitaciones de primer orden a la dominación sobre los seres humanos. Quien no es capaz de edificar una obra se construye una carrera según las vías y medios de un arte de triunfar hábilmente progresivo.

17*. Rastignac es un personaje de *La piel de zapa* de Honoré de Balzac, que se muestra dispuesto a todo por lograr sus objetivos. Podría entenderse como "arribista". (*N. del T.*)

La vida literaria, artística y universitaria abunda en Maquiavelos de poca monta, potentados o tiranos, primeros en su pueblo antes que segundos o últimos en Roma, que deben lo mejor de su prestigio y de su poder a una diplomacia secreta maduramente reflexionada y, finalmente, triunfante.

El profano se sorprenderá sin duda de aprender aquí que en la enseñanza superior francesa, tanto en la Sorbona como en el Collège de France, se contrata sobre la base de un sistema electivo, exactamente como en la Academia francesa y más generalmente en el Instituto. Ahora bien, se sabe que este tipo de nombramientos controlados es buscado particularmente por aquellos que, no pudiendo contar con ellos mismos para adquirir alguna notoriedad, gastan tesoros de paciencia y habilidad en conquistar con gran lucha esta especie de títulos de la nobleza intelectual. Dado un cuerpo que se contrata por cooptación, el problema está en ganar una plaza conquistando votos. La operación no sobrepasa los límites humanos ya que el número de electores no excede algunas decenas. El hombre sensato gastará algunos años en conquistar uno por uno los votos favorables, empleando los medios apropiados a cada personalidad correspondiente. Por supuesto, hay matices infinitos, desde el respeto a la admiración, y desde la adulación al servilismo o a la zalamería. Y el maquiavelismo más sutil es sin duda aquel que, mediando una juiciosa restricción mental, permanece inconsciente de sus propios procedimientos. El buen candidato es aquel que sabe darse el alma de camaleón, la presteza de la serpiente, conservando el candor de un niño.

No es menos cierto que nuestra enseñanza superior se contrata sobre la base de una sociología electoral bastante sorprendente, hay que reconocerlo. Un matemático francés, habiendo tomado distancia y dando clase en Chicago, denunció el sistema hace algunos años a propósito de la facultad de ciencias:

> Como es el conjunto de una facultad el que vota sobre cada nominación, estando todas las especialidades reunidas (desde las matemáticas a la botánica), es necesariamente, en cada caso, una mayoría de incompetentes quien decide.[18]

---

18. WEIL, A. (1955) *Science française?*, N.R.F, enero, p. 104.

El candidato se presentará a esos incompetentes de uno en uno, tratando de dar buena impresión:

> En Francia, no se ofrece una cátedra a un sabio, por muy distinguido que sea; es necesario que haga acto de candidatura, formalidad destinada principalmente a permitir a aquellos de los que busca los votos juzgar la flexibilidad de su espalda.[19]

Y nuestro matemático añade:

> ...en Inglaterra, una visita de candidatura sería suficiente para descalificar rápidamente a un candidato...[20]

Visiblemente ofendido, nuestro autor se pregunta cómo se podría impedir jugar según esta "ley de cooptación de los mediocres". Pero no se hace ilusiones:

> Sería preciso un acto de autoridad; y se toparía con la más violenta resistencia por parte de la mayoría de los universitarios franceses, del Instituto, del Collège de France, de los cuerpos constituidos y de las personalidades de las que es costumbre no hablar en público si no es con un tono de profundo respeto. Tal vez, después de todo, sería necesario un poco más de valor que para enfrentarse a los intereses de viticultores o al privilegio de los destiladores de aguardiente[21*].[22]

A decir verdad, la situación parecería más desesperada todavía, pues la causa de los destiladores de aguardiente es la del alcoholismo, y hay a pesar de todo personas lo bastante valerosas como para denunciar el alcoholismo. Mientras que la Enseñanza Superior representa la

---

19. *Ibid.*, p. 103.

20. *Ibid.*, p. 107.

21*. *Bouilleurs de cru* son aquellos que destilan aguardiente o licor por ser propietarios recolectores, pero sin ser propiamente destiladores profesionales. La Asociación Francesa de Recolectores de Frutas y de Sindicatos de Bouilleurs afirma que: "un particular que destila su fruta es llamado 'bouilleur de cru'". Disfrutaban de ciertas exenciones fiscales, concedidas por Napoleón. Estos privilegios fueron hereditarios hasta 1960, momento en el que se suprimió por ley para tratar de controlar el ascenso del alcoholismo en zonas rurales. Desde entonces, han de pagar impuestos. (*Véase* el artículo correspondiente a "bouilleur de cru" de la wikipedia francesa). Gusdorf tiene muy reciente esta polémica, sucedida apenas un par años antes de la redacción de este libro. (*N. del T.*)

22. *Ibid.*, p. 105.

Cultura,[23]* y el valiente que la pusiera en cuestión vería pronto cómo aquellos que ya están situados le reprocharían amenazar esta Cultura de la que ellos son los representantes titulares, elegidos y electores. Por otra parte, se puede defender, evidentemente, que el profesor de zoología comparada no está apenas cualificado para elegir a un profesor de física nuclear, o que el especialista en historia de la Edad Media no tiene ninguna autoridad para designar a un profesor de japonés o de árabe. Esta forma de contratación autoriza el juego del tráfico de influencias, de los amiguismos y de las prestaciones de servicio, a cambio de contrapartidas. La política, la religión o la irreligión proporcionan motivaciones que se imponen en muchos casos; en la universidad, como en la sociedad en general, el Rojo y el Negro[24]* siguen siendo vías de acceso privilegiadas y medios para triunfar. Pero la situación no sería mejor si la elección estuviera reservada a los únicos competentes en la materia y si el recién llegado fuera elegido por sus iguales.

Esta es la razón por la que, por muy deplorable que sea esta constatación, es preciso admitir que el mérito solo, y el valor personal, no son medios suficientes para triunfar. Un maestro respetado y honrado ha debido, para hacer carrera, traicionar al menos una vez. Lucien Febvre cita una carta del historiador Gaston Roupnel, en la que este confiesa su desilusión a propósito del honrado y genial Michelet:

¡Lo he amado tanto! ¡He creído tanto en él!... Pero habiéndome mostrado mi terrible amigo Mathiez una carta escrita por Michelet hacia 1827 o 1828, carta de una mediocridad de arribista sin vergüenza, mi ídolo se ha derrumbado.[25]

23*. Gusdorf escribe con mayúsculas las tres palabras. (*N. del T.*)

24*. Alude Gusdorf, claro está, al título de la novela de Stendhal. Según una interpretación corriente del título, el rojo se referiría al ejército y el negro a la Iglesia. (*N. del T.*)

25. ROUPNEL, G. carta a F. Braudel (hacia 1944), citada en FEBVRE, L. (1953) *Combats pour l'Histoire*, A. Colin, p. 380; cf. *Ibid.*, p. 376, estas líneas de Febvre a propósito del geógrafo Jules Sion: "habiendo encontrado en un país luminoso, en Montpellier, una cátedra de geografía que le satisfizo, no hizo jamás el más mínimo trámite para cambiarla por una cátedra parisina; y nadie, no hay que dudarlo, hizo trámites en su nombre; no pidamos a nadie virtudes sobrehumanas".

Todo hombre triunfador es un advenedizo. Ahora bien, las personas que ocupan un puesto no están de humor, evidentemente, para facilitar el progreso de hombres que podrían ser para ellos rivales peligrosos, susceptibles de eclipsar su propia y legítima gloria. Se favorecerá pues una mediocridad reconocida, de la cual no se tiene nada que temer y que, al contrario, pondrá en relieve, por su nulidad, el valor de los colegas. El mérito, la autoridad personal intervienen así como impedimentos y motivos de eliminación. ¿Qué sucedería si Sartre fuera candidato a la Sorbona o al Collège de France? Veríamos pronto conjugarse contra él todas las buenas razones y todas las buenas voluntades, con el fin de bloquearle el camino. La Sorbona, en otro tiempo, no quería a Bergson; Merleau-Ponty debió obstinarse un poco para forzar la puerta, y su elección para el Collège de France se topó con una oposición muy fuerte, que incluso sorprende que no llegara a imponerse. Inversamente, era muy natural que el sociólogo y riguroso moralista Durkheim encontrara en su yerno todas las cualidades necesarias para continuar su obra y asumir su sucesión con el apoyo amistoso de sus colegas. El caso no es único, todo lo contrario; el principio electivo tiende a veces a confundirse con el principio hereditario en línea directa o indirecta. Todos los padres de familia, preocupados por su progenitura, lo entenderán.

La defensa de las posiciones adquiridas contra los eventuales recién llegados no es más que un aspecto de la polemología universitaria. Esta se completa con una estrategia dirigida contra el compañero en el puesto. Todo el mundo conoce, en los terrenos más diversos, estas luchas inexpiables entre compañeros enemigos que se disputan el control de tal o cual esfera de influencia. Las rivalidades personales se camuflan naturalmente como oposiciones doctrinales y la concurrencia de voluntades de poder enfrentadas desemboca generalmente en la supervivencia del más apto. En tiempos de la escolástica medieval, los maestros antagonistas se anatematizaban mutuamente con el pretexto de la ortodoxia teológica. Pero sin duda la situación no era diferente de la que revela en la Rusia soviética el memorable caso Lyssenko. El debate trataba, aparentemente, sobre la teoría biológica en sus relaciones con la ortodoxia marxista; de hecho, era un arreglo de cuentas entre maestros enemigos, siendo utilizados todos los medios para descalificar al adversario. Lyssenko obtuvo la eliminación de sus competidores por la intervención de las altas instancias del Partido, exactamente como tal o cual gran doctor medieval pudo triunfar movilizando la jerarquía y los tribunales eclesiásticos.

Es cierto que si Lyssenko no dudó en recurrir al brazo secular del poder estalinista para imponer su superioridad en la biología soviética, el cálculo era de cortas miras. La tiranía, en el orden del saber, no prevalece más que un momento, y el juicio último de la historia es rara vez favorable al usurpador. En honor al espíritu humano, es justo señalar aquí que algunos sabios de muy alta envergadura no manifestaron de ningún modo el sentido de la propiedad y el exclusivismo que denuncian desagradablemente a un Lyssenko.

Darwin llevó consigo durante veinte años la idea clave de *El origen de las especies* antes de decidirse a publicar, en 1859, el libro que debía inmortalizarla. En muchas ocasiones el sabio inglés confió sus ideas a amigos que le apremiaban a adelantar la redacción de una obra muchas veces emprendida. Entretanto, en 1858, Darwin recibió de su amigo Alfred Russell Wallace, viajero, naturalista y geógrafo, que vivía en Malasia, un estudio: *Sur la tendance des variétés à s'écarter indéfiniment du type original.*[26]* Enseguida Darwin reconoció en el ensayo de Wallace, concebidas independientemente de él, las mismas ideas de las que él se ocupaba desde hacía mucho tiempo. Inmediatamente apremió a Charles Lyell, el ilustre geólogo, su amigo y confidente, para que se ocupara de la publicación del texto de Wallace, que fue presentado por Lyell y Hooker en la *Linnean Society*, y apareció en los informes de la Sociedad. Lyell y Hooker añadieron sin embargo un prefacio, insistiendo en el hecho de que Darwin tuvo la iniciativa de esa difusión:

> Hemos aprobado vivamente este proceso —dicen— con la condición de que el señor Darwin no niegue al público, como está inclinado a hacer, en favor del señor Wallace, la memoria que él mismo escribió sobre el mismo tema. Esta memoria la hemos examinado en 1844, y a ambos se nos ha confiado su contenido desde hace muchos años.

26*. "Sobre la tendencia de las variedades a alejarse indefinidamente del tipo original". (*N. del T.*)

Hemos representado en esto al señor Darwin y nos ha permitido hacer el uso de su memoria que nos parezca conveniente...[27]

Fue en tales circunstancias como fue publicado el primer texto de Darwin relativo a la teoría de la evolución. La posteridad que, por la necesidad de simplificar, concede a Darwin el honor de haber sido el padre de la teoría evolucionista, puede haber sido injusta con Wallace; pero Darwin no hizo nada por usurpar la gloria de otro, y el caso es lo bastante excepcional, incluso si se trata de un auténtico genio, como para merecer ser destacado. Ocurre así que la búsqueda de la verdad no es solamente, ni principalmente, una lucha por la supremacía o las ventajas personales. El filósofo Husserl, cuya obra permanecerá inédita en la mayor parte durante su vida, se enteró un día de que un lote de sus manuscritos se había quemado en un incendio. Y al lamentar sus familiares esa pérdida irreparable, dijo: "No os atormentéis, se trata de la verdad, y la verdad acabará siempre por saberse".

Darwin y Husserl trabajan para la verdad, no para Charles Darwin o Edmund Husserl. Se negaron a luchar por la primacía, por una falsa gloria que les dejaba indiferentes. Se comprende muy bien al mismo tiempo por qué, en las luchas por la primacía, no es necesariamente el mejor el que vence, sino el más astuto y el más tenaz; puede ocurrir, por supuesto, que el maestro oficial de tal o cual disciplina confunda el interés de la ciencia o del arte, en el dominio de su competencia, con su interés. Esa es la razón por la cual las diferentes Academias, creadas para alentar el desarrollo de las bellas artes o de las ciencias, funcionan más bien como conservatorios de situaciones adquiridas, y se oponen regularmente a toda novedad que pudiera poner en entredicho la jerarquía establecida. Aquel que ocupa una posición de controlador o de árbitro no conoce apenas otro patrón de valor que su propia personalidad. Como dice Schopenhauer,

...nadie puede ver *más allá de sí mismo*. Con esto quiero decir: cada uno ve en los demás tanto como él mismo es: pues solo puede concebir y comprender según la medida de su propia inteligencia. Si

27. *Life and Letters of Charles Darwin*, Londres, 1887, t. II, p. 115; cf. Penniman, T. K. (1952) *A hundred years of anthropology*, Londres, Duckworth, 2ª edición, pp. 103-104.

esta es de ínfima especie, entonces todas las dotes del espíritu, aun las mayores, errarán en su acción sobre él...[28]

Se explica así el hecho de que semejante italianizante recién llegado al primer puesto de la especialidad haya podido obstaculizar durante veinte o treinta años el desarrollo de los estudios italianos en Francia, según la opinión de los jueces expertos. Igualmente, tal filólogo ilustre ha podido imponer su ley, década tras década, gracias a una singular longevidad, al conjunto de la corporación. Los ejemplos aquí serían innumerables. En particular, cuando se trata de dominios técnicos en los que no se emplea más que un personal limitado, el chino, en Francia, o el bereber, la autoridad administrativa debe confiar plenamente en el maestro que ha sabido imponerse. Sus juicios serán incontestables; será el dictador en su campo de estudio.

Por supuesto, estas dictaduras son frágiles. La soberanía desaparece en el momento en que el Maestro,[29]* por su jubilación o su muerte, pierde el control del mercado intelectual. El ilustre indianista y filólogo alemán Max Müller, quien hizo una brillante carrera en la Universidad de Oxford, analiza en su *Autobiografía* la grandeza y la decadencia de la influencia hegeliana en Alemania. Max Müller comenzó sus estudios en la Universidad de Leipzig en 1841, diez años después de la muerte de Hegel, en el momento en el que se aplacó bruscamente la "fiebre hegeliana":

> El resultado —escribe— era inevitable. Una vez tendido el arco hasta el límite, debe seguir una reacción y, en el caso del hegelianismo, un desmoronamiento total. Incluso en Berlín, la popularidad del hegelianismo cesó de repente y, después de cierto tiempo, ningún sabio digno de ese nombre aceptaba ya ser llamado hegeliano. Estos desmoronamientos repentinos, en Alemania, son muy instructivos. Durante tan largo tiempo como un profesor alemán está a la cabeza de la especialidad, y puede hacer algo por sus alumnos, estos lo exaltan ruidosamente en público y en privado. No se contentan con celebrarlo, sino que contribuyen a ningunear a todos aquellos

---

28. SCHOPENHAUER, A. (2014) "Aforismos sobre el arte de vivir", en *Parerga y Paralipómena, op. cit.*, vol. I, pp. 462-463.

29*. En mayúscula en el original. (*N. del T.*)

que se alejan de él. Así ocurrió con Hegel, así, más tarde, con Bopp y Curtius, y otros profesores, sobre todo si eran escuchados por el Ministerio de Educación. Pero, poco después de su muerte, y particularmente cuando se afirma la influencia de una nueva estrella, el cambio de tono era muy repentino y muy sorprendente.[30]

Esta página de Max Müller prueba claramente que no hay nada nuevo bajo el sol universitario. Basta con sustituir los nombres propios para pasar de la realidad berlinesa a la realidad parisina. Por otro lado, es imposible realizar juicios absolutos en este terreno. Todo maestro es un tirano en potencia, porque tiene el poder de ser un tirano. Y la competencia, el valor personal, no llevan consigo ni grado cero ni plenitud. El mejor puede tener facetas mediocres y, el mediocre, aspectos valiosos. ¿Quién puede, por otra parte, juzgar al juez? Ni él mismo ni los otros, porque el consentimiento universal no se realiza nunca en la materia. No se puede saber dónde comienza el abuso de confianza y el exceso de respeto. No puede haber, por tanto, más que juicios penúltimos, establecidos de manera tentativa y precaria. El éxito, la reputación, la influencia, se fundan por lo general sobre malentendidos, pero nadie puede decir con precisión cuándo y cómo cesará el malentendido.

Por consiguiente, la sociología del magisterio comporta necesariamente una gran carga de ironía. Se observará que el maestro auténtico, cuya clarividencia unánimemente reconocida ha hecho progresar su especialidad, se convierte él mismo en un obstáculo para cualquier progreso ulterior. Los alumnos que dependen de su autoridad no sabrían cómo cuestionarla. Admiran al maestro, y, consciente o no, sirven al patrón del que depende su carrera. Marc Bloch, sabio de primer nivel, renovador de los estudios medievales, no ha encontrado ninguna crítica en Francia durante mucho tiempo; pero se le criticaba en Bélgica, al otro lado de la frontera política y administrativa. A la inversa, el gran historiador belga Henri Pirenne, profeta en su país, no encontró objetores más que en Francia... Ni Pirenne ni Marc Bloch, grandes espíritus ambos, ni sus discípulos respectivos, podrían, sin

---

30. *My Autobiography, a Fragment*, por el muy honorable Friedrich Max Müller (1901), Londres, Longmans Green, p. 128.

embargo, ser acusados de deshonestidad. Es imposible aquí trazar la línea de demarcación entre la buena fe y la menos buena, entre la admiración auténtica y la autosugestión.

Cualquier juicio sobre el maestro sigue siendo un juicio penúltimo sometido a revisión de tiempo en tiempo. Una serie de transiciones insensibles conduce del verdadero maestro al charlatán y al impostor; y el maestro clarividente tiene él mismo conciencia de esta posibilidad de impostura instalada en su interior. Esta es la razón por la que nunca se cansará de reunir testimonios de agradecimiento de su propio valor, como otros tantos profilácticos contra la amenaza de la duda. Cuando sea necesario, organizará él mismo su propaganda y celebrará su genio, porque uno nunca está tan bien servido como por sí mismo. Subsiste del gran naturalista sueco Lineo una especie de salmo en su propia alabanza, en el que se leen versículos de este estilo:

> Dios mismo lo ha guiado con su mano todopoderosa. Dios le ha dejado arrancar una raíz enterrada en rastrojos, la ha trasplantado magníficamente en una región lejana, la ha dejado elevarse hasta convertirse en un árbol considerable. Dios le ha inspirado un gusto tan brillante por la ciencia que esta se ha convertido para él en lo más agradable de cuantas cosas hay. Dios ha querido que todos los medios deseables hayan existido en su tiempo con el fin de que pudiera progresar [...] Dios le ha dado el más grande conocimiento de la historia natural, más grande que el adquirido por cualquier otro. El Señor ha estado con él allá donde ha ido y ha exterminado a todos sus enemigos ante él, y ha vuelto grande su nombre como el nombre de los grandes de la tierra. Nadie antes de él ha ejercido su profesión con más celo ni ha tenido más audiencia [...] Nadie antes de él ha reformado toda una ciencia y ha hecho época [...] Nadie antes de él ha llegado a ser más célebre en el mundo entero.[31]

Estas sorprendentes letanías de un gran nombre de la ciencia son evidentemente la prueba de un espíritu inquieto, que duda de sí mismo, se atormenta por la menor crítica y se pregunta sin cesar si no ha desperdiciado su vida. Se observará, por otra parte, que el gran rival

---

31. *Notes manuscrites de Carl Linnaeus sur lui-même*, publicadas por AFZELIUS (1823), en: HAPBERG, K. (1944) *Karl Linné*, trad. Hamman y Metzger, Je sers, pp. 172-173.

francés de Lineo, Buffon, gentilhombre naturalista y señor de pueblo, está también él imbuido de su propia gloria, que le permite tratar de igual a igual con los soberanos de Europa. El señor de Buffon,
cuando vuelve a sus tierras, hace disparar el cañón en su honor... Por
supuesto, los méritos del genio pueden desempeñar aquí el papel
de circunstancias atenuantes. Los rasgos más elevados de Lineo, de
Buffon, enmascaran los inferiores, si es que no los excusan.

Pero sucede a veces que los rasgos inferiores vayan sin la compañía
de los superiores. Y semejante individuo se honra a sí mismo como
un genio, que ni los contemporáneos ni la posteridad reconocieron.
Richard Wagner conservó las palabras que le dirigió Spontini, cuyas
pretensiones alimentaron pronto la crónica musical durante la primera
mitad del siglo XIX:

> Cuando escuché vuestro *Rienzi* —confiesa a su joven colega ale-
> mán— he dicho: "es un hombre de genio, pero ya ha hecho más de
> lo que puede hacer...". Después de Gluck, soy yo quien ha llevado
> a cabo la gran revolución con la *Véstale*. En *Cortez*, he dado un paso
> adelante, después tres en *Olympia*, y cien en *Agnès de Hohenstaufen*,
> donde he imaginado un empleo de la orquesta que reemplaza per-
> fectamente al órgano. ¿Cómo queréis que nadie pueda inventar
> nada nuevo cuando yo, Spontini, confieso no poder sobrepasar de
> ningún modo mis obras precedentes, sabiendo, además, que después
> de la *Véstale* no ha sido escrita una nota que no haya sido robada de
> mis partituras? En la *Véstale*, he compuesto un sujeto romano; en
> *Cortez*, un sujeto español-mejicano; en *Olympia* un sujeto greco-
> macedonio; finalmente, en *Agnès de Hohenstaufen* un sujeto alemán:
> el resto no vale nada...[32]

Spontini no acabó con la historia de la música más de lo que Hegel
detuvo la historia de la filosofía. Y la suficiencia de Spontini delata
aun más su insuficiencia. La vanidad sin maestría es ridícula; pero
hay una vanidad en la maestría misma que inquieta, y que sorprende.
Jean-Louis Barrault transmite las terribles palabras que, "con mirada
astuta", le dijo el poeta Paul Claudel:

---

32. WAGNER, *Ma Vie*, t. II, p. 101, citado en: DE POURTALÈS, G. (1951) *Wagner*, N.R.F.,
    pp. 139-140.

Mi vida habrá tenido un destino curioso: habré llevado a cabo, una junto a otra, cuatro ocupaciones: una carrera diplomática, una carrera de hombre de negocios, una carrera religiosa y, en este momento, una carrera de autor dramático.[33]

El hombre que así habla como advenedizo de la política, de las finanzas, de la religión y de la literatura, desacredita atropelladamente los valores que parecen haber sido para él medios en lugar de fines. Y, sin embargo, Claudel dice tal vez en voz alta lo que muchos otros héroes de éxitos similares han pensado para sus adentros. Las célebres palabras se aplican a ellos: han llegado, pero en qué estado...[34*]

Cada maestro es tal vez la caricatura de un maestro, si se mira un poco más de cerca. A lo mejor, sería necesario admitir que la maestría sigue siendo una gracia fugitiva, nunca adquirida de una vez por todas, un momento de grandeza y de pureza, pronto puesto de nuevo en cuestión por el desgaste íntimo de fuerzas degradantes que amenazan la humanidad del ser humano. El académico, el dignatario que se hace llamar "Maestro" tal vez nunca ha sido un maestro de otra manera que por protocolo y convención. Quizás también lo fuera en ciertos momentos climatéricos de su existencia. Pero en adelante, atrapado en la trampa de su propia superioridad, se toma por el autor de sus obras, de la misma manera que el nuevo rico está orgulloso de su dinero, fósil sin vida de una dignidad perdida.

Cuántas veces —escribe Mauriac—, observando en el mundo a algún viejo encantador locuaz y sutil, me conmovió como una colmena aparentemente abandonada por el enjambre, como un palomar vacío del cual los bellos versos hubieran volado de dos en dos, y sus parejas no anidaran más que en el corazón y en la memoria de los hombres...[35]

---

33. Citado por J.-L. Barrault en un estudio sobre la creación de *Soulier de Satin*, Figaro Littéraire, 19 de septiembre de 1953.

34*. Se refiere Gusdorf a las palabras atribuidas al periodista, novelista y dramaturgo francés Alfred Capus (1858-1922): "Il est arrivé !- Oui mais dans quel état ! " ("¡Ha llegado! –Sí, pero ¡en qué estado!"). (*N. del T.*)

35. Mauriac, F. (1937) *Journal*, t. II, Grasset, p. 175.

La maestría sería un equilibrio afortunado entre el ser y el parecer, entre la estimación de sí por uno mismo y el reconocimiento por otro. "Se debe ser algo, si se desea parecerlo", le habría dicho Beethoven a Goethe. Pero, ¿quién será aquí árbitro incuestionable? La autoridad de un maestro, su reputación, son valores fiduciarios, sometidos sin descanso a revisión y, por otra parte, nunca unánimemente aceptados. Durante el verano de 1812, Goethe y Beethoven se paseaban en las avenidas de Teplitz.

En ese momento —cuenta Romain Rolland—, aparecieron en el camino, viniendo a su encuentro, la emperatriz, los duques, toda la corte. Beethoven dijo a Goethe: —"¡Seguid sostenido de mi brazo! Deben abrirnos paso. Nosotros, no". Goethe no era de esa opinión [...] Se soltó del brazo de Beethoven, y se apartó a un lado, con el sombrero en la mano. Beethoven, con los brazos colgando, se precipitó sobre los príncipes y pasó por el medio, como un bólido. Apenas rozó el borde de su sombrero. Ellos se apartaron educadamente y le saludaron amistosamente...[36]

Esta célebre escena nos conmueve mucho más de lo que nos sorprende. Seguramente, Beethoven es algo, o mejor dicho, alguien, y simpatizamos con su deseo desesperado de afirmar su propio valor. Al borde del camino, Goethe, con el sombrero en la mano, tiene cierto aspecto de criado de una gran casa. Él también, sin embargo, fue a su manera consciente de su propia grandeza. Y uno se irrita a veces al sentir, a través de las palabras transmitidas por Eckermann o por tal o cual analista de su devoción, la preocupación perpetua por trabajar en su propia estatua, por vanagloriarse del olímpico del que cada palabra es una sentencia definitiva.

Ni Goethe ni Beethoven pueden ser acusados de megalomanía. Después de todo, no ha habido más que un Beethoven y un Goethe, de los que la humanidad conserva el nombre. Mientras que ha habido muchas emperatrices, y muchos más archiduques, cuyo nombre se ha perdido, y que no son más que títulos, privilegios y dignidades pasajeras. Pero afirmándose cada uno a su manera, Goethe y Beethoven revelan el mal de la maestría, la inquietud del hombre siempre ame-

---

36. Rolland, R. (1930) *Goethe et Beethoven*, edición de Sablier, p. 91.

nazado por la duda y que proclamaría con menos sonoridad su certeza si estuviera seguro de ella. Se comprende desde este instante la insoportable pretensión de tantos grandes hombres a pequeña escala, cuya vanidad no es más que un esfuerzo desesperado por compensar una consciencia secreta de su esencial mediocridad.

La virtud de la maestría es una virtud difícil. El ser humano verdaderamente superior no tendría necesidad de manifestar su superioridad. Pero tal vez, a ese nivel, no se pueda encontrar a un individuo justo, ni siquiera uno. Es significativo constatar, a ese respecto, hasta qué punto los maestros se detestan entre ellos, como si la maestría de otro pudiera ser una amenaza para la que uno se atribuye. Una comparación es un reparto, relativiza a aquel que se quiere incomparable. El maestro celoso de su supremacía puede aceptar, como mucho, la clasificación establecida por una célebre ocurrencia entre pianistas contemporáneos: "Thalberg es el primero, pero Liszt es el único". De ahí tantos celos confraternales, que desembocan a veces en odios inexpiables. Buffon, intendente del Jardín del Rey, hizo inscribir en el reverso de la tablilla-etiqueta los nombres de la nomenclatura de Lineo. Este bautizó *Bufonia* a una planta particularmente fea.[37] "Vivieron como enemigos —escribe Vicq d'Azyr—, porque cada uno de ellos veía al otro como una amenaza a su gloria".[38]

Nada impedía, sin embargo, que el agradecimiento de los hombres devolviera un justo homenaje a dos naturalistas de genio, incluso contemporáneos... El hecho de que cada uno de ellos se sintiera ofendido por su colega, en quien veía un rival, no los engrandeció ni a uno ni a otro. Por muy desagradable que sea, el caso es sin embargo muy frecuente. En 1912, Alfred Adler se separó de su maestro Freud diciéndole: "¿Por qué debo trabajar a su sombra?". Y, una vez muerto Adler en Escocia, donde había sido invitado a dar conferencias, en 1937, Freud, según afirma su biógrafo Ernest Jones, dejó escapar esta oración fúnebre bastante cruel:

---

37. Cf. RoŝtAND, J. (1945) *Esquisse d'une histoire de la biologie*, N.R.F., p. 51.

38. D'AZYR, V. (1824) "Discours de réception à l'Académie française", *Oeuvres complètes de Buffon*, edición Verdière et Ladrange, t. I, p. LXXXI.

Para un muchacho judío de un suburbio vienés, una muerte en Aberdeen es, en sí misma, la prueba de una carrera extraordinaria... El mundo le ha recompensado generosamente por haber contradicho el psicoanálisis...[39]

Estas actitudes deplorables son frecuentes en todos los dominios del conocimiento, del arte o de la fama, sea cual sea su forma. Cada celebridad en un terreno desea la muerte del otro, y rivalidades de este orden, contribuyendo a endurecer las posiciones doctrinales o a acusar los antagonismos, han desempeñado sin duda un papel más importante de lo que parece en la evolución de las diferentes disciplinas. Sócrates mismo, si atacó violentamente a los sofistas, y si logró deshonrarlos para siempre en las mentes de opinión inexperta, lo hizo sin duda porque él era uno de ellos. El maestro se quiere único, y no se reconoce semejantes o iguales si no es excepcionalmente. Todo lo más admite que ha habido otros maestros antes que él. Pero están muertos, y su enseñanza está ahora superada. Descartes despreciaba a sus contemporáneos filósofos, y Galileo también se reconocía a sí mismo único en su especie, tal como Alain no encontraba ningún interlocutor válido en la corporación de los filósofos contemporáneos.

Todo sucede como si, a ojos de la mayor parte de los maestros, auténticos o supuestos, el dominio de su especialidad constituyera un principado del cual se consideraran el más alto dignatario. El honrado y laborioso Cézanne, que pasó su vida buscando no el éxito, que por lo demás no obtuvo, sino la obra maestra —que no alcanzó, al menos a sus propios ojos—, dejó escapar en una carta, ocho días antes de morir de penosa labor,[40]* este grito del corazón: "Todos mis compatriotas son imbéciles a mi lado...".[41] Esta fórmula enérgica en su grosería traiciona la íntima convicción de aquellos que se presentan como maestros a los ojos de sus contemporáneos. El peligro es entonces que el interesado no utilice todos los medios a su disposición para tradu-

---

39. Textos citados en STERN, A. (1960) "La Psychologie individuelle d'Adler et la philosophie", *Revue Philosophique*, pp. 313-314.

40*. "*À la peine*", dice Gusdorf. Cézanne murió a causa de una neumonía contraída mientras pintaba al aire libre, cuando le sorprendió un intenso aguacero. (*N. del T.*)

41. Carta a su hijo, 15 de octubre de 1906 (Cézanne murió el 22 de octubre), en REWALD, J. (1937) *Paul Cézanne, Correspondance*, Grasset, p. 298.

cir en hechos la opinión aduladora que tiene de sí mismo. Cézanne, aislado y desconocido, no pudo hacer mal a nadie. Hay personajes mucho más temibles que saben poner en práctica una tecnología, una política y una sociología del magisterio, con el fin de hacer que nadie pueda hacer sombra a su justa supremacía. Ahora bien, si el competidor directo, el enemigo número uno, es el otro maestro, hay un enemigo en potencia contra el cual aquel que detenta la supremacía debe ejercer su vigilancia: es el discípulo a punto de convertirse en maestro a su vez. La vida artística o universitaria proporcionaría numerosos ejemplos de este otro aspecto de la patología del magisterio. Tanto como el maestro ama y protege al discípulo en sus inicios, desde el momento en que recibe un justo tributo de admiración, así manifiesta reserva, después hostilidad, cuando el alumno parece susceptible de afirmarse de forma independiente. Freud persiguió con odio vigilante a Adler y a Jung, sus alumnos que quebraron su fidelidad, tanto temía que la fama de estos eclipsara la suya. Y sin embargo Freud es un maestro incontestable, cuya gloria está bien establecida. Aquellos cuya supremacía es menos sólida tienen conciencia oscuramente de no poder contar más que con ellos mismos para defenderla. "Soy yo quien lo ha creado; me lo debe todo", fantasean, cuando se afirma la reputación de tal o cual de sus discípulos. Como la estrella de teatro o de cine que, envejeciendo, no puede aceptar renunciar, desaparecer, o como los padres que no quieren dejar a sus hijos vivir a su manera, se indignan, y consideran que lo que se les ha dado a los otros se les ha robado a ellos. Algunas revistas especializadas en tal o cual disciplina parecen así destinadas a perpetuar la gloria de un patrón al cual cada artículo consagra un justo tributo de homenajes. Pero a poco que los jóvenes colaboradores duden en perseverar en el servilismo puro y simple, a poco que den muestras de alguna independencia crítica, sus estudios son eliminados y su nombre desaparece del índice. La misma limpieza por vacío puede, por supuesto, ejercerse por otros medios tácticos y administrativos, apropiados para impedir o retrasar la carrera de un posible rival. Se le perseguirá por los méritos que se teman en él; pero, por supuesto, bajo el pretexto de una ausencia total de mérito.

Evidentemente, se podría sostener que la patología del magisterio, de la que acabamos de revelar diversos síntomas, es propia de aquellos que se creen maestros, pero que no lo son más que a sus propios ojos. Todas estas conductas aberrantes serían intentos para compensar una inferioridad íntimamente experimentada. El maestro auténtico, por su parte, será caracterizado por la seguridad en la certeza. Porque al ser verdaderamente un maestro, no tendrá necesidad de hacerse pasar por maestro, y las mezquindades, las bajezas, no le afectarán. Desgraciadamente, los mismos ejemplos que hemos alegado hacen ver suficientemente que no hay ninguna línea de demarcación precisa entre aquellos que simulan la maestría y aquellos que la poseen. A menudo, el maestro incontestable es también un simulador, que organiza lo mejor que sabe su reputación, sin retroceder ante los medios más mediocres para lograr sus fines. Podría ser que todo maestro fuera también la sombra de un maestro, y un fracasado en potencia.

Es preciso resignarse. Tampoco corresponde a nadie, en última instancia, pronunciarse sobre el secreto de las conciencias. Ni siquiera las sombras logran ocultar de hecho toda la luz, allí donde hay luz. La admiración, el respeto por el maestro, cuando se tiene la suerte de haber encontrado uno, se tiñe de una ligera melancolía a partir del momento en el que se sabe que la más elevada maestría no puede ser adquirida más que con el beneficio de la duda.

CAPÍTULO 7

La condición de discípulo

No corresponde al discípulo poner en cuestión la maestría del maestro. El discípulo que descubre la patología del maestro y que se inquieta por ello ha dejado ya de ser un discípulo. Ha comenzado a tomar distancia. La condición de discípulo comporta esa felicidad singular de creer en la existencia del maestro. Sobre los bancos de la escuela primaria, el niño conoce la afortunada seguridad de una vida en la comodidad de un espacio preservado. La autoridad del maestro pone en práctica el bien y el mal, juzga sobre lo verdadero y lo falso. Toda su vida el ser humano añorará esta situación definida, en la que sabía de buena fuente que hay un lugar para cada cosa y para cada valor. En la vida conyugal o militar, en la vida económica o política, muy a menudo, oscuramente, el adulto busca volver a encontrar esa situación privilegiada en la que se encontraba liberado de la preocupación de definir él mismo las certezas esenciales de su existencia. La existencia intelectual y espiritual de la mayor parte de la humanidad se organiza en la mayoría de los casos según los principios de una economía feudal, en la que cada ser humano encuentra su lugar en un sistema de relaciones de dependencia. Todo el mundo recibe las consignas de aquellos que considera situados por encima de él en la jerarquía de la autoridad fundamental.

Se encuentra así relativizada la noción de maestría. Para un individuo determinado, el maestro es aquel de quien recibe una garantía de verdad. Pero de esta garantía recibida puede él a su vez hacer beneficiarios a otros, a cuyos ojos desempeñará él mismo el papel de maestro. El discípulo aparece en adelante como aquel que vive bajo el abrigo del maestro; el maestro está más *expuesto* que el discípulo, pero él mismo puede acceder a la verdad solo a través de un intermediario. El maestro en pleno ejercicio sería aquel que nadie protege y que no debe más que a sí mismo las certezas mediante las que vive. Semejante maestro no existe, por lo demás, pues nadie podría considerarse como un origen radical. El ser humano siempre ha precedido al ser humano en la cadena de las generaciones. Otros han tomado la palabra antes de que yo la tomara a mi vez, y si denuncio la autoridad de los vivos mi humanidad es, sin embargo, tributaria de otros humanos que vivieron antes que yo y cuyas iniciativas se mantienen como el patrimonio eterno de la cultura humana.

Dicho de otro modo, la maestría designa el movimiento ascendente de la autoridad espiritual. El discípulo, por el contrario, se reconoce en posición de subordinación, de manera que nos encontramos aquí en presencia de dos vectores opuestos, de dos líneas de mayor inclinación entre las que se reparte el movimiento mismo del conocimiento. O, mejor aun, si es cierto que todo el mundo es más o menos maestro y más o menos discípulo, se llamará maestro a aquel que da más de lo que recibe, y discípulo al que recibe más de lo que da. El maestro es una pausa en la cadena de los testimonios humanos; a su nivel las significaciones marcan un tiempo, dudan y se transforman, se cargan de un valor nuevo de verdad. El discípulo transmite la enseñanza del maestro tal como la ha recibido, no añade nada, o poco. Y porque no añade nada, necesariamente suprime. En la boca del maestro, la verdad tiene el sabor de la invención, se desarrolla plenamente. Repetida por el discípulo, esta misma verdad no es más que verdad colgante y marchita, porque ha perdido su impulso.

De este modo, la comodidad del discípulo, totalmente feliz de establecerse en el nivel de una verdad prefabricada, se muestra pronto ilusoria. Heredero de una situación completamente hecha, no posee lo que cree poseer. La verdad auténtica no es en su esencia más que la exigencia y el cuidado de la verdad; pero la exigencia de la pregunta se pierde en la satisfacción de la respuesta. No sin malicia, un alumno de Alain bosqueja una "declaración" sobre el discípulo:

> El discípulo [...] es un animal que vive en manada. Puede, debe hacerlo, porque no piensa jamás por sí mismo, ya que la idea misma de

pensar por sí mismo le es ajena y enemiga. Pensar, es formar ideas a partir de su propia naturaleza [...] Para el discípulo, al contrario, pensar es jugar con los pensamientos de otro. El discípulo trata los pensamientos como si fueran pequeñas puntas de madera talladas más o menos sutilmente que se ensamblan, separan y manipulan de todos los modos posibles en los juegos de sociedad; como si se encontraran pensamientos acabados, como si fueran objetos, como si existieran. Y, por supuesto, el discípulo es siempre escrupuloso y fiel; pero de una fidelidad extraña. No retiene del esfuerzo y del ejemplo más que los resultados, que son, tal vez, lo que menos importa...[1]

Recitar la lección de Hegel es traicionar a Hegel, porque Hegel no recitaba una lección. No basta, para ser un gran hombre de Estado de la talla de De Gaulle, hablar como De Gaulle, pues De Gaulle no habla como ningún otro. Cuando Debré se las ingenia para repetir las fórmulas de De Gaulle, no dice nunca más que cosas de Debré, y esto no va muy lejos. Toda verdad auténtica no es nunca solamente verdad del discurso, sino al mismo tiempo verdad y expresión del ser humano que habla. Hay alumnos de Lucien Febvre, maestro historiador, que creen sin duda afirmar su propia maestría retomando por cuenta propia el estilo del maestro. Durante un instante uno es embaucado; cree en la resurrección de los muertos. Pero muy rápidamente se echa atrás. El estilo es el hombre, y la imitación más hábil no hace sino manifestar mejor aun la ausencia del hombre.

Eligiendo vivir disfrazado, el discípulo se engaña él mismo mucho más de lo que engaña a los otros. Ha adoptado el cambio de una vez por todas, y el drama es entonces que no solamente se equivoca sobre sí mismo sino, más aun y sobre todo, se equivoca sobre el maestro. Su devoción lo ciega y le hace reverenciar de cualquier manera lo mejor y lo menos bueno, la realidad y la apariencia. Otro alumno de Alain describe los efectos de esta fascinación sobre los adolescentes, que copiaban no solo las palabras, sino los comportamientos y actitudes de su ídolo:

Reproducían sus gestos, sus hábitos de lenguaje, su andar, su forma de agitar los brazos cuando el cuerpo feliz, vivo, libera la idea

---

1. DE SACY, S. (1952) *Hommage à Alain*, N.R.F., p. 50.

con la palabra. [Alain] los sorprendía apoyando, como él hacía, dos dedos sobre los párpados cerrados, cuando no buscaban, tensos y tristes, más que acordarse de "palabras" y mostrar su saber. Pero él, Chartier, inventaba a cada instante, para felicidad suya y nuestra, nosotros que le rodeábamos con una especie de admiración provocadora. Si llevábamos los mismos cuellos falsos, ¿no era porque nos había conquistado?[2]

Es necesario, por supuesto, perdonar a la juventud ciertos deslices de una admiración corrompida, en los que se puede encontrar un homenaje torpe a la verdad y al valor. Un día el adolescente hace su transformación y se responsabiliza de su propio camino. El drama es que muchos discípulos, como si tuvieran vocación de discípulos, no escaparán al hechizo. Una vez escuchada, la palabra es para ellos la palabra misma de la verdad; permanecen en estado de minoría espiritual y pasarán su vida conmemorando al iniciador que parece haber puesto punto final a su propio desarrollo.

Tomista él mismo, y por tanto en absoluto sospechoso de mala fe, Etienne Gilson ha consagrado algunas páginas al "arte de ser tomista". Celebra en ellas la "felicidad de ser tomista":

...se toma conciencia de tenerla el día en que uno descubre que no podrá vivir en adelante sin la compañía de Santo Tomás de Aquino. Tales hombres se sienten en la *Suma Teológica* como peces en el agua. Fuera de ella, están alejados de su elemento y no tienen descanso hasta que no vuelven a ella. Lo que sucede es que han encontrado allí su medio natural, donde la respiración les es mucho más cómoda y el movimiento más fácil. En el fondo, es esto mismo lo que mantiene en el tomista ese estado de alegría del que sólo la experiencia puede dar una idea: se siente por fin libre. Un tomista es un espíritu libre.[3]

Semejante texto da qué pensar, poniendo entre paréntesis el caso particular de Tomás de Aquino, espíritu de alta envergadura. Es el tomista quien nos interesa, y no Santo Tomás, y su caso puede ser confundido con aquel de los bergsonianos y bergsonistas, de los hegelistas

2. Massis, H. (1952) "Hommage à Alain", *Revues NRF*, Editions Gallimard, Paris, p. 77.

3. Gilson, E. (1960) *Le Philosophe et la Théologie*, Fayard, pp. 220-221.

y hegelianos, de los marxianos y marxistas,[4*] y de otros discípulos de
todas las observancias que abundan en la sociedad contemporánea.
Cada uno de ellos, por supuesto, justificará su fidelidad incondicional
por la validez absoluta del maestro que reclama para sí. Habiendo pro-
nunciado éste la última palabra de la verdad, no hay más que repetir
en adelante esa última palabra. La alegría del discípulo, su suerte, es
que ha llegado demasiado tarde a un mundo demasiado viejo.

Si en esto consiste, según las palabras de Gilson, la condición de
un "espíritu libre", parecería que tal espíritu se encontraría esencialmente liberado de la preocupación de pensar por sí mismo. Piensa
de memoria; le basta movilizar el recuerdo que tiene del lenguaje de
otro. En suma, está propiamente alienado. El mismo Gilson, por otra
parte, cuenta que acompañó un día a Celestin Bougie, sociólogo con
sentido común, y por lo demás hombre honesto, a una conferencia
del neo-tomista militante Jacques Maritain. A la salida, Bougie, con
todo "el espíritu laico menos sectario", se contentó con decirle a su
colega Gilson: "¿Qué le ocurre? Creo que está loco...".[5] La palabra
es dura, puede ser, y Maritain merece algo mejor. Sin embargo, todo
el mundo conoce en todos los horizontes espirituales discípulos cuyo
caso revela una psicopatología de la posesión.

Dicho de otro modo, para un ser humano es una gran suerte haber
encontrado un maestro. Pero es un peligro aun mayor permanecer
como discípulo, es decir, seguir para siempre atrapado en la trampa
de la enseñanza recibida. El discípulo se encuentra entonces como
bloqueado en su desarrollo; ha ofrecido su adhesión eterna, ha hecho voto de obediencia. En adelante, vivirá a cubierto; a cambio de
su confianza disfruta de todas las seguridades de la tutela, pero no
existe más que a través de otros. Cuando se presenta una situación
imprevista, se encuentra brutalmente al descubierto; su único recurso
es pedir consejo al maestro, o tratar de adivinar lo que el otro habría
hecho en su lugar, hojeando las obras completas, y el índice analítico.

4*. *Bergsonistes*, *hégélistes* y *marxiens* son términos que Gusdorf utiliza con sorna para
    referirse a la variada caterva de discípulos que proliferan en su época. *Hégéliste* es
    un término creado, al parecer, por Turgeniev. (*N. del T.*)

5. GILSON, E. (1960) *Le Philosophe et la Théologie, op. cit.*, p. 220.

El discípulo de observancia estricta presenta sí el cuadro clínico del parasitismo intelectual. Se reúne gustosamente en grupos, en capillas; entre discípulos se reconocen en aquello en que se ponen de acuerdo bajo una invocación común. Se habla el mismo lenguaje, se comparten los mismos recuerdos; se tiene un tema de conversación inagotable, y también un programa común de trabajo que consiste en reeditar los escritos del maestro, o en publicar los inéditos. También se puede reivindicar, por parte de los profanos, algo de la consideración y de los beneficios que correspondían al maestro desaparecido; poco a poco, con la ayuda de la identificación, acaba por persuadirse uno mismo de que posee algún genio por mediación de otra persona.

Así prosperó en la universidad alemana del siglo XIX el grupo de buenos alumnos de Hegel, filósofos, teólogos, editores, comentadores y apologistas del maestro desaparecido. Aunque apenas dejaron nombres en la historia del pensamiento moderno, no es menos cierto que se repartieron los puestos, las cátedras y las prebendas administrativas. Su considerable influencia oficial no llegó, sin embargo, a disimular la decadencia de la vida intelectual de la que ellos eran testigos y agentes eficaces. El fruto seco se consuela de serlo: puesto que el maestro lo ha dicho todo, no hay nada más que decir sino lo que el maestro ha dicho. Cuando sea necesario se verificará la exactitud de su pensamiento, aplicándolo retrospectivamente a los filósofos anteriores. Hegel anunció el fin de la historia y el fin de la filosofía. El buen alumno de Hegel no podía pues pretender superar a Hegel; no podía más que volver atrás, para justificar la inutilidad de toda reflexión posterior.

Bréhier, a propósito de estos hegelianos "de derecha", observa: "como el eclecticismo francés, la escuela hegeliana ha producido un gran número de investigaciones sobre la historia de la filosofía".[6] Se ve sin dificultad el por qué: es inútil pensar por uno mismo; habrá que contentarse, por tanto, con pensar en el pasado para demostrar la precisión de las recapitulaciones hegelianas. Y cuando, llegado el momento y el buen sentido, el entusiasmo hegeliano haya declinado un poco, no quedará más que la erudición paciente y la investigación.

---

6. BRÉHIER, É. (2012) *Histoire de la philosophie*, P.U.F., t. II, p. 799.

Como dice de nuevo Bréhier, "esos historiadores se inclinan hacia la filología pura...". La paradoja es, entonces, que el saldo acreedor de la escuela hegeliana propiamente dicho esté constituido por la gran obra de crítica histórica de los Prantl, Erdmann, Kuno Fischer, Zeller y otros. Cansados de ser los discípulos de Hegel, no pudieron salir del callejón sin salida y justificar su existencia intelectual más que convirtiéndose en los discípulos de todo el mundo. La historia de la filosofía, como se ha dado, ha sido la vía muerta de una vocación malograda de filósofo auténtico. Otro maestro ilustre en filosofía, un maestro y precursor de Hegel, puede dar aquí una lección al maestro Hegel. El profesor Immanuel Kant, de Koenisberg, expone las grandes líneas de su enseñanza en la *Introducción relativa al programa de sus conferencias para el semestre de invierno de 1765-1766.* Kant no es todavía, dieciséis años antes de la *Crítica de la razón pura*, más que un profesor entre todos los demás, pero ese profesor sabe lo que le debe a sus alumnos. La dificultad en la educación de la juventud, expone, reside en que es necesario proporcionar conocimientos que se anticipen al desarrollo futuro de su espíritu; estas certezas prematuras reducen al cautiverio a un pensamiento que se trataba, bien al contrario, de despertar, de liberar. Por ello, antes que proporcionar a los estudiantes una razón prefabricada, el verdadero maestro debe limitarse a suscitar en ellos la actividad del espíritu crítico (*Verstand*, en oposición a *Vernunft*). El estudiante, prosigue Kant, "no debe aprender pensamientos; debe aprender a pensar; no es necesario transportarlo, sino guiarlo, si se desea que en el futuro sea capaz de dirigirse a sí mismo por sus propios medios". El escolar, liberado de las disciplinas elementales, que entra en la universidad "se figura que va a aprender filosofía, lo que es imposible porque debe aprender ahora a filosofar".[7]

El maestro Kant tuvo alumnos dignos de él. Fichte, Schelling, Hegel mismo han recibido de Kant el impulso a pensar por sus propios medios. Hegel, al contrario, enseñaba a sus buenos alumnos la filosofía hegeliana; es decir que en el fondo les engañaba sobre sí mismo y sobre ellos. Algunos, es cierto, rechazaron esta disciplina. Pensar como el maestro no era pensar; así pues, para pensar, era ne-

---

7. KANT, I., "Nachricht von der Einrichtung seiner Vorlesungen in dem Winterhalbenjahre von 1765-1766", *Kants Werke,* edición de la Academia de Berlín, t. II, p. 306.

cesario pensar contra el maestro. Es por esto que los mejores alumnos de Hegel fueron en realidad los malos alumnos de Hegel, un Feuerbach, un Stirner, un Marx, un Kierkegaard, todos aquellos que tomaron partido por la revuelta. Hegel bloqueaba el camino; enseñaba la imposibilidad de sobrepasarle. A riesgo de su vida espiritual o, más aun, en detrimento de su carrera, todos aquellos que pretendieron intentar por cuenta propia la aventura filosófica tuvieron que abrirse camino a la fuerza. El maestro era para ellos un obstáculo del que se hicieron un trampolín. Se mide aquí la sabiduría de Sócrates, del cual ignoramos qué doctrina pudo enseñar. Se contentaba con transmitir a sus discípulos una exigencia y una inquietud; ninguna respuesta, sino una pregunta y un cuestionamiento. El mejor alumno de Platón es Aristóteles, que abandona los caminos del platonismo. Pero Aristóteles elabora una doctrina tan perfecta que no deja nada que esperar tras de él. Teofrasto, su heredero, no tiene otro recurso que consagrarse a una amable caracterología, otra rama muerta de la auténtica metafísica, al igual que la historia de la filosofía…

Así pues, la condición de discípulo conduce a todas partes, a condición de salir de ella. Más allá de todas las lecciones enseñadas y aprendidas, la mejor enseñanza que el maestro puede ofrecer es la enseñanza de la maestría misma. Solo que es necesario ser un maestro excepcionalmente clarividente para resignarse a esta enseñanza. La eterna tentación del maestro es enseñarse a sí mismo, dando así una falsa impresión sobre la verdad y sobre sí mismo. El verdadero maestro se reconoce a sí mismo como el servidor y el discípulo de la verdad; invita a sus alumnos a buscarla por su parte y según sus propios medios.

Se percibe, por consiguiente, el carácter ambiguo de la relación del discípulo con el maestro. La situación nunca está clara y, pase lo que pase, las responsabilidades serán compartidas. El mal discípulo no hace la prueba de la mediocridad de su maestro, y el mejor maestro puede tener discípulos sin calidad. El maestro auténtico permanece a este lado de su verdad, que él busca y que persigue sin llegar jamás a poseerla de hecho. Incluso si parece seguro de sí a los otros, su relación con la verdad es una relación de humildad. El contrasentido del discípulo consiste en desconocer ese desajuste entre el maestro y la verdad. El discípulo identifica al maestro y a la verdad misma. Tomás de Aquino conocía él mismo y confesaba la insuficiencia de su enseñanza; pero el tomista obtuso, que no jura más que por Santo Tomás, se imagina que en cualquier circunstancia basta con seguir a Santo Tomás al pie de la letra. Marx, Alain, Freud, Hegel y otros, si creemos a sus sectarios desmesurados, lo han dicho todo, visto todo, pensado todo; tienen respuesta a todo. De ahí una desnaturalización que hace de una palabra de verdad una palabra de superstición.

Hay un drama del discípulo, si trata de proseguir por su cuenta la lucha por la vida espiritual, si quiere acceder a la verdad de otro modo que a través de una persona interpuesta. Incluso si el maestro es humilde y honesto, ajeno a todo deseo de dominación, llega el momento en el que aparece ante el discípulo como el último y el más cercano enemigo sobre el que debe triunfar. El maestro se impuso como maestro porque revelaba al discípulo el sentido de la verdad, pero desde el momento en que acaba su misión, aparece como una pantalla que enmascara la verdad. El último beneficio del que puede tomar la iniciativa es hacerse desaparecer a sí mismo, gesto supremo y supremamente difícil, en el cual se consuma la auténtica maestría.

Sabemos lo duro que es para los padres más honestos, los más preocupados por su progenie, reconocer llegado el momento la emancipación de sus hijos. No logran renunciar a su responsabilidad, desaparecer de una vida que ya no les pertenece, porque en adelante se pertenece a sí misma. Los psicoanalistas han puesto de relieve la importancia del complejo del destete y de los problemas que entraña para los diversos miembros de la constelación familiar. Algo parecido se produce en la vida espiritual; aquí también intervienen las exigencias inconscientes, y los personajes del drama, si no saben afrontarlo con la clarividencia, con la sabiduría indispensables, pueden quedar atrapados para siempre en actitudes irreconciliables que pesarán gravemente en su destino ulterior.

En primer lugar, el maestro ha dado su palabra al discípulo. El discípulo toma la palabra, pero esta palabra es una palabra prestada. Y ese préstamo, por supuesto, es cómodo para aquel que no tiene nada que decir; la voz tomada prestada al maestro ocupa en él el lugar de la personalidad que no posee. Vale más recitar la lección que

permanecer sin voz. El maestro no puede nada al respecto; su primer
deber es afirmar su propia autenticidad. Pero el deber de la maestría
es también ayudar a la autenticidad del otro a tomar conciencia de sí
mismo. El parto socrático de los espíritus no debe reducir a la esclavitud a los niños que ha liberado. El otro momento decisivo será aquel
en el que el discípulo se despide del maestro para proseguir su propio
camino. Tras la amistad espiritual, la dedicación y la devoción, llega
la hora del alejamiento y la ruptura. De un solo golpe, por una súbita
revelación análoga a la del encuentro, pero en sentido inverso, o por
un lento camino, el discípulo descubre que el maestro no era toda la
verdad; no había visto todo, dicho todo. Entonces, el deber es tomar
distancia, proseguir solo.

En relación con ese crepúsculo del ídolo es necesario, por supuesto, que todo el mundo tome partido. Pero eso no ocurrirá nunca sin
tristeza ni sufrimiento, porque la soledad será dura para uno y otro. El
maestro no otorga sin dolor esa liberación que el discípulo no acepta
sin pesadumbre. Sin duda, el conflicto puede ser atenuado o amorti-
guado; pero parece inevitable, en la medida en que el maestro es un
verdadero maestro y el discípulo un auténtico discípulo. El Extranjero
de Elea, que figura en el diálogo platónico del *Sofista*, se ve pronto
conducido a "poner en cuestión", según sus propias palabras, "la
tesis de nuestro padre Parménides"; se excusa por arremeter de ese
modo contra la memoria de aquel que le hizo nacer a la vida espiritual; pide que no se le acuse de "parricida".[8] Sin embargo, la palabra
es pronunciada; expresa una mala conciencia latente. El discípulo de
Parménides, si quiere liquidar su complejo de Edipo, debe resignarse
a matar a su padre. El filósofo, como el niño en vías de convertirse en
hombre, debe consumar el crimen simbólico, como un rito de pasaje
sobre el camino de la autonomía.

Para el hombre de mérito, en búsqueda de sí mismo, el maestro
es pues el intercesor necesario de los años de aprendizaje. Su papel
parece inmenso, pero limitado; es un medio, no un fin. La aventura
intelectual de Friedrich Nietzsche, que vivió muy profundamente el
drama del discípulo y el maestro, puede proporcionarnos aquí algunos
puntos de referencia útiles. Una de las *Consideraciones intempestivas*,

---

8. PLATÓN, *Sofista*, 241 c-d.

escrita en 1874, está consagrada a *Schopenhauer educador*. Nietzsche conmemora en ella su primer encuentro con la obra schopenhaueriana, alrededor de los veinte años:

Pertenezco a los lectores de Schopenhauer que desde que han leído la primera de sus páginas saben con seguridad que leerán todas las páginas y atenderán a todas las palabras que hayan podido emanar de él. Mi confianza en él fue inmediata y sigue siendo hoy la misma que hace nueve años. Le comprendí como si hubiera escrito para mí [...].[9]

Fue ese un choque "casi fisiológico", escribe Nietzsche; corresponde a "esa mágica irradiación, ese trasvase de la fuerza más interna de un producto de la naturaleza a otro en que tiene lugar ya el primero y más ligero de los contactos".[10]

Pero Schopenhauer había muerto en 1860, y el joven Nietzsche, nacido en 1844, no conoció más que sus obras:

Tuve la sensación de haber encontrado por fin al educador y filósofo que durante tanto tiempo había buscado. Ciertamente que sólo en forma de libro, lo que no dejaba de resultar insuficiente. De ahí mis esfuerzos por ver a través del libro y representarme al hombre vivo cuyo testamento tenía entre mis manos y que prometía no instituir otros herederos que quienes quisieran y pudieran ser algo más que sus lectores. A saber, sus hijos y discípulos.[11]

9. NIETZSCHE, F. (2009) *Schopenhauer como Educador*, edición de Jabobo Muñoz, Madrid, Biblioteca Nueva, p. 35.

10. *Ibid.*, p. 38. Otro texto autobiográfico, de agosto de 1867, conserva un eco más directo de ese encuentro, en términos que recuerdan al descubrimiento de Descartes por Malebranche. Nietzsche descubre a Schopenhauer, o más bien Nietzsche se descubre a sí mismo en Bonn, el día en el que cae entre sus manos *El mundo como voluntad y representación*: "Un buen día, encontré ese libro en la tienda del viejo Rohn. Me era totalmente desconocido, lo cogí y lo hojeé. No sé qué demon me susurró entonces: 'Llévate este libro a casa'. En cualquier caso, es lo que hice, contra mi costumbre que es no apresurarme a comprar libros. En casa, me hundí con mi batín en la esquina del sofá, abandonándome a la influencia de ese genio enérgico y sombrío. Aquí cada línea gritaba la renuncia, la negación, la resignación; aquí, miraba en un espejo que me mostraba, grandiosos de horror, el mundo, la vida y mi propia alma; aquí, parecido al sol, el gran ojo del arte me miraba fijamente. Una violenta necesidad de conocerme e incluso de disecarme se apoderó de mí..." (En *Frédéric Nietzsche d'après sa correspondance*, p.p. Georges Waltz, Rieder, 1932, p. 100).

11. NIETZSCHE, F. (2009) *Schopenhauer como Educador*, op. cit., p. 39.

La presencia real de Schopenhauer no le fue dada a Nietzsche; el maestro no actuó sobre el discípulo más que por la repercusión de sus escritos. Más aun, el maestro era sobretodo maestro de revuelta, y su pesimismo salvador no desembocaba más que sobre la negación de la vida y sobre una resignación definitiva, según el modo de la filosofía india.

Otro maestro, y vivo este, debía aportar al joven Nietzsche el antídoto del cual tenía necesidad, la lección del gran consentimiento a la vida. Una carta a Erwin Rohde cuenta, en 1868, la "maravillosa nueva aventura" del encuentro con alguien mayor ya ilustre, Richard Wagner:

> ¡Me había ocupado también con él largamente de Schopenhauer, y puedes imaginarte qué alegría fue para mí oírle hablar de ese pensador con un calor indescriptible, escucharle decir todo lo que le debía, afirmando que era el único filósofo que había reconocido verdaderamente lo que constituye la esencia de la música![12]

Algunos meses más tarde, tras una visita al músico en su mansión de Triebschen, Nietzsche le dirije un gesto de lealtad:

> Desde hace mucho tiempo tengo la intención de manifestar un día sin timidez el grado de agradecimiento que siento hacia usted, puesto que de hecho los mejores y más elevados momentos de mi vida están ligados a su nombre y sólo conozco a un hombre, su gran hermano espiritual Arthur Schopenhauer, en el que piense con la misma veneración, sí, hasta *religione quadam*.[13]

Se sabe lo que debía ocurrir con este fervor. Nietzsche no romperá con Schopenhauer, pero su propio pensamiento escapará al callejón sin salida en el que el del maestro parecía obstinarse. Tras haber pensado con Schopenhauer, Nietzsche pensará contra Schopenhauer,

---

12. Carta a Rohde, 9 de noviembre de 1868, en *La vie de Nietzsche*, recopilación citada, p. 138.

13. Nietzsche, F. (2007) *Correspondencia*, vol. 2, Carta a Wagner, 22 de mayo de 1869, traducción de José Manuel Romero Cuevas y Marco Parmeggiani, Madrid, Trotta, p. 57; cf. Carta a Gesdorff, 4 de agosto de 1869, *ibid.*, pp. 77-78: "*Nadie lo conoce ni puede juzgarlo, porque todos parten de un fundamento diferente y no pueden participar de su atmósfera. En él dominan una idealidad incondicional, una humanidad profunda y conmovedora, una sublime seriedad vital tales que en su cercanía me siento como en la proximidad de lo divino*".

para responder a Schopenhauer. Con Richard Wagner, la ruptura fue un desgarro, mezclado, por otra parte, con resonancias demasiado humanas, donde no solo la verdad metafísica se encontraba puesta en cuestión. Tras años de distanciamiento, en 1880, Nietzsche confiará a un amigo:

> ...nada me puede compensar el haber perdido en los últimos años la simpatía de Wagner [...] Ahora todo esto se ha acabado —¡y de qué sirve tener *razón contra* él en muchos aspectos! ¡Como si con ello se pudiera borrar de la memoria la simpatía perdida![14]

Más tarde aún, confiará a su hermana su certeza de una inversión, en adelante, de la jerarquía que había admitido al principio:

> ...la fuerza todopoderosa de nuestras tareas nos ha separado y hoy no podemos volver a reunirnos; nos hemos vuelto demasiado extraños el uno para el otro. ¡Cuando conocí a Wagner experimenté una dicha indecible! Busqué durante mucho tiempo al hombre que me fuera superior y que me dominara con la mirada. En Wagner creí haberlo encontrado. Fue un error. Hoy no puedo siquiera compararme a él, soy de otro nivel.[15, 16*]

El discípulo emancipado no puede perdonar a sus maestros el fervor que ha tenido por ellos. Pero incluso su ingratitud es un testimonio, y una especie de homenaje rendido a la importancia que tuvieron en su vida. Pues esta ingratitud no es más que un penúltimo juicio. A lo largo de toda su existencia o, mejor aun, hasta el crepúsculo de su pensamiento, Nietzsche no cesó de estar en disputa contra sus maestros, es decir, con sus maestros.[17] Siguieron siendo, tras haber sido sus

---

14. NIETZSCHE, F. (2010) *Correspondencia,* vol. IV, Carta a Heinrich Köselitz, 20 de agosto de 1880, traducción de Marco Parmeggiani, Madrid, Trotta, p. 81.

15. Carta a su hermana, 3 de febrero de 1882, *ibid.*, p. 338; Wagner morirá al año siguiente.

16*. Esta carta no aparece recogida en la edición española citada, por lo que traduzco directamente el texto francés citado por Gusdorf. (*N. del T.*)

17. Uno de los últimos escritos de Nietzsche, antes de la locura definitiva, es el panfleto *Nietzsche contra Wagner.* Y, el mismo año de 1888, Nietzsche sitúa en su *Ecce homo* a Schopenhauer entre los "falsarios inconscientes" (1996, traducción de Andrés Sánchez Pascual, Madrid, Alianza Editorial, p. 119). Como dice Charles Andler: "¿Escogerá a Schopenhauer, el Filósofo, o a Wagner, el Artista? Al final, conocerá su imperfección, pero no dejará de admirarlos. Requiere lo que los completa; no

mejores amigos, sus mejores enemigos, sus íntimos, siempre asociados a su pensamiento. Uno no deja nunca de ser discípulo, del mismo
modo que no puede dejar de ser hijo. Y la exasperación misma de la
revuelta no hace sino mostrar con más claridad el carácter indeleble
del vínculo de dependencia. La herencia espiritual sigue presente en
la constitución del alumno, de la misma manera en la que se impone
en él la herencia genética.

"Todo el mundo no puede ser huérfano", suspiraba ya Poil de
Carotte, quien, sin embargo, no había leído a Nietzsche. Por otra
parte, quien no ha tenido padre no se encuentra en mejor situación.
El huérfano, tal como lo comprende la psicología moderna, sufre carencias vitales tan graves como quien ha tenido un padre excesivo.
La situación parece, pues, sin salida. Se puede pensar aquí en unas
palabras de Freud a una futura madre joven que le consultaba sobre
la mejor forma de educar a su hijo: "Edúquelo como usted quiera,
respondió él, de todas formas, estará mal...".

En cualquier caso, si aquel que ha tenido maestros demasiado
perfectos y demasiado admirados saca de ello ocasión para quejarse,
quien no ha tenido maestro, aquel que no ha sido el discípulo de nadie, se encuentra ciertamente en una posición menos favorable aun.
El autodidacta representa aquí al huérfano de la cultura, al *self made
man*[18]* que, llegado demasiado tarde al cuidado del conocimiento, no
debe más que a sí mismo su iniciación. Para él, la cultura es un saber
capitalizado en los libros, la totalidad indefinida de las adquisiciones
humanas, que le es preciso abordar solo. Nadie le abre el camino, nadie establece, en el seno de esa masa, las distinciones y las jerarquías
indispensables. Saber y sabiduría se presentan a él como un cúmulo,
una totalidad sin perspectiva; se encuentra perdido en la inmensidad
de las bibliotecas como un viajero extraviado en un desierto sin puntos
de referencia y que dirigiera los puntos cardinales al azar, sucesiva-

---

ignora que sus rivales tienen necesidad de ser completados por ellos. Proceso
antitético del pensamiento y del sentimiento que conoció desde la adolescencia.
No se ha definido para él conscientemente hasta 1874, pero ha marcado el ritmo
siempre, oscuramente, de su acción entera" (1938, *Les Précurseurs de Nietzsche*,
N.R.F., p. 102).

18*. En inglés en el original. (*N. del T.*)

mente en todas direcciones, condenado a fin de cuentas a morir sin haber encontrado su camino.

El drama del autodidacta es que no llegará nunca a remediar esta deficiencia inicial. Condenado desde su despertar a la vida del espíritu a un combate desigual, conservará siempre un sentimiento de inferioridad. La cultura se le ofrece como un bloque sin fisuras, y que le aplasta, porque nadie le ha servido de mediador. Se percibe aquí que los pedagogos, a lo largo de toda la vida escolar, e incluso los más mediocres, son igualmente hadas madrinas alrededor de la cuna del niño. Los observadores sagaces encargados hacia 1800-1810 de la educación del niño "salvaje" recogido en los bosques de l'Aveyron, llegaron en sus observaciones a las mismas conclusiones que quienes se ocuparon después de los "niños-lobo" de la India. Descubrieron que a partir de un cierto estado del crecimiento era demasiado tarde para que pudiera realizarse aún el aprendizaje del lenguaje y de la inteligencia. Una función que no ha sido puesta en funcionamiento a su tiempo se encuentra así comprometida para siempre. Algo análogo sucede con el autodidacta: arrastrado a la cultura por una vocación tan tardía como imperiosa, no recuperará nunca su retraso. Su actitud seguirá estando siempre marcada por una especie de infantilismo, oscilando, por otra parte, ante la mirada del otro, entre una excesiva humildad y una desagradable arrogancia.

Sin duda el carácter esencial del autodidacta se encuentra en el hecho de que para él la cultura es cuestión de cantidad antes que de calidad. Proyecta su desequilibrio íntimo y su lamento de las ocasiones perdidas bajo la forma de una aritmética elemental, que consagra su incapacidad definitiva para llegar hasta la meta de la tarea. Sartre, en *La náusea*, se divierte en esbozar el retrato del Autodidacta, que el héroe de la novela observa en la biblioteca de Bouville:

> De pronto me vuelven a la memoria los nombres de los últimos autores cuyas obras ha consultado: Lambert, Langlois, Larbalétrier, Lastev, Lavergne. Es una iluminación; he comprendido el método del Autodidacta: se instruye por orden alfabético. Lo contemplo con una especie de admiración. ¡Qué voluntad necesita para realizar lenta, obstinadamente, un plan de tan vasta envergadura! Un día, hace siete años (me ha dicho que estudia desde hace siete

años), entró con gran pompa en esta sala. Recorrió con la mirada los innumerables libros que tapizan las paredes y debió de decirse, poco más o menos como Rastignac: "Manos a la obra. Ciencia humana". Después tomó el primer libro del estante de la derecha [...] Y se acerca el día en que se dirá, cerrando el último volumen del último estante de la izquierda: "¿Y ahora?".[19]

El autodidacta es una clase de héroe, pero un héroe sin apenas esperanza. Los libros de la biblioteca le ocultan la cultura, como a otros los árboles pueden esconderles el bosque en el que están perdidos. Ciertamente, no sería adecuado dirigir reproches a aquel que, sin ayuda, ha descubierto demasiado tarde el valor del saber. Su caso permite, únicamente, comprender, gracias a una especie de contraprueba, el carácter beneficioso del estado del discípulo. El autodidacta permanece presa del aislamiento porque en su infancia ningún maestro le habló. Es el maestro quien da a la cultura un rostro personal. Es a la vez un *predecesor* y un *precedente*,[20*] un punto de referencia en la inmensidad. Por eso el maestro más excesivo sigue siendo por siempre un benefactor. Si la cultura es la patria de la humanidad, es porque es la conversación indefinida de unos seres humanos con otros, la comunidad de lenguaje. Y en esa comunidad nadie puede ser admitido si alguien no le *da la palabra*. Tal es la función del maestro.

Olivier Lacombe, en un estudio sobre el papel del *Gurú*, el maestro espiritual según la cultura india, subraya el hecho de que para esa cultura el autodidacta es un "verdadero reprobado". En efecto,

---

19. SARTRE, J.-P. (1995) *La náusea,* trad. Aurora Bernárdez, Madrid, Alianza editorial, pp. 44-45. Es cierto que el autodidacta puede, en justicia, defenderse, y atacar: "Ironizar sobre las humanidades, sobre la cultura clásica ofrecida por los maestros, escribe uno de ellos, es fácil después de haber recibido los beneficios. Se le da a uno bien entonces rechazar lo que parece falso, anticuado, parcial, inactual. Formado solo, el autodidacta tiene quizás una libertad de juicio, una experiencia personal más grandes que cualquier estudiante recién salido del medio artificial de su escuela... Tal vez esas dos formas incompletas de acceso a la cultura necesitan influirse mutuamente". CASÉRÈS, B. (1960) *Introducción a sus Regards neufs sur les autodidactes,* Éditions du Seuil.

20*. Gusdorf juega aquí con dos términos homofónicos: *précédant* y *précédent.* El primero es un participio presente del verbo *précéder,* y podría traducirse como "precediendo, que va a preceder..."; el segundo es un adjetivo que se traduce por "que precede, que antecede". (*N. del T.*)

...depositario de las reglas tradicionales, el maestro es al mismo tiempo, y será cada vez más, una personalidad magistral. Intérprete de la Ley y encargado de transmitirla, es incluso la Ley viviente por haberla practicado en un grado eminente, hasta el punto de volverse partícipe de su trascendencia.[21]

La reprobación que pesa sobre el autodidacta procede pues

del sentimiento muy vivo de que ninguna cultura es digna de tal nombre, si no se desarrolla bajo el influjo de una personalidad consumada.[22]

Aquel que haya aprendido de memoria el contenido de una gran enciclopedia no será aun así más que un nuevo rico del saber; conocerá todo, excepto lo esencial. Es justamente eso esencial lo que el maestro se encuentra encargado de enseñar; y la sabiduría india marca perfectamente los límites de esa enseñanza.

El estado del discípulo —prosigue Olivier Lacombe— será sobrepasado un día, habiendo dado la enseñanza magistral su fruto. El deber de obediencia estricta que se imponía al dirigido cesa de ligar a aquel que ha llegado a ser autónomo. Sin duda, el respeto y la gratitud se le deben aún al padre espiritual, pero este último no exigirá más.[23]

La reflexión sobre el autodidacta, si confirma la necesidad del maestro, marca también el límite de esta necesidad. La vocación del discípulo es seguir al maestro, pero no es necesario seguir al maestro más que para encontrarse finalmente a sí mismo. La búsqueda del maestro no es más que una forma y un momento de la angustia de ser uno mismo. El maestro es para mí el intercesor en el camino de la verdad, pero de una verdad que debe, en definitiva, dejar de ser suya para volverse mía. Así, se encuentran justificadas todas las admiraciones entusiastas de Nietzsche, y todas las revueltas de Nietzsche. Revueltas no contra Schopenhauer o contra Wagner, sino contra sí mismo. Nietzsche no ha sido engañado; se ha engañado él mismo.

---

21. LACOMBE, O. (1951) *La direction spirituelle selon les traditions indiennes*, en *Direction spirituelle et psychologie*, Études Carmélitaines, Desclée de Brouwer, p. 160.

22. *Ibid.*

23. *Ibid.*

Sus indignaciones expresan solamente todo el dolor que ha sufrido al desprenderse para recuperarse.

Ese combate, a decir verdad, no acabará nunca. Haber tenido un maestro es haber tenido la suerte de reencontrar en el camino un interlocutor válido, y esa suerte dura tanto como la vida. El estado del discípulo, para el discípulo más auténtico, será pues un momento pasajero en el camino hacia su propia autenticidad. Y el verdadero maestro no se equivocará si deja a sus herederos espirituales la misma libertad reivindicada antaño por él en sus años de aprendizaje. Una frase profunda de Leonardo da Vinci afirma: "*Tristo e quel discepolo che non avanza il suo maestro!*[24*]".[25] Es, en efecto, un discípulo muy triste aquel que no se esfuerza por sobrepasar a su maestro; y es un triste maestro aquel que se indigna al ver a sus discípulos preocupados por sobrepasarle. El honesto, piadoso y profundo Malebranche no pudo ofrecer al maestro que veneraba un homenaje más digno del maestro y del discípulo que mediante estas pocas palabras de la *Búsqueda de la Verdad*: "Debo al señor Descartes o a su forma de filosofar los sentimientos que opongo a los suyos y la osadía de corregirle...".

Hay un engaño del maestro que consiste, para el maestro, en tomarse por un maestro. Pero hay un engaño del discípulo que se equivoca sobre el maestro y sobre sí mismo cuando considera su condición de discípulo como definitiva. El maestro y el discípulo, en su encuentro de un momento y en su confrontación, se sitúan ellos mismos en el seno de un vasto movimiento de relatividad generalizada. Cada uno desempeña en relación al otro un papel esencial; cada uno levanta testimonio ante el otro. El error sería hacer de esta situación un absoluto y fijar para siempre lo que no es, para los dos interesados, más que una fase de una historia. La polémica entre maestro y discípulo revela así que toda la verdad humana es una verdad dialogada; el sentido de la verdad es la apuesta de un debate en el que cada uno, enfrentando al otro, se enfrenta a sí mismo, y se mide con la verdad, con su verdad.

24*. "¡Triste discípulo es aquel que no aventaja a su maestro!". En italiano en el original. (*N. del T.*)

25. Leonardo da Vinci, *Frammenti...*, citado en MICHEL, P. H. (1930) *La Pensée de L. B. Alberti*, Belles Lettres, p. 352.

CAPÍTULO 8

La verdad dialogada

El maestro y el discípulo no se descubren como tales más que en la relación que los une. Del mismo modo que el marido y la mujer no existen más que en virtud del lazo conyugal, así, podría decirse, es el discípulo quien hace al maestro y es el maestro quien hace al discípulo. La verdad de cada uno de ellos depende de su relación con el otro; es una verdad en reciprocidad.

Podría ocurrir, por otra parte, que toda verdad humana fuera la verdad de un diálogo. No corresponde a nadie decir la verdad sin haberla recibido antes. Aquel que se imagina hablar solo y pronunciar en el absoluto una palabra definitiva, ese se equivoca sobre sí mismo y sobre la verdad. Hay antes que nada una comunidad humana, un patrimonio de lenguajes y de tradiciones, una convergencia de buenas voluntades desde los más lejanos orígenes de la cultura. Los inventores que de época en época se reafirman en el proscenio son siempre, ellos mismos, herederos y continuadores; su originalidad consiste en transformar las significaciones establecidas. Es justo rendir homenaje a su genio, pero ese genio no consiste nunca en crear algo a partir de la nada.

El diálogo del maestro y el discípulo se sitúa en el seno del inmenso horizonte de la cultura humana. No hace falta decirlo, pero es mejor hacerlo. Todos los pensamientos de los seres humanos, y todos sus sueños, no solamente aquellos que han sido consignados en los libros, inscritos en piedra o en tela, sino también esas intenciones y premeditaciones a medio confesar de las que el lenguaje conserva el recuerdo furtivo, componen un dominio de recuerdo y de esperanza, de virtualidades también, en el seno del cual se pronuncian las palabras dichas, los pensamientos bosquejados. Todo ser humano que habla al ser humano habla de la humanidad a la humanidad.

El destello, el relámpago, no pueden estallar más que en el interior de un campo eléctrico. El encuentro y el diálogo suponen un espacio saturado de presencias que proporcionan referencias comunes. No me pertenezco a mí mismo más de lo que el otro se pertenece; e incluso en el caso de un entendimiento perfecto, cada uno no pertenece al otro, porque lo esencial es aquí un orden transindividual de las pertenencias, en el que cualquier delimitación posesiva es imposible. El más mínimo contacto humano en el nivel del lenguaje atestigua esta complicidad general; la existencia de seres humanos es siempre coexistencia.

A poco que se reflexione sobre ello, se descubre aquí uno de los aspectos más sorprendentes de la realidad humana, capaz de este modo de escapar a sí misma y de perderse, y de reencontrarse.

En el diálogo presente —decía Merleau-Ponty— se me libera de mí mismo, los pensamientos del otro son pensamientos suyos, no soy yo quien los forma, aun cuando los capte enseguida de haber surgido o los preceda; más, la objeción del interlocutor me arranca unos pensamientos que yo no sabía poseía, de modo que si le presto unos pensamientos, él, a su vez, me hace pensar. Es solo luego, cuando he dejado el diálogo y lo recuerdo, que puedo reintegrarlo a mi vida, convertirlo en un episodio de mi historia privada, y que el otro retorna a su ausencia; o, en la medida que me permanece presente, es sentido como una amenaza para mí.[1]

La experiencia más banal de un intercambio de palabras hace ver que nuestra existencia, abierta sin cesar y permeable al otro, no conoce apenas el régimen de esta posesión de sí por uno mismo que representa, sin embargo, el ideal de cierta forma de filosofía. Es muy raro que una conciencia se repliegue sobre ella misma y pueda elaborar el inventario de los pensamientos que se le proponen, con la exclusión de todo elemento exterior. Entre todas las ilusiones caras a los filósofos

---

1. Merleau-Ponty, M. (1997) *Fenomenología de la percepción,* traducción de Jem Cabanes, Barcelona, Ediciones Península, p. 366.

racionalistas de Occidente, la de la autonomía de la conciencia reflexiva es sin duda una de las más absurdas. Todo pensamiento personal es un pensamiento que se busca y que se rehúye, que se persigue a sí mismo y se pierde alguna vez en el diálogo con otro. Incluso la lectura de libros, otro pasatiempo del ser humano reflexivo, nos impone el movimiento y los ritmos de una presencia exterior. No cesamos de abandonarnos a nosotros mismos sin estar nunca seguros del límite exacto en el que nuestro pensamiento se separa del de los demás.

Pese a los prejuicios demasiado extendidos de un cierto atomismo individualista, la realidad de un ser no es nunca ese volumen de bordes definidos, cuya superficie plana opone al yo el no-yo de alrededor. La personalidad concreta de cada uno de nosotros se afirma a la manera del Dios de la mística, esa esfera cuyo centro está en todas partes y cuya circunferencia en ninguna. Con mayor razón, la personalidad está viva, sobre todo allí donde se encuentra con otra personalidad, y no allí donde se retrae sobre sí misma en una especie de apatía. La presencia de otro, tanto si es mensajera de semejanza como si lo es de diferencia, es una ocasión privilegiada para el despertar y el enriquecimiento. En rigor, el ser humano no puede existir en estado de aislamiento. El ser humano se revela en el encuentro, ese encuentro que es, según la frase de Buytendijk, "un ser lo que no se es, y un devenir lo que ya se es".[2]

Uno de los interlocutores de las *Conversaciones metafísicas* de Malebranche saca a plena luz esa paradoja en virtud de la cual la verdad no es accesible al individuo aislado sin la mediación y algo así como el padrinazgo de otro.

> Sé bien que es necesario filosofar con la razón —dice—. Pero no conozco en absoluto la manera en que es necesario hacerlo. La Razón misma me lo enseñará; eso no es imposible. Pero no me cabe esperarlo, si no tengo un monitor fiel y vigilante que me conduzca y que me anime. ¡Adiós a la filosofía, si me abandonas![3]

---

2. BUYTENDIJK, F. J. J. (1951) *Zur Phänomenologie der Begegnung*, Eranos Jahrbuch, XIX, p. 433.

3. MALEBRANCHE (1922) *Entretiens sur la Métaphysique*, V, VIII-IX, edición Paul Fontana, Colin, t. I, p. 113.

Y el interlocutor confirma este punto de vista: "Todos nos necesitamos los unos a los otros, aunque no recibamos nada de nadie".[4]

La frase es profunda y lleva, tal vez, más lejos aun de lo que imaginan los personajes de Malebranche. La razón aparece aquí como un vínculo y un fundamento. No se pronuncia *ante* los seres humanos o *en* ellos; se afirma *entre* ellos, es el principio de una comunidad de la cual son mensajeros los unos para los otros. Pero si se reconoce así el carácter mutuo y recíproco de la realidad humana, en el que todo el mundo se encuentra siempre expuesto a otro, en estado de impresión o de expresión, es necesario renunciar a definir la personalidad a través de un estado de equilibrio, tan fugitivo como ese momento ideal en el que el mar está en calma entre la última ola del flujo y la primera del reflujo. Por consiguiente, las relaciones del maestro y el discípulo, incorporadas a la masa de relaciones humanas, deben revestir una significación nueva. En lugar de oponer al maestro y al discípulo, como lo hemos hecho hasta ahora, es necesario en adelante tratar de entenderlos en su comunidad indivisa. El maestro se equivoca al creer en su maestría como en un capital que le perteneciera en propiedad; y el discípulo se equivoca al creer en su dependencia y complacerse con ella, como si fuera su eterno destino. Uno se figura dominar la verdad, el otro se figura ser dominado por ella, pero de hecho su relación mutua se sitúa en el interior de una verdad en devenir que los engloba a los dos, y de la que se ofrecen mutuamente testimonio.

La sola apertura de un diálogo instituye una relación de dependencia en los dos sentidos. Dirigir la palabra a alguien es esperar de él una palabra de vuelta. El superior jerárquico, a poco que plantee una pregunta, se expone a una mala respuesta o a una ausencia de respuesta. Si digo una palabra en la calle a un desconocido me arriesgo a un desaire y a una humillación. Nos sorprendemos a veces, en los diálogos platónicos, del papel difuminado que juegan los interlocutores de Sócrates, quienes se contentan con puntuar, de vez en cuando, las exposiciones del maestro utilizando para ello una sorprendente variedad de pequeñas expresiones de aprobación. Sin embargo, el título tradicional de buena parte de esos diálogos está formado, pre-

4. *Ibid.*

cisamente, por el nombre de tal o cual de esos oyentes casi mudos. La tradición, en esto, no se equivoca; hace honor a aquel a quien está dirigido el discurso. Critón, Fedón, Alcibíades, Teeteto, Menón parecen aduladores[5*] cuyo principal esfuerzo es enlazar la expresión de sus asentimientos; pero, de hecho, si hubieran dicho no habrían podido bloquear la demostración del maestro. Sócrates piensa para ellos, Sócrates piensa con ellos, todo su esfuerzo es alcanzar y manifestar su pensamiento más íntimo.

En el curso del diálogo, el maestro se pone en la piel del discípulo para lograr mejor su adhesión. En caso contrario, su palabra será inútil.

Para socorrer de verdad a alguien —observa Kierkegaard— debo estar mejor informado que él, y tener, antes que nada, conocimiento de lo que comprende, a falta de lo cual mi maestría no le será de ningún provecho... Todo auxilio verdadero comienza por una humillación; para proporcionarlo, uno debe primero humillarse ante aquel a quien desea socorrer, y comprender así que ayudar no es mostrar una extrema ambición, sino una extrema paciencia, que ayudar es aceptar provisionalmente estar equivocado y ser ignorante de las cosas que comprende el antagonista.[6]

De este modo se realiza una verdadera inversión de la jerarquía docente, que bien podría ser la clave de toda pedagogía:

Ser maestro —dice aún Kierkegaard— no es resolver a golpe de afirmación, ni dar lecciones que aprender, etc.; ser maestro es, ciertamente, ser discípulo. La enseñanza comienza cuando tú, el maestro, aprendes del discípulo, cuando te instalas en lo que él ha comprendido, en la manera en que lo ha comprendido...[7]

No se trata aquí de una estrategia artificial sino de una exigencia fundamental de toda enseñanza. Enseñar no es hablar en el aire; es hablar a alguien, es hablar para alguien, lo que supone la reciprocidad

---

5*. Gusdorf utiliza la expresión, intraducible, *béni-oui-oui*, que refleja el constante decir sí a todo de los interlocutores de Sócrates. (*N. del T.*)

6. KIERKEGAARD (1940) *Point de vue explicatif de mon oeuvre*, trad. P. H. Tiseeau, Bazoges-en-Pareds, p. 27.

7. *Ibid.*, p. 28.

de perspectivas. Se revela así que la verdad no es un objeto exterior, dado de una vez por todas, en función del cual cada uno de los interesados podría y debería regular su juicio. Sin duda, el profesor de historia enseña fechas, el profesor de geometría demuestra teoremas; pero hay otra verdad en cuestión más allá de esas verdades de detalle, una verdad humana de conjunto, que los programas y ejercicios ponen en juego, a través de la materia e incluso del empleo del tiempo.

La verdad de las verdades, justificación última de toda actividad docente, es la verdad de una comunidad; puede ser que incluso, en el diálogo del maestro y el discípulo, se trate cada vez, se trate siempre, de la esencia misma de la condición humana. La verdad del diálogo es pues una verdad que sobrepasa al diálogo. En el curso de la confrontación dos seres humanos tratan de ponerse de acuerdo el uno con el otro, de ajustarse el uno al otro; pero esa ubicación mutua se realiza en función de una perspectiva más vasta, la de una verdad ontológica en relación a la cual deben ordenarse todas las directrices y rumbos humanos. Esta es la razón por la que, desde el momento en que un ser humano en situación de dominio[8*] afirma la validez absoluta de su punto de vista, por ello mismo lo relativiza y altera el sentido de las verdades que podría haber vislumbrado.

Así, el diálogo, que parece limitar la verdad a la apuesta de un debate entre dos inteligencias, abre por el contrario el campo de la verdad, gracias a la puesta en circulación de una pluralidad de puntos de vista. El reconocimiento de la necesidad del diálogo significa el fin de una cierta ontología, la del monólogo y el monopolio, y el comienzo de otra metafísica, en la que lo verdadero se define antes que nada por la comunidad de invocación. Pero la renuncia a la idea de una verdad individual significa al mismo tiempo el abandono del ideal de una verdad universal. No puede haber ahí universalidad ni del lado del maestro ni del lado del discípulo; la verdad que se afirma en su encuentro nace de la confrontación de sus personalidades, verdad mediatriz, encarnada aquí y ahora, y cuya presencia funda el parentesco del maestro con el discípulo, y al mismo tiempo su jerarquía.

8*. *Maîtrise* en el original. (*N. del T.*)

Amicus Plato sed magis amica veritas,[9*] dice un proverbio latino que se remontaría a Aristóteles. La amistad por la verdad triunfa, en opinión de Aristóteles, sobre la amistad por el maestro Platón. Sin embargo, esta afirmación, en su ingratitud, adolece de un error. No es preciso escoger entre el maestro y la verdad, puesto que es gracias al maestro que uno puede unirse a la verdad. No se trata de sacrificar a la verdad el maestro que te ha introducido en la verdad. La amistad por el maestro, la amistad por la verdad, son una sola y la misma amistad. Y, por supuesto, eso no significa que Aristóteles no tenga el derecho de contradecir a Platón, de criticarlo, y de intentar superarlo. Esta crítica y esta superación no son contrarias a la amistad; son el fruto mismo de la amistad. Platón ha dado la palabra a Aristóteles; Platón ha dado al discípulo Aristóteles poderes y delegación en la búsqueda de una verdad que no pertenece en propiedad ni a Platón ni a Aristóteles, sino que une en su movimiento y reconcilia para siempre, más allá de sus oposiciones, las genialidades fraternales de Platón y de Aristóteles.

El diálogo del maestro y el discípulo es un diálogo privilegiado, en la medida en que tiene por meta la verdad misma. Una gran parte de las relaciones humanas son relaciones de evitación cuya intención secreta parece ahorrar el choque de personalidades diferentes. El campesino, el hombre del bosque, cuando viene a la gran ciudad, choca con los paseantes; habituado a disponer de vastos espacios, no posee la elasticidad del ciudadano preparado para maniobrar entre la multitud de las aceras. Esta elasticidad, esta distancia mantenida de persona a persona, a pesar de la proximidad, a pesar de la promiscuidad, corresponde a la institución de la educación, de la cortesía, cuyos ritos definen una zona de seguridad alrededor de cada existencia contra la amenaza y la constante invasión de las existencias vecinas. La mayor parte de las virtudes sociales ponen en juego un arte de la reserva que permite a todo el mundo permanecer enmascarado y cruzarse con otro sin preocuparse de ver en él nada más que la máscara. Obligado a vivir en su isla superpoblada, el inglés despliega su periódico y se crea un compartimento en el que está solo tras la muralla de papel.

9*. "Amigo de Platón, pero más amigo de la verdad". (*N. del T.*)

Siempre es peligroso tocar una existencia. Una palabra de más, una palabra al azar y sin intención, basta para desencadenar a veces reacciones desproporcionadas. Las convenciones nos protegen contra esta amenaza del lenguaje, imponiendo fórmulas prefabricadas y temas de conversación sin peligro para nadie. La discreción, a fuerza de discernimiento y de reserva, permite a cada individuo escapar, en la medida de lo posible, al peligro del otro. Por otro lado, esta discreción, esta reserva actúan también en el interior de cada vida personal; incluso aquí la convenciones se interponen para evitar a la persona el choque de la confrontación con ella misma, la toma de conciencia de sus límites. Todo el mundo despliega el mayor ingenio con el fin de evitar verse cara a cara y poner en tela de juicio su razón de ser, que es la mayoría de las veces ausencia de razón.

En el encuentro, dos existencias se revelan la una a la otra, y cada una a sí misma, pues uno no se descubre verdaderamente sino en el choque y la prueba de la presencia del otro. La amistad, el amor, procuran habitualmente ese desvelamiento y esa revelación; en el consentimiento de uno al otro parece que cada cual accede a una conciencia de sí que le había faltado antes. Una voluntad más esencial se pronuncia; el ser, incierto hasta ese momento, se decide a afrontar responsabilidades plenas. Pero esta evocación del ser personal moviliza confusamente todos los recursos íntimos, lo mejor y lo peor, las fuerzas pasionales, hasta los confines inconscientes de lo orgánico y de lo espiritual. El amor, la amistad se desarrollan en un clima tormentoso; la reciprocidad y el antagonismo del *yo* y el *tú* se anudan y se desatan en la búsqueda de una unidad que englobe a los dos participantes en el seno de un egoísmo apenas ampliado. Los amantes desean, clara u oscuramente, fundirse el uno en el otro y confundirse con el favor de la noche protectora. Las certezas del amor culminan en la violencia pasajera del abrazo; desde el momento en que los cuerpos rompen su unión sobreviene la inquietud y la angustia de la duda, a menos que el amor no sea otra cosa más que pura pasión. Tristán e Isolda sufrieron un destino fatal; otras parejas pueden actuar, y no sufrir, si su unidad se funda sobre una vocación distinta a la carnal, sobre una comunidad de obediencia, sobre una exigencia idéntica de valor y de verdad. Entonces el amor va acompañado de amistad. Más exactamente, sería necesario decir que siempre hay amistad, más o menos, en el amor; como, por otra parte, se introduce a menudo en la amistad el amor, una presencia carnal, una referencia más o menos explícita.

Todas las relaciones humanas, en la medida en que tengan alguna vida, se tiñen con pinceladas más o menos lejanas de amor y de amistad. El encuentro más fugaz, un ser entrevisto, es alguien a quien yo podría amar; una facultad de reconocimiento en mi interior lo ha identificado al pasar. La simpatía es para cada ser humano un principio de realidad en relación con los seres y las cosas. Por ello, toda coexistencia, de cerca o de lejos, toma la forma de un diálogo, evocación o invocación del ser, recurso al otro y recurso a sí. Por consiguiente, el diálogo entre maestro y discípulo surge como una relación privilegiada entre todas las relaciones humanas.

Y, en primer lugar, hay entre maestro y discípulo un encuentro propiamente dicho. El discípulo esperaba a un maestro; el maestro buscaba discípulos; cada uno autentifica a su interlocutor. No se trata ya, por consiguiente, de evitarse educadamente y de rehuirse, sino de caminar juntos hasta el objetivo de una cierta exigencia. En el debate que se entabla, cada uno está expuesto al peligro del otro y nadie puede decir por anticipado cómo acabará la aventura. Se establece una unión que se justifica por el reconocimiento de un objetivo común. Y, sin duda, esta unión no es de igual a igual; no implica la reciprocidad de la amistad entre personas de la misma edad y condición. El maestro y el discípulo se sitúan uno y otro en relación a una misma verdad; se comprometen con los mismos valores, pero un desfase separa sus posiciones respectivas. La intención es común, pero el magisterio implica un grado de ascendiente indiscutible e indiscutido.

La autoridad del maestro no es, pues, la simple consecuencia de una disciplina exterior y formal; la conciencia de la jerarquía está ligada al sentido mismo de la verdad y del valor. La propia palabra lo dice, *magister*, el maestro, es aquel que prueba una sobreabundancia de existencia, y, por tanto, aquel cuya superioridad, entre todas las superioridades humanas, es la mejor fundada que existe, la única, tal vez, que no puede ser contestada. Pero la jerarquía no excluye la amistad, en la medida en que se funda sobre una comunidad de voluntades orientadas a los mismos valores. La superioridad del maestro, justificada en razón y en derecho, no se presenta como un absoluto, como un fin en sí; si el maestro se reconoce, si es reconocido como más avanzado en edad y en saber, en competencia, sigue hallándose él mismo en camino hacia esa misma verdad de la que da testimonio ante el discípulo. La autoridad magistral es la otra cara de la subordinación del maestro; la disciplina que él impone se la aplica a sí mismo. El maestro que cree haber llegado, que se considera un recién arribado al término de la realización, no es más que un potentado o un tirano, infiel a su vocación y negligente con esa verdad de la que debía ser el servidor. Se toma por un origen, cuando no debería ser más que un relevo.

Es evidente que la reflexión aborda en este punto las justificaciones últimas. Pero esta metafísica y escatología de la maestría es válida desde los más humildes grados de la enseñanza; hace sentir sus efectos en los primeros niveles de la escuela primaria. La educación no tiene sentido si no presupone una convergencia de voluntades que se comunican en ese punto imaginario del horizonte en el que se reúnen sus intenciones. De ahí, desde el presente y desde el presentimiento del futuro, un parentesco y una fraternidad de almas a pesar de todas las diferencias. Por ello la pedagogía es siempre, secretamente, una forma de la amistad. Y tal vez toda auténtica amistad sea también una forma de pedagogía.

Por supuesto, no se trata aquí del "maestro-camarada", preconizado por ciertas tendencias libertarias, quien, descendiendo de su cátedra, se mezclaría con los escolares y simularía, de ellos a él, una libertad-igualdad-fraternidad contraria a toda evidencia. La demagogia no puede imponer más que un falso rostro, rápidamente desmentido por la experiencia de la vida, que restablece las distancias entre el niño y el hombre. La amistad entre el maestro y el discípulo sería, antes que nada, de espíritu aristocrático, en la medida en que, a través de los rodeos y las oportunidades, se funda sobre el encuentro fugitivo del mejor con el mejor, encuentro adivinado, presentido y raramente confesado. Sin duda es ese el instante más misterioso y decisivo de la pedagogía, que se consuma y realiza en un compromiso mutuo, en un pacto no escrito, por el cual permanecerá señalada toda la vida futura.

La relación del discípulo con el maestro, como también la relación del maestro con el discípulo, se caracteriza por una mezcla sutil de intimidad y distancia, distancia en la intimidad, e intimidad en la distancia. Quienes así se aproximan no se encuentran de igual a igual, y no pueden olvidarlo; al contrario, la distancia es negada en el momento mismo en que se afirma. El discípulo debe respeto al maestro, y el maestro debe al discípulo del que asume la tutela un respeto no menos completo. El discípulo respeta la grandeza del maestro; el maestro respeta la pureza del discípulo. Cada uno de los dos debe conservar su rango, y, sin embargo, los dos presienten el secreto del otro, los dos conocen al otro, quizás mejor de lo que el otro se conoce a sí mismo. No hay, dice el proverbio, gran hombre para su ayuda de cámara. Y Goethe comenta: "no porque el gran hombre no es un hombre, sino porque el ayuda de cámara es un ayuda de cámara...". No hay maestro más que para el discípulo; el maestro no existe de verdad sino en la veneración del discípulo. Conocemos a Sócrates por sus discípulos mucho mejor que si poseyéramos las obras completas de Sócrates. Se puede imaginar también cómo habría sido el retrato de Sócrates por la señora de Sócrates, la gruñona Jantipa...

En su pequeña novela *Los discípulos en Sais*, el poeta Novalis presta al discípulo la evocación del apego misterioso y exclusivo que le une al maestro:

No puedo ni deseo comprender al maestro. Y siento por él un afecto incomprensible. Sé que él me comprende, nunca me ha dicho nada que hiera mis sentimientos o mis aspiraciones. Al contrario, quiere que sigamos todos nuestro propio camino, porque todo nuevo camino atraviesa países nuevos y nos lleva finalmente a esas estancias soñadas, a esa santa patria.[10]

El juego de las afinidades electivas permite así la unidad en la reserva, y la alegría en el secreto presentido de una verdad compartida:

---

10. Novalis (1947) *Die Lehrlirtge zu Sais*, trad. Geneviève Bianquis, *Kleine Schriften*, Aubier, p. 137.

...el Maestro no me ha hablado jamás de esas cosas, yo no puedo, por mi parte, confiarle nada; me parece que hay en ello un misterio inviolable.[11]

Por supuesto, nos encontramos muy lejos de los imperativos técnicos de la Instrucción Pública[12*] tal como se formulan en los despachos ministeriales. El servicio público de lo que se ha dado en llamar la educación nacional se propone distribuir a todos los futuros ciudadanos un mínimo vital intelectual, con el menor gasto posible y a la mayor brevedad. Y, con esa esperanza, los especialistas experimentados de la pedagogía laica y obligatoria han soñado con sorprendentes utopías en las que se da curso a la imaginación tecnocrática. El ilustre Piaget ha descrito minuciosamente el espacio euclidiano de la escuela primaria en el que el niño, arrancado a su egoísmo, a su oscurantismo ingenuo, aprenderá de los 8 a los 12 años la autonomía y el descentramiento en la relatividad generalizada de la coexistencia, bajo la mirada impasible y electrónica del maestro modelo. En el cuadro de la geometría de la clase, en el rectángulo desnudo del patio, las relaciones humanas son puestas entre paréntesis, de acuerdo con el imperativo categórico, y el pequeño hombrecito se reviste del uniforme de ciudadano consciente y organizado.[13]

El intelectualismo dogmático e inmoderado culmina, en la obra de Piaget, en una especie de geometrismo mórbido. Podríamos contentarnos con sonreír, por supuesto, si la obra del más grande especialista actual de la psicopedagogía no fuera considerada con extrema seriedad por las autoridades responsables. Desde el punto de vista del organizador, ese delirio presenta la ventaja de valer en cualquier tiempo y lugar; todos los maestro valen, y todos los alumnos son sustituibles unos por otros. El ecumenismo pedagógico de la Tercera República podría imponer con toda tranquilidad por los cuatro

---

11. *Ibid.*

12*. Se refiere Gusdorf al Ministerio de Educación, que desde tiempos de la Revolución francesa hasta los años treinta del pasado siglo se llamó *Intruction publique*. (*N. del T.*)

13. Se encontrará un buen resumen del propio Piaget sobre sus tesis esenciales en la exposición titulada: *L'individu et la formation de la Raison*, en *L'individualité en Histoire*, Troisième semaine de Synthèse, Renaissance du Livre, 1933.

puntos cardinales del mundo francés, de Tombouctou a Brazaville y de Papeete a Chandernagor,[14*] los mismos catecismos escolares y el mismo certificado de estudios fabricado a medida del escolar parisino. En el plano administrativo no aparecen diferencias; y, por lo demás, en los confines geográficos protegidos por la distancia, que tenía aún un sentido, los responsables del sistema se apañaban como podían, procediendo según su propia iniciativa en las comodidades indispensables.

Es totalmente evidente que la pedagogía de los organizadores no puede ser más que una pedagogía de la masa, vinculada a la fabricación en serie de productos humanos semielaborados. La verdad se sitúa aquí en el plano matemático, se formula en promedios y estadísticas. Los administradores se preocupan de lo que llaman escolarización, que identifican vagamente con una especie de elevación del nivel de la vida intelectual. El devenir humano, el ascenso de cada ser humano a una cierta cualidad de humanidad, no les interesa. Tal vez porque ellos mismos se han olvidado de llegar a ser humanos. Y, sobre todo, porque ese tipo de promoción del trabajo no puede ser objeto de enumeraciones exactas y de gráficas satisfactorias.

No hay que confundir, con todo, el certificado de estudios o el bachillerato con la salvación eterna; no hay que confundir el domino humano privilegiado que es la escuela con un establecimiento industrial que trabaja en cadena. La psico-pedagogía infantil, honesta y euclidiana de Piaget hace de la escuela un espacio neutro e impersonal, un patio de cuartel en el que cada cual aprende de los demás gracias a agudos ejercicios de orden preciso. Es posible que la escuela sea también eso, pero es la escuela vista desde el reverso por un maestro sin imaginación, que haría de su propia existencia una ley universal. Porque la escuela es, de hecho, y antes que nada, el lugar de los encuentros, de las rivalidades, de las hostilidades y de las amistades. El primer campo de ensayo de las actitudes y los valores humanos.

14*. Aunque Malí o la República del Congo –cuyas capitales son Tombouctou y Brazaville respectivamente– ya habían logrado su independencia de Francia en 1960, es decir, tres años antes de la publicación de *Pourquoi des professeurs?*, Gusdorf las trata, junto con la Polinesia francesa –de la que es capital Papeete– o Chandernagor, en Bengala Occidental, como prolongaciones del territorio francés. (*N. del T.*)

Habría que oponer a la utopía neutralista de Piaget, por ejemplo, la célebre novela de Louis Pergaud, *La guerra de los botones*, cuyo raro mérito es presentar la imagen de la clase vista por los escolares, y vivida por ellos según el modelo de una aventura épica, donde la lección sobre el sistema métrico o sobre los derechos y deberes del ciudadano aparece en el contexto real de las preocupaciones, inquietudes y pasiones de los doce años. La distancia es tan grande entre las evocaciones de Piaget y *La guerra de los botones* como entre el *Contrato social* y la *Ilíada*. No obstante, todo el mundo sabe que la *Ilíada* es un documento precioso para los historiadores, alimentado de elementos tomados en préstamo de una realidad que se puede intentar reconstruir a través del poema homérico. Al contrario, el *Contrato social* surge de las especulaciones de Rousseau, y nos informa sobre las ideas de Rousseau, pero no sobre la evolución real de las sociedades.

Si, como hemos intentado mostrar, el diálogo es el lugar de la elección de la verdad, la pedagogía del diálogo se opondrá necesariamente a la idea de una pedagogía al por mayor. Esta se funda sobre la confianza intelectualista en la eficacia del lenguaje. Enseñar es presentar un conjunto de nociones de la forma más clara y más inteligible posible. El alumno asiste a la lección con una presencia totalmente lógica, y solo su entendimiento presta atención, mientras que el resto de su personalidad ha sido depositado en el guardarropa. El maestro "da su clase", el alumno "repasa su clase", y el día del examen será capaz de repetirla como la ha escuchado. A los discursos pronunciados desde lo alto de la silla, *ex cathedra*, hace eco otro discurso, tan impersonal como el primero. A las horas litúrgicas del empleo del tiempo, el maestro y los alumnos se enfrentan sin decirse nada más que lo que hay que decirse, y sin que nunca la personalidad del uno o de los otros tenga derecho a entrar en el circuito. Más precisamente, la personalidad del buen profesor, como la del buen alumno, consiste en no tener personalidad.

Semejante doctrina es una perspectiva del espíritu, y la negación misma de las realidades de la enseñanza concreta. Ningún lenguaje es de hecho impersonal, y el lenguaje de la enseñanza menos que ningún otro, puesto que es un medio privilegiado de comunicación. El sentido común de las palabras se aumenta con un sentido propio cada vez que se encarna en una palabra personal; por esa razón el lenguaje dice siempre mucho más de lo que calla. Y el alumno está siempre atento, más allá de las servidumbres escolares, a esa sobreabundancia de significaciones, a esas puestas en circulación que poco a poco ponen en entredicho una presencia humana. Si la palabra docente moviliza la personalidad del docente, la palabra enseñada y recibida evoca esa otra personalidad del alumno, cuya escucha nunca es enteramente pasiva. El orden del discurso se despliega así como una línea de contacto entre dos dominios inconfesados, entre dos reservas, dispuestas sin cesar a despertarse a la significación. Tal es la magia del verbo que reenvía siempre a aquellos a los que une a un dominio común de inteligibilidad primera, fuente y recurso de humanidad.

No hay sensibilidad propiamente intelectual, distinta de la sensibilidad global del ser humano. En el curso de la lección más abstracta, el maestro que lleva a cabo la exposición es también, él mismo, materia de su exposición; y sus oyentes, en su atención o su inatención incluso, se encuentran expuestos a su decir, evocador en todo momento de las intenciones globales que sustentan tal o cual presencia en el mundo. Pues toda palabra es hechizo. A pesar de todas las ignorancias y de todas las precauciones, la palabra es un pacto, presupone un acto tácito de compromiso mutuo y de implicación de existencias. Cada palabra es una cita para los seres en espera; jalona una vida común en la que cada uno dispone del poder extremo de defraudar o satisfacer.

Sin duda es preciso leer entre líneas, pues lo que se encuentra entre líneas, aquello que permanece oculto, importa más que lo que se dice. Toda enseñanza se despliega sobre el fondo de una comunidad de voluntad y de acción; toda enseñanza reviste un valor de simpatía o, mejor dicho, de sinergia, pues la actividad docente es una actividad edificante. Todo profesor, tanto si lo desea como si no, es un maestro, y todo alumno un discípulo. Ninguna negación, ningún sistema de defensa puede lograr que no sea así; a pesar de la diferencia de edades, el ser humano confronta al ser humano y es juzgado según su humanidad, para bien o para mal. Pues la palabra docente es una palabra que transforma el mundo y la humanidad misma.

Es necesario aceptar la idea de un compromiso mutuo del maestro y el discípulo, cuyos límites son imposibles de fijar con rigor. El maestro carga con la responsabilidad del discípulo, el alumno es el garante del honor del maestro. Y, sin duda, no sería cuestión aquí de una responsabilidad jurídica del profesor hacia el alumno que se ha descarriado. Fue un mal juicio el que hizo Paul Bourget a Taine, en su novela del *Disciple*, cuando le incriminaba a propósito del asesinato cometido, sobre el papel, por uno de sus alumnos. Y Barrés va todavía más lejos, en los *Déracinés*, acusando a la clase de filosofía de conducir a los alumnos becados directamente del liceo a la guillotina. Sartre no está implicado personalmente cuando tal o cual de sus lectores se identifica con él para justificarse en el tribunal penal o en el correccional.

Si la presentación jurídica distorsiona la significación sutil de las relaciones entre maestro y discípulo, esas relaciones no son por ello menos humanamente reales y a menudo decisivas, como lo probaría con toda evidencia la pena y la angustia del profesor por un alumno que sufre, o que se descarría. A menudo, una gran reserva, un pudor necesario dejan en la sombra esos afectos, en ocasiones exclusivos y celosos, que pueden llegar hasta la pasión. Incluso la edad del alumno, la confianza y la dependencia de la infancia, las incertidumbres de la adolescencia, movilizan en torno a la imagen del maestro todos los recursos de una afectividad poco consciente de sí misma y todavía sin emplear. Y esa tensión sentimental que consagra en ocasiones el alumno al maestro no puede dejar a este último indiferente, incluso si hace todo lo que puede por defenderse de ella. Aquel que es escogido, o aquella, se arriesga siempre a recibir esa elección con una complacencia secreta, y a ser tocado íntimamente, incluso si no deja verlo en absoluto.

Una cortesía pueril y honesta muy comprensible deja en la sombra este aspecto de la vida de los establecimientos escolares, al menos durante el tiempo en que no hacen desembocar la crónica escandalosa en crónica judicial. Es imposible, sin embargo, pasar en silencio sobre este aspecto patológico del diálogo entre el maestro y el discípulo, pues, de hecho, la frontera entre lo normal y lo patológico no se muestra nítidamente. Después de todo, por mucho que uno pretenda ignorarlo habitualmente, la pedagogía socrática es indisociable de la amistad socrática y, por tanto, de esa forma viril del amor, característistica, en un cierto momento, de la cultura griega. Por supuesto, no se trataría de defender la causa de la pederastia, pero la tradición platónica asocia al amor de las almas el amor de los cuerpos bellos, por afinidades que sin duda ya no comprendemos exactamente, y que sin embargo no debemos apresurarnos demasiado a juzgar. Lo que es cierto, en todo caso, es que la vida en común del maestro y el discípulo no es solamente una comunidad de intelectos sino una confrontación de personalidades. A la llama del alumno seducido por la autoridad magistral corresponde la generosidad del maestro o, mejor aun, su pasión de dominación o de posesión. Evidentemente, corresponde al de mayor edad, más experimentado, defenderse contra el otro y contra sí mismo. Vale más percatarse de esas consecuencias, con el fin de estar atento a ellas, que pretender ignorarlas.

Todo conocimiento de otro implica una intimidad, consciente o no, y moviliza las potencias emotivas del ser humano. El apego, la amistad amorosa, tienen un valor pedagógico inmenso, al margen de las vías y medios de las técnicas usuales. El trabajo, el éxito o el fracaso escolar se inscriben a menudo en esta perspectiva apasionada, en la que el alumno se esfuerza por todos los medios de los que dispone por atraer la atención del maestro, por forzar su estima, por conquistar su afecto. Hay siempre en el discípulo, en mayor o menor medida, el deseo de ser amado; y ese deseo encuentra el deseo del maestro, disponible en menor grado, pero deseoso de justificar a sus propios ojos la profesión que ha escogido. Incontestablemente, y al margen de cualquier desviación, la vocación docente es vocación de amistad, y el maestro en el que tal vocación no sea perceptible encontrará poco eco por parte de sus alumnos; incluso los resultados de su actividad escolar traicionarán en él esa carencia de afecto.

Es preciso observar, en relación con este aspecto crucial, la miseria de los teóricos. Sin duda la pedagogía teórica admite que el maestro de escuela debe "amar a los niños" que están a su cargo, pero tras esta concesión puramente formal pasa a las cosas serias, que son de orden técnico. Sin embargo, todos los artificios técnicos, todas las matemáticas sin lágrimas, todo el latín sin lloros, no bastan para compensar la ausencia de contacto vital en aquellos que están desprovistos de él. El éxito del maestro, o su desgracia, se sostienen en esta capacidad de comprensión y de acogida, en ese don de caridad comunicativa al que, antes que a cualquier otra cosa, son sensibles los alumnos. Y si ese don no puede ser proporcionado a aquellos que no lo poseen por sí mismos, al menos sería necesario prevenir a todos los aspirantes a docentes de que el verdadero maestro es maestro de amistad. La disciplina es inútil, y está condenada al fracaso sin esta cláusula fundamental de un entendimiento y de un diálogo en la confianza mutua y la estima de unos por otros.

Si se admite este primado de la amistad docente, nos sorprenderemos menos de las desviaciones y perversiones, y, tal vez, encontraremos en el hecho de rendir homenaje al diálogo en su plenitud un recurso y una ayuda contra los deslices. Un psicoanálisis apropiado puede abrir el camino de las sublimaciones; pero el mismo análisis debe ser aplicado igualmente a esa otra patología del profesor amurallado en su tecnicidad por falta de humanidad, por falta de confianza en sí y de contacto con el otro. Esta patología del diálogo permite, por otra parte, esclarecer ciertos aspectos de la vida escolar, a los cuales nos contentamos a menudo con consagrar una indulgencia divertida.

El *abucheo*, en particular, la revuelta de la clase, la insubordinación sistemática, subraya una deficiencia del contacto humano. El maestro es rechazado como maestro; es puesto en minoría, sorprendido y derrotado por la masa unánime y desencadenada de aquellos que deberían recibir de él la enseñanza. Una especie de fatalidad se abate así sobre ciertos seres, y los perseguirá de extremo a extremo de una carrera desesperada. Para aquel que ha elegido ser profesor, el fin de no-recibir opuesto por el auditorio es, evidentemente, una humillación renovada cada día. Es afectado en su dignidad de ser humano, y se arriesga, ante lo absurdo de su situación, a ensombrecerse en una irremediable miseria espiritual.

No obstante, ese abucheo no es el castigo de los malvados. El hombre de autoridad impone sin dificultad una disciplina que nadie piensa en transgredir. El indiferente, para quien ese oficio es una forma de ganarse la vida como otra cualquiera, se adapta al horario y al programa; a menudo se marcha sin reacción por parte de su auditorio; su fuerza le viene precisamente de la poca significación que concede a los rituales escolares. El drama del profesor abucheado es que está ligado a sus alumnos por una sorda complacencia, por esa atroz complicidad que une, en muchos casos, a la víctima y al verdugo. Quien quiere mal será mal querido, y pagará el precio de su torpeza. La falta de autoridad es antes que nada una perversión de uno a sí mismo, una especie de confusión de valores que se expresa a través de una falta de carácter. La inferioridad del maestro abucheado le viene de que se siente él mismo inferior; tiene necesidad de afecto, y esa necesidad crea su dependencia. Aquel que pide el mínimo recibirá más; pero aquel otro que ha desvelado su profunda insuficiencia, ese deberá sufrir la ley en lugar de imponerla.

El abucheo representa sin lugar a dudas uno de los puntos neurálgicos de la realidad escolar, aun cuando las diversas pedagogías parezcan empeñarse en ignorarlo. Nos encontramos ahí, en efecto, en un dominio de irracionalidad completa, en el que las técnicas, las recetas del oficio parecen completamente inoperantes. Al contrario, la existencia del abucheo reduce a la nada las pretensiones pedagógicas: retomados por el profesor abucheado, los métodos más perfectos de enseñanza de este o aquel se prueban completamente inoperantes. Dicho de otro modo, la pedagogía da por supuesto el buen contacto entre el maestro y los alumnos, pero es incapaz de suscitarlo allí donde no existe. La pedagogía de los libros de pedagogía es una pedagogía segunda en relación a esta pedagogía primera, en la que se afirma el encuentro del ser humano con otro y consigo mismo. Esta dimensión metafísica fundamental es presentada cuando, por ejemplo, los colegas del profesor abucheado, compadeciéndose de su desgracia, tienen consciencia de una sorda complicidad entre ese hombre y su destino. Un maestro auténtico no puede ser rechazado; aquel que no llega a obtener o a forzar el respeto, ese no tiene vocación de maestro. El alboroto, los gritos de la clase que abuchea confirman la necesidad fundamental del diálogo: el profesor no puede hacerse entender; la clase rechaza escuchar, rechaza la palabra del maestro porque lo considera indigno de tomar la palabra. Hay confrontación; el maestro es pesado y juzgado demasiado ligero. Un análisis lúcido mostraría en cada caso, más allá de la crueldad de situaciones parecidas, el ejercicio de una especie de justicia inmanente. La debilidad, los buenos sentimientos no son una excusa absolutoria, no es suficiente contar con la

amabilidad, con la pasividad de los alumnos. El diálogo supone, por
una y otra parte, exigencia y afirmación. La clase que abuchea manifiesta así que no considera haber encontrado un interlocutor válido.
Todo volverá al orden cuando sea satisfecha la necesidad de estima,
de respeto y de autoridad que cada uno de los alumnos lleva en sí
hasta en los peores excesos.

Sin duda, sería necesario intentar un estudio más profundo de este
fenómeno que pone en marcha, más allá de la inteligencia lúcida, una
especie de perversión y subversión de las relaciones humanas y que
puede desembocar en crisis de frenesí, en verdaderos delirios colec-
tivos. Son liberadas fuerzas oscuras, en un paroxismo de violencia,
en niños o adolescentes que, sin embargo, no parecían especialmente
anormales o sádicos. La violación del orden pone en juego un dina-
mismo que toma un valor obsesivo, como si las relaciones humanas,
una vez despreciadas y falseadas, no pudieran ya, nunca jamás, ser
restablecidas en su verdad. El primer abucheo ha desvelado una desproporción de fuerzas enfrentadas; el profesor, cuya sola presencia
debería imponer la calma, el silencio, la atención, se ha mostrado en
situación de inferioridad. No ha sabido hacerse respetar, y no se le
perdona ni se le perdonará. La transgresión inicial ha revelado la ausencia de dominio,[15]* y esta transgresión primera de las prohibiciones
y de los rituales comporta una especie de reacción en cadena que, en
muchos casos, no se detendrá. El profesor abucheado podrá cambiar
de clase o de establecimiento; sigue marcado por un signo indeleble
y la desgracia le perseguirá a lo largo de toda su carrera, a menos que
tenga la sensatez de renunciar a la enseñanza, para la cual no está
hecho. Lo peor es precisamente que está atado a este oficio de profesor, a pesar del oprobio del que es víctima. De tal manera que está
avocado a sufrir sin esperanza si persevera, pero que, si se desanima,
no sufrirá menos por haber fracasado en su vida.

El profesor abucheado que entra en clase ha perdido la partida
antes de haber abierto la boca, antes incluso de haber abierto la puerta. La clase le espera, su clase, que será quizás durante el resto del
horario una clase pacífica; le espera con la excitación de la tormenta

---

15*. *Maîtrise*. Véase la nota al pie 1 del traductor en pág. 55 de esta edición. (*N. del T.*)

que se va a desencadenar, o ya con el bramido del mar enfurecido. El profesor no está allí aún; su espera basta para desencadenar esas pasiones que, entre todos, lo han escogido por objeto. Nada podría ilustrar mejor el hecho de que el espacio de diálogo no es un universo del discurso, una especie de *no man's land*,[16*] donde prevalecerían las solas normas de una razón impersonal. Si es cierto que el espacio de Newton, según la afirmación de Scheler, es el vacío del corazón, el espacio escolar es una confrontación de presencias humanas, que se miden una a la otra en un combate cuya resolución nunca se consigue de antemano.

Por otra parte, es evidente también que el cara a cara del maestro y el discípulo se sitúa en un contexto social. La escuela no es un contenedor abstracto y geométrico; es un lugar humano concreto en el que el maestro se propone y se impone como maestro, no a un individuo o a muchos, sino a una clase, a un grupo que posee una realidad sociológica. La relación particular del maestro con este o aquel se destaca del fondo de la comunidad en el seno de la cual todo el mundo se siente ligado a una vida de conjunto con los otros. Porque el maestro pertenece a su clase y depende de su clase, tanto como cualquiera de sus alumnos. El maestro no es maestro ante su clase, instalado en su silla o en el encerado; es maestro de su clase y con su clase, de la misma manera que el buen alumno o el malo, el primero y el último adquieren rango en la clase y se confieren mutuamente sus significaciones respectivas. En la escala reducida de la clase, que respeta las dimensiones humanas, se esboza una sociología del poder en la que cada uno realiza a su manera la experiencia del trabajo, del desaliento, de la voluntad de poder, del éxito y del fracaso. Intervienen otras cualificaciones al margen de aquellas que se afirman en el orden intelectual: tanto el alumno como el maestro pueden ganar la estima y la amistad, llamar la atención o forzar la admiración por un valor humano que no se cifra en notas de deberes o de exámenes.

El mundo escolar no es, ciertamente, el mundo real, pero es ya un mundo; despliega un medio vital en el que cada existencia se conoce por primera vez, liberada de las presiones particulares de la familia.

16*. "Tierra de nadie", en inglés en el original. (*N. del T.*)

La doctrina psicoanalítica enseña que el individuo, una vez desligado de la constelación familiar, se esforzará por restablecer con los seres que le rodean relaciones del mismo orden, preocupado esencialmente por reencontrar una madre, un padre, hermanos, hermanas, bajo la influencia de una especie de nostalgia regresiva que controlará el juego de su propia afectividad. También sería correcto decir que el niño aprende, entre las nuevas relaciones del medio escolar, a tomar distancia en relación al juego inicial de sus sentimientos. Las relaciones necesarias que lo unían a su familia próxima dejan su lugar a relaciones en las que se puede afirmar una libertad de elección. Las presencias antiguas no son ya exclusivas, nuevas presencias se afirman que reclaman entregas afectivas. Es preciso desprenderse y recuperarse, abordar a otro y dejarse abordar; una nueva dimensión de la experiencia se revela aquí, un nuevo uso de sí y del otro, en el que cada uno aprende satisfacciones y sufrimientos, alegrías, tristezas, y la personalidad se esboza a través del flujo y reflujo de las vicisitudes cotidianas.

El diálogo entre el maestro y el discípulo no es pues un combate singular. O, mejor dicho, la confrontación uno a uno supone esta comunidad de vida que se realiza en la escuela y en la clase. Toda pedagogía, en la medida en que se organiza en función de una verdad, comporta una ontología, y toda ontología se inscribe en el marco de una sociología. La experiencia escolar es una experiencia solidaria. No se reduce a ese cebar los cerebros que es la única preocupación de los programas y los exámenes. Los tecnócratas ministeriales conciben la instrucción pública como un aprendizaje de un tipo particular, pero no saben que todo aprendizaje de una técnica o de un oficio pone en cuestión la totalidad del ser humano. Las disciplinas del certificado de estudios primarios, la lectura, la escritura, el cálculo, son otra cosa muy distinta, y mucho más que los rudimentos de un saber útil. Podríamos aplicarle la noble afirmación de Goethe: "Nada más sabio que darse un oficio, y el más vulgar. Para el espíritu noble, será un arte; pues verá en ello algo único que muestra bien la imagen de todo lo que se hace bien".

Dicho de otro modo, y se desee o no, toda enseñanza tiene un valor educativo. Instruir, en latín, significa construir, es decir edificar.

La escuela es el lugar en el que se edifica la personalidad. La palabra del maestro desempeña habitualmente un papel importante en esta edificación, pero no un papel exclusivo. Es el medio en su conjunto, el testimonio mudo de las cosas, la presencia de los seres humanos, la que orienta a cada instante la toma de conciencia, separando lo esencial de lo fútil. Entre el profesor y su alumno, lo que se establece y se persigue no es un diálogo de muertos en un espacio sin contornos, y según liturgias inmutables. El ser humano llama al ser humano, un ser humano se dirige a los seres humanos en ciernes, que a su vez son testimonios de humanidad los unos para los otros. Cada uno aparece dotado, a la vista de los demás, del poder supremo de la resonancia y el hechizo. La palabra *cultura* revela aquí sus raíces campesinas; evoca una vida y un paisaje.

Es cierto que el diálogo es inseparable del paisaje, al igual que la verdad humana del paisaje. Es preciso pensar aquí de nuevo, no sin melancolía, en los colegios de los jesuitas, en los liceos napoleónicos, en los grupos escolares de la Tercera República: la desalentadora mediocridad de esas arquitecturas traiciona la pobreza espiritual de nuestra Instrucción Pública, incluso cuando se camufla como Educación Nacional. La geometría elemental de los edificios, la grisalla de los muros, evocan tan solo la regla y el aburrimiento en la uniformidad. Se puede soñar, sin embargo, con un paisaje que armonizara con el espíritu y el corazón, que tomara la delantera con el fin de despertar la inteligencia y el sentimiento de los niños en relación con los valores de la gracia, el gusto y la moderación.

Me han contado que una delegación de docentes soviéticos que visitaba en Inglaterra la venerable escuela de Eton se sorprendió un poco por el arcaísmo de los edificios, por la antigüedad de las mesas y los bancos sobre los cuales innumerables generaciones de escolares han firmado su presencia a lo largo de los siglos mediante pacientes inscripciones. Los soviéticos se sorprendían de que no se hubiera renovado ese material tan manifiestamente usado, según las normas modernas. Los ingleses sonrieron educadamente y ni siquiera intentaron explicar el tesoro de veneración que representaban para ellos esos viejos muros y esos viejos muebles, ese paisaje espiritual, uno de sus más queridos patrimonios. En las escuelas, en las universidades británicas se perpetúa el clima moral que funda a lo largo y ancho del mundo el estilo de vida de un pueblo.

El diálogo socrático se despliega en el espacio mental de la ciudad griega; es inseparable del decorado de Atenas, de sus colinas, de sus mercados y de sus encrucijadas. De igual modo, cabe señalar que las escuelas de Atenas, las tradiciones filosóficas de Grecia, mantienen a través de los siglos los nombres de los lugares privilegiados en los que levantaron el vuelo: el Liceo, la Academia, el Jardín, el Pórtico, son otros tantos emplazamientos particulares en la topografía de esa Atenas ideal, desaparecida hace mucho tiempo, pero viva para siempre en el reconocimiento y la fidelidad de los hombres cultivados de Occidente. El intelectualismo francés finge creer que todo pensamiento se resume en un ejercicio de aritmética elemental, como si el menor escolar llevara en su mochila el bicornio del politécnico, la esperanza de la consagración suprema que consistiría en practicar las matemáticas superiores alrededor de un patio de cuartel.

Pero la cultura también es un sueño, el conjunto de sueños de los que se alimenta una espiritualidad. En los tiempos oscuros en que Occidente no conocía más lugares de enseñanza que los monasterios, a la sombra de las iglesias, aquellos expresaban y resumían todo el esfuerzo arquitectónico de la época. Los claustros románicos fueron el refugio, el perfecto oasis en el que se anudaban los pensamientos y los valores que definieron la sabiduría para el mundo por venir. El humanismo italiano se dio, en Florencia, un decorado a la medida de su esperanza, para cuya edificación la exigencia de las letras sirvió de guía a los maestros de obras y a los artistas. El ideal renacentista nació en el siglo XV sobre las colinas toscanas, desde donde la vista se extendía sobre el valle del Arno y hasta Florencia, en el paraje de Careggi, donado por Cosme de Médicis a Marsilio Ficino, con el fin de que hiciera revivir allí, para sus amigos y para él mismo, el sueño venerable de la Academia platónica.

> El secreto de Careggi —escribe André Chastel— es la fascinación del jardín de Academos, con todo el prestigio con que lo adorna la imaginación de los humanistas, depositarios ahora de los textos griegos y contemporáneos de una civilización que se cree al nivel de la antigua, de la que ellos creen ser los intérpretes [...] Se ha dicho

alguna vez que con un espíritu ya goetheano, los nuevos sabios no soñaban más que con realizar consciente y religiosamente sus progresos y sus metamorfosis. El aparato de las ciencias y de las doctrinas se resuelve en símbolos, y la música excita a la contemplación que conduce a una humanidad superior...[17]

La aventura humana del conocimiento nació en el jardín del Edén, y toda cultura sueña quizás con recuperar el paraíso perdido. El espacio del diálogo y del encuentro entre los vivos y los vivos, y entre los vivos y los muertos, es un espacio mental que tiende a proyectarse alrededor, a inscribirse en el paisaje reconquistado. Todas las artes tratan de expresar la edificación del ser humano en la edificación del mundo. El sueño de la cultura encarnada así en forma de Jardín, de Academia o de Universidad, es el deseo de que la armonía humana, tras haber ido del ser humano al paisaje, vuelva, para las generaciones futuras, del paisaje al ser humano. Pues el paisaje es a su manera director de la conciencia, invocación y evocación de la conciencia. Las ordenanzas arquitectónicas de Cambridge, los parterres anglosajones, el bosque germánico, la montaña de Coimbra, los claustros de Salamanca, son también interlocutores válidos en el diálogo del ser humano con el otro, consigo mismo y con el mundo, en el cual se transforma la esencia de la cultura.

Nadie se sorprenderá ya al constatar que la Universidad francesa, universidad sin paisaje, es al mismo tiempo una universidad sin diálogo. Ahogada en el anonimato de ciudades mediocres, la Universidad se trocea en Facultades, que se descomponen (esa es la palabra) en Institutos, en cursos y ciclos de actividad, ajenos los unos a los otros. La actividad intelectual se disloca en tareas parceladas en las que solo la tecnicidad da aspecto de virtud. De este modo, en las inmensas empresas de la industria contemporánea, el obrero aislado en su puesto fabrica a lo largo de la jornada piezas de las que ignora el sentido y el empleo. Cuando la lógica de la división del trabajo se impone en las actividades mecánicas, constituye en el orden cultural una aberración. Pues la cultura es el sentido de los conjuntos; tiene

---

17. CHASTEL, A. (1954) *Marsile Ficin et l'Art*, Bibliothèque d'Humanisme et Renaissance, XIV, Ginebra, Droz, pp. 9-10.

por finalidad mantener a través de las vicisitudes y la renovación de los tiempos la imagen del ser humano y la imagen de la humanidad.

Cada época tiene la cultura que merece. La nuestra, que es la época de los medios de comunicación, y que parece, gracias al coche, al avión, al teléfono, a la radio y a la televisión, haber suprimido la distancia entre ser humano y ser humano, no ha hecho nada por lograr la única aproximación verdadera del diálogo auténtico. Y de forma parecida, nuestra época, en la que vemos afirmarse más allá de la civilización del trabajo, a la que se consagraba la humanidad de antaño, una civilización del ocio, no parece buscar el ocio más que en el escape del trabajo y en la distracción en relación con uno mismo. Sin embargo, la esencia de la cultura reconcilia trabajo y ocio en la confrontación del ser humano con el ser humano, en la búsqueda en común de una verdad unificadora de humanidad. Es, tal vez, demasiado tarde para decirlo después de tantos otros, pero es necesario repetirlo, incluso si es demasiado tarde: la Universidad es por vocación ese lugar privilegiado donde la armonía humana es posible, y la salvación, no en la huida o la evasión, sino en la vuelta a sí y a los otros, gracias a la virtud laboriosa del ocio. La Universidad ideal, la única que cuenta, es esta comunidad cuya misión es trabajar para la universalidad. Solamente si se vuelve consciente de su misión será en verdad el lugar privilegiado de la alta cultura, donde el mejor instrumento es el diálogo en la búsqueda y la amistad. Hay, decía San Agustín, una alegría de la verdad, *gaudium de veritate*; es esta alegría la que, más allá de los paisajes, constituye el horizonte último del conocimiento en su autenticidad. La cultura es paciencia y trabajo, la cultura es ocio, la cultura es amistad; la cultura es la recompensa del espíritu desatado finalmente y reconciliado en la alegre fiesta de la verdad.

CAPÍTULO 9

Verdadero maestro
y verdadero discípulo

Cada alumno es un alumno entre todos los alumnos en la clase reunida; y el profesor, cuando da la clase, habla a todos el mismo lenguaje. Pero esta pedagogía en serie que enfrenta al profesor y a la clase se duplica, o puede duplicarse, con una relación de persona a persona; el profesor puede ser también un maestro, y cada alumno un discípulo, en situación de diálogo, y bajo la invocación de una voluntad de verdad que funda entre ellos una comunidad invisible. Como Gulliver entre los enanos, encadenado a la tierra por innumerables hilillos que lo inmovilizan, así el maestro está conectado a su clase, no solo por una mutualidad masiva sino por una reciprocidad de detalle con cada uno de aquellos que le escuchan. El monólogo aparente de la palabra docente se descompone bajo el análisis en una multitud de diálogos. El error de la pedagogía usual es quedarse anclada en la apariencia macroscópica del profesor que se enfrenta a la clase; la verdadera pedagogía, a imagen de la física contemporánea, debería pasar al plano microscópico: en lugar de considerar la media estadística, se centraría en los datos individuales primarios. Una clase de treinta alumnos, tal como la observa un inspector de paso, no es sino la resultante de treinta diálogos simultáneos, de los que cada uno tiene su propio sentido y su valor.

Los sociólogos franceses de la escuela de Durkheim, y en la tradición de Auguste Comte, enseñaban que el grupo no es la suma de los individuos que lo componen, sino que posee una realidad propia, capaz de imponerse al individuo. El caso particular de la clase muestra con claridad el valor y los límites de esta interpretación. La clase existe, es verdad, en tanto que tal; cada alumno pertenece a su clase, y el profesor la juzga globalmente: hay clases malas, mediocres o buenas, clases inactivas y otras llenas de vida. Pero hay también orquestas de gran calidad, y otras que no salen de la mediocridad; ¿es la buena orquesta la que hace a los buenos instrumentistas, o los instrumentistas dan el valor a la orquesta? Y, por otra parte, ¿no rinde la misma orquesta de una manera muy diferente según la personalidad del director que la dirige? Se percibe sin dificultad que los grandes logros, en el dominio musical tanto como en el dominio pedagógico, corresponden a un conjunto de coincidencias y de encuentros particulares. La situación de conjunto repercute sobre cada uno de los participantes, pero es el concierto de los participantes, la armonía de las personalidades, y el uso hecho de esa armonía por el jefe responsable, el que suscita la situación de conjunto.

El profesor "da la clase" para sus treinta alumnos, pero bajo el anonimato de esa realidad objetiva hay, tal vez, un maestro que desea ser comprendido; y quizás hay treinta discípulos posibles, treinta, o veinte, o diez existencias al acecho de una palabra de vida, que cada una espera que sea dicha para ella sola. Ocurre sin duda, y a menudo, que el profesor no tenga nada que decir; ocurre que la masa de los alumnos no tenga nada que escuchar. Pero el sentido profundo, la justificación esencial de la actividad pedagógica es el encuentro furtivo, la secreta complicidad que se establece al azar de una frase, cuando el discípulo conoce y reconoce en ese ser humano que habla en el vacío un revelador del sentido de la vida. Bien puede ocurrir que esa relación no sea nunca confesada explícitamente; puede ser que el maestro no haya sospechado nunca al discípulo en tal o cual alumno, perdido entre la muchedumbre. Incluso inacabado, el encuentro ha tenido su importancia. Sin duda cada ser humano guarda en su memoria algunas frases, algunas expresiones que le llegan de sus años de escuela: "Como decía el viejo Fulano...", y la locución favorita de un maestro, de un profesor desaparecido mucho tiempo atrás sigue siendo mensajera de una lección de verdad escuchada una vez y jamás olvidada.

El diálogo del maestro con el discípulo puede reducirse así a algunos contactos fugitivos; puede haber anudado una amistad vigilante. De todos modos, constituye la esencia misma de la vida docente: el contacto global del maestro con la clase se alimenta de ese conjunto de contactos individuales, y las intermitencias de la pedagogía, los altibajos de toda vida escolar se comprenden, a fin de cuentas, en relaciones elementales donde cada una de las partes implicadas buscando el contacto del otro, persigue su propia identidad, y la justificación de su existencia. La relación pedagógica aparece así como una relación de doble dependencia: cada uno depende de su interlocutor y le debe sus mejores certezas. Es el discípulo quien hace al maestro y es el maestro quien hace al discípulo. De ahí la extrema importancia, para uno y para otro, de ese coloquio singular en el que se confrontan.

El discípulo tiene necesidad del maestro, es evidente. No puede haber discípulo sin maestro; únicamente tras el encuentro con un maestro descubre el discípulo, a un tiempo, la realidad de su búsqueda y el sentido de su búsqueda. No se puede uno lanzar a la búsqueda de un maestro, no importa cuál, como un criado en busca de un puesto; aquel que partiera a la aventura se arriesgaría mucho a encontrar a un seductor, no a un maestro, en su huida hacia adelante. La vida espiritual, antes del encuentro del maestro, está hecha de espera y de paciencia, pero esa espera no sabe decir su nombre, y esa paciencia puede transformarse en simple pasividad, naufragar en la monotonía y el aburrimiento, si el maestro no llega, como ocurre en el cuento, a despertar el alma en el bosque durmiente.

Pero el maestro, aunque le corresponde despertar al discípulo, no puede crearlo a partir de la nada. Hace pasar al acto, a la consciencia, posibilidades inactivas. La conmoción del encuentro, bajo la forma de una llamada escuchada por parte de otro, es una llamada a sí. Jesús, en el relato de los Evangelios, recluta a sus primeros discípulos dirigiéndoles estas palabras: "Tú, sígueme...". La fórmula es simple, quizás demasiado simple, hasta el punto de que su simplicidad puede engañar sobre su verdadero sentido. La vocación cristiana es una interpelación existencial, cuya resonancia es tal que la existencia puesta así en cuestión se decide en el acto, y decide su futuro para siempre. Algo ha sido dicho, algo ha sido escuchado, que las palabras no expresan para todos los testigos, directos o indirectos, del diálogo.

El acontecimiento, el advenimiento del maestro en la vida del discípulo se encuentra figurado aquí con una claridad soberana. *Tú:* la palabra del maestro concierne personalmente al interesado; es puesto en cuestión en su ser mismo, y como desvelado a sus propios ojos. Su propia identidad, indecisa hasta entonces, toma forma de golpe, sale del falso sentido y del anonimato. Dirigiéndose a aquel que será el apóstol Pedro, dice Jesús: "Tú eres Simón, hijo de Jonás; tú serás llamado Cefas". De nuevo, el velo se rasga; el cambio de nombre no significa la creación de una personalidad radicalmente nueva; expresa una revelación de sí, el acceso a una consciencia superior. Desde el momento en que escucha la palabra del maestro, el discípulo es vencido y convencido. No se convierte en otro hombre; se afirma a sí mismo.

Sígueme: la afirmación de la personalidad es una movilización de la personalidad. Hasta ahí, el discípulo era uno entre todos los otros. Vivía en la inconsciencia, en la ignorancia y en la inmovilidad. Todo ha cambiado en adelante; la vida tiene un sentido y una meta. La adhesión al maestro, porque es consentimiento a sí mismo, no tiene nada de esclavitud. Conlleva, para el discípulo, el servicio al maestro, pero solo en la medida en que el servicio al maestro es consagración a la verdad. El discípulo es arrojado en una aventura cuya necesidad se hace una con su propia libertad. La experiencia pedagógica más común prueba que la operación del maestro suscita energías insospechadas, pone en funcionamiento un poder de trabajo más fecundo si cabe porque se acompaña de alegría en el trabajo. La labor encarna en adelante una exigencia personal, la voluntad de afirmar y de afirmarse. El maestro llama al discípulo a la existencia; pone en marcha en él el deseo de demostrar a los otros y a sí mismo la realidad y el valor de su propia existencia.

El discípulo no es, pues, más que para el maestro, que es para él mediador de existencia. Pero el maestro mismo no lo es más que para el discípulo. Hay una vocación del maestro al magisterio de la que sólo el testimonio del discípulo puede aportar la revelación al maestro. Es normal que el maestro esté inquieto, y que dude de su certeza. Nin-

gún ser humano es completamente digno de llevar la carga aplastante
de la verdad, ningún ser humano, en conciencia, puede hacer profesión de maestría. Es preciso, para que salga de su reserva, que le sea
dirigido el requerimiento del discípulo. "Tú eres para mí el maestro
que necesito; tú debes ser mi maestro; tú debes, por tanto tú puedes",
tal es el imperativo categórico del magisterio. Solo el discípulo tiene
el poder de situar así al maestro ante sus responsabilidades.

El requerimiento del discípulo, su certeza, fuerza las incertidumbres del maestro. El maestro descubre que está al cargo de almas, tal
vez sin haberlo querido. El hecho es en delante de una obligación ineluctable, so pena de prevaricación espiritual. Ocurre que el maestro
y el discípulo se escogen mutuamente; pero ocurre también que el
encuentro sea fortuito, y que adopte para uno y para otro el carácter
de un desafío. Pero de cualquier manera que se establezca, la relación
de magisterio supone la puesta en marcha de una dimensión ontológica. La relación social, el cuadro institucional se encuentra entonces
sobrepasado, una nueva disciplina se impone, justificando sus relaciones fundadas en la verdad. De ahí el carácter casi sacramental del
magisterio, incluso cuando se ejerce en un dominio completamente
profano. La autoridad del maestro, la obediencia, el respeto del discípulo, no definen solamente una relación de individuo a individuo,
según la norma de una jerarquía técnica análoga a todas las demás.
Se trata en esta ocasión de la vocación esencial de cada persona hacia la humanidad, único principio de autoridad en función del cual
se ordenan y se subordinan las voluntades.

El maestro promueve al discípulo, pero a veces el discípulo promueve al maestro, y, en todo caso, lo justifica. Los dos viven, solida-
rios, la misma aventura. El maestro fue en otro tiempo discípulo, y el
discípulo, si es digno del maestro, será maestro a su vez. La educación
del género humano, en lo que tiene de mejor, se mantiene de época
en época según la exigencia renovada de esta cultura del ser humano
por el ser humano, de maestros en discípulos y de discípulos en maestros. Esta es la razón por la cual, a pesar de las especializaciones que
parecen oponer las disciplinas técnicas, todo auténtico maestro es un
maestro de humanidad. A los ojos del discípulo que lo ha reconocido,
y que por tanto se ha reconocido a sí mismo en él, el maestro es un

gran hombre, es decir, un hombre. Como enseña una fórmula célebre, un gran hombre es un hombre junto al cual uno se siente más grande. El austero puritano Carlyle publicó una serie de estudios con el título *Sobre los héroes: el culto al héroe y lo heroico en la historia.*

> La Historia Universal, como yo la entiendo —dice— la Historia de lo que el Hombre ha llevado a cabo en este mundo, es en el fondo la Historia de los Grandes Hombres que han actuado aquí. Ellos fueron, esos grandes hombres, los conductores de hombres, los modeladores, los tipos, y en un sentido amplio, los creadores de todo lo que las masas humanas en general se han esforzado por hacer o lograr. Todas las cosas que vemos realizadas en el mundo son, propiamente, el resultado material exterior, la realización práctica y la encarnación de los pensamientos que habitan en los grandes hombres enviados a este mundo; el alma de la historia del mundo entero, podríamos señalar en justicia, sería la historia de estos.[1]

El pensador escocés distingue grandes hombres de diversas especies; el héroe puede ser para él un profeta o un sacerdote, un hombre político, un poeta o un escritor. Pero sea cual sea la forma particular de su afirmación, es alguien que uno no frecuenta sin provecho:

> No podemos, por muy imperfectamente que sea, estudiar un gran hombre sin ganar algo con él. Es la fuente viviente de la luz junto a la cual es agradable encontrarse, la luz que ilumina las tinieblas del mundo; y esto no a la manera de una lámpara simplemente encendida, sino más bien como una luminaria natural que brilla por la gracia del Cielo; como una fuente corriente de luz, de intuición original, innata, de virilidad y de heroica nobleza...[2]

1. CARLYLE (1928) *On Heroes, Hero-Worship and the Heroic in History*, primera conferencia, 1840, traducción de E. Masson en *Pages choisies de Carlyle*, Colin, 2ª ed., p. 205.

2. *Ibid.*, cf. NIETZSCHE (1984) *El crepúsculo de los ídolos,* traducción de Andrés Sánchez Pascual, Madrid, Alianza Editorial, p. 120: "Los grandes hombres, lo mismo que las grandes épocas, son materias explosivas en las cuales está acumulada una fuerza enorme; su presupuesto es siempre, histórica y fisiológicamente, que durante largo tiempo se haya estado juntando, amontonando, ahorrando y guardando con vistas a ellos...". Ver también el bello ensayo de SCHELER, M. (1961) *El santo, el genio, el héroe*, Buenos Aires, Editorial Nova.

El héroe, tal como es definido aquí, no es otro que el maestro que, elevándonos por encima de nosotros mismos, nos eleva a nosotros mismos. Tal es, en efecto, el sentido último de toda pedagogía, al margen y más allá de las especializaciones docentes. El maestro es aquel que permite al discípulo situarse en el espacio humano. El ser humano que no ha tenido maestro sufre una desorientación ontológica: no sabe dónde se encuentra; ha perdido su lugar o, mejor dicho, no lo ha encontrado jamás. La función del maestro es, pues, permitir una especie de ubicación trascendente; pone orden en el mundo y en el ser humano por su sola presencia. Su aprobación, su desaprobación, son autoridad para mí, porque manifiestan un principio indiscutible de ascendencia jerárquica.

Así, la enseñanza representa un caso particular del magisterio, pero un caso privilegiado, y que sin duda pone de relieve adecuadamente la esencia de todo magisterio. Lo que está en cuestión, en la totalidad de los casos, es la verdad misma. El discípulo necesita que alguien le indique el sentido de la verdad y se lo garantice; él no se comunica con la verdad más que a través de otra persona. El maestro es capaz de acceder directamente a la verdad; no necesita a nadie, al menos en principio, pero él mismo ha tenido necesidad de un iniciador en el pasado, y en el presente el aislamiento sería para él una prueba, una tentación de dudar. La confianza del discípulo le procura un contacto indispensable con el mundo de los humanos, y una especie de confirmación del valor de esa verdad que defiende. El testimonio del maestro al discípulo y el testimonio del discípulo al maestro son pues, en cierta medida, complementarios. Los dos participan de una misma aventura; incluso si sus posiciones respectivas no se sitúan al mismo nivel, proceden de una obediencia común. Maestro y discípulo caminan en la misma dirección, y cada uno sabe que, en el mantenimiento de la tradición, el discípulo sucederá al maestro desaparecido para transmitir la exigencia de verdad a nuevos elegidos.

De ahí una especie de igualdad de poder, que se establece a pesar de la desigualdad aparente. El magisterio se justifica a fin de cuentas por la referencia a una filiación espiritual que jalona la fidelidad de la humanidad a ella misma. Esta es la razón por la cual el desafío real de la confrontación entre el maestro y el discípulo sobrepasa con mucho su contenido aparente. Lo esencial nunca será dicho; el maestro y el discípulo no pueden tomar conciencia de ello más que bajo la forma de una anticipación profética, como esperanza o como recuerdo. Un cierto pudor, una reticencia ontológica retiene aquí a los personajes del drama, pues la última palabra se les escapa a ambos, y la tentativa misma de decirla tendría el carácter de una especie de profanación.

Encontramos en la *Vie de Ramakrishna*, por Romain Rolland, el relato del primer encuentro entre el maestro espiritual de la India moderna y el joven Naren, quien, bajo el nombre de Vivekananda, llegará a ser su discípulo preferido.

> Cuando terminé de cantar, cuenta Vivekananda, él se levantó bruscamente y, tomando mi mano me condujo al porche, al norte, y cerró la puerta detrás de nosotros. Estábamos solos, nadie nos veía [...] Para mi gran sorpresa, se deshizo en lágrimas de alegría. Me cogía de la mano y, dirigiéndose a mí muy tiernamente, como a alguien a quien se conoce familiarmente desde hace mucho tiempo, me dijo: "¡Oh! ¡Llegas tan tarde! Cómo has podido tener la poca bondad de hacerme esperar tan largo tiempo. Mis orejas están extenuadas de escuchar palabras inútiles de estos hombres. ¡Oh! ¡Cómo languidecía por derramar mi espíritu en el seno de alguien que fuera apto para recibir mis experiencias interiores!" Continuó así entre sollozos. Después permaneció ante mí, con las manos unidas: "Señor, dijo, sé que eres la antigua saga Nara, encarnación de Nârajâna, nacido sobre la tierra para hacer desaparecer la miseria de la humanidad".[3]

El paisaje oriental en el interior del cual se desarrolla esta escena no debe disimular la significación general. Oriente, se trate de la India, de Japón o de China, aparece al testigo occidental generalmente falseado por la reputación del exotismo, gracias a la cual es posible al mismo tiempo profesar una admiración excesiva por tal o cual aspecto de una cultura lejana, y negarse a aceptar su lección. No son los hechizos de Oriente los que nos interesan, es la realidad humana universal, iluminada en una experiencia privilegiada. El encuentro del maestro y el discípulo evoca aquí las situaciones novelescas en las

3. Romain Rolland, *La Vie de Ramakrishna*, Stock, 1929, p. 239; para una interpretación de este texto, cf. nuestra obra *Mémoire et Personne*, P.U.F., 1951, p. 451.

que un hombre y una mujer, cara a cara por primera vez, se descubren ligados el uno al otro por una irresistible necesidad. Montaigne, cuando celebra su amistad con La Boétie, dice también: "Nos buscábamos antes de habernos visto [...] creo que por algún mandato del cielo".[4] Dos destinos tienen de un solo golpe la revelación de su convergencia. Pero el encuentro del maestro y el discípulo no es de igual a igual, como entre dos amigos o entre dos amantes; la distancia de una generación separa al adulto del joven. Solo que, en la escena relatada por Rolland, esta considerable diferencia no impide una sorprendente igualdad, o incluso una desigualdad invertida más sorprendente todavía.

En efecto, todo ocurre como si la llamada dirigida por el maestro al discípulo coincidiera con una llamada en sentido contrario, del discípulo al maestro. Se trata de un reconocimiento mutuo, en el que el sabio Ramakrishna identifica al joven cantor desconocido según la perspectiva de la reencarnación, cara a la sabiduría de la India. Si Naren es una reaparición de "la antigua saga Nara", el maestro puede descubrir y respetar en el nuevo discípulo mucho más que un discípulo. Pero la metafísica de la reencarnación no es aquí más que una interpretación secundaria y algo así como una explicación de un hecho humano fundamental. Los amigos, los amantes que acerca el flechazo, tienen también la impresión de haberse conocido desde siempre, o de haber vivido juntos una vida anterior. La imaginación se apodera de la evidencia ontológica y la proyecta según la perspectiva del tiempo. El recurso al pasado, la justificación por la anterioridad dejan ver solamente la validez suprema del presente. El acontecimiento decisivo, en su actualidad, se impone desde siempre y para siempre; su validez se extiende a todas las perspectivas de la representación.

El encuentro del maestro y el discípulo se muestra como una relación de persona a persona, pero no en una soledad compartida en la complacencia exclusiva de cada uno por el otro. Una bella frase de Saint-Exupéry afirma que el amor no consiste, para quienes se aman, en mirarse uno a otro, sino en mirar juntos en la misma dirección. Así

---

4. MONTAIGNE (2007) *Ensayos*, libro I, capítulo XXVII, trad. de J. Bayod Brau, Barcelona, Acantilado, pp. 250-251 (Gusdorf señala el ensayo 28, *N. del T.*).

también ocurre con el maestro y el discípulo: en realidad, se alinean los dos en función de una perspectiva que les es común. Y como el punto de convergencia de sus aspiraciones se sitúa a una distancia casi infinita, sus situaciones respectivas, separadas en principio por un importante desplazamiento jerárquico, tienden a aproximarse la una a la otra. La humildad del maestro se da por supuesta, si el maestro es un maestro auténtico; frente al discípulo, lo que prima no es el sentimiento de superioridad relativa y momentánea, sino más bien el sentido de su insuficiencia eterna en relación con la exigencia totalitaria de la verdad.

Por otra parte, esta vocación de verdad, que funda la indignidad del maestro a sus propios ojos, justifica al mismo tiempo la eminente dignidad del discípulo. La atención del maestro por el alumno, su solicitud, prueba el precio infinito de esta conciencia que se ignora. Pidiendo en todo momento el consentimiento, la aprobación del alumno, el maestro se coloca en situación de dependencia, y esta situación se funda sobre la importancia del desafío, que es el futuro de una vida espiritual, y el futuro mismo de la verdad. Pues el maestro, avanzado ya en su propio camino, tiene conocimiento de sus límites; ningún ser humano digno de ese nombre puede ocultarse sus insuficiencias. Sabe que no llegará al final. A partir de ese momento, el discípulo representa para él la posibilidad de un aplazamiento de esperanza. Pues el alumno vivirá más tiempo que el maestro y, tal vez, vivirá más intensamente; triunfará allí donde el maestro ha fracasado, pero al mismo tiempo asociará al maestro a los progresos logrados de este modo. Asegurará la supervivencia del maestro, al precio de una especie de reencarnación en espíritu. Sin duda el discípulo ignora todo esto en el momento en que se encuentra bajo la disciplina del maestro, pero el maestro lo presiente, y es para él una razón suplementaria para respetar y honrar al discípulo, en quien reconoce al maestro de mañana.

Así, la relación auténtica entre el maestro y el discípulo no es una contemplación y delectación mutua, porque constituye en realidad una relación a tres bandas. En el diálogo entre el maestro y el discípulo, la verdad es siempre la tercera parte; y es esa tercera parte que funda la relación entre las dos primeras. Cada uno de los dos, en efecto, no es para el otro un fin en sí, un objeto de veneración o de devoción en la vía de la verdad en su plenitud.

El verdadero magisterio puede en adelante ser distinguido de sus desviaciones. El maestro que se toma al pie de la letra, se identifica con la verdad y se enseña él mismo, es infiel a su misión. Embauca al alumno, al que encamina a recitar la lección, en lugar de enseñarle que el camino de la verdad es un camino diferente para cada ser humano. Por supuesto, aquí el engaño es frecuente, es casi general, y muy a menudo el profesor y el alumno se dejan arrastrar por la idea de que la perfección del discípulo consiste en repetir palabra por palabra la enseñanza del maestro. Pero esta concepción pueril y franca de la enseñanza traiciona el sentido mismo de la verdad; y el discurso así afirmado y retomado, especie de índice intercambiable que valdría para todos y para cada uno, no es el canto profundo en el cual se desvelaría la autenticidad de un ser humano. Innumerables cantores aficionados se ejercitan en repetir sus melodías favoritas a la manera de tal o cual artista de moda, que encarna a sus ojos la perfección. Esa gente puede poseer un pequeño talento de sociedad, pero con seguridad no escuchan nada en la música.

Semejante superstición e idolatría es, sin embargo, frecuente. A menudo es animada por el consentimiento mutuo de los dos interesados. El alumno, que habla como el maestro, se cree de repente tan grande como él; se identifica con una personalidad a la que venera. Y el profesor, cuando el alumno recita la lección, se complace en escuchar el eco de su enseñanza, como si ese eco tuviera valor de confirmación. Sin embargo, está claro que no hay ninguna ganancia en verdad, sino, de una y otra parte, una voluntad común de engaño. El fenómeno escolar del *favoritismo* es, sin duda, un aspecto frecuente de esta desventura pedagógica. El profesor escoge a un discípulo de su elección, buen alumno escogido por su docilidad y por la admiración indisimulada que profesa al maestro. Este lee en los ojos del niño el sentido de su propio valor, y la predilección que le concede no es más que una complacencia indirecta para sí mismo. La pareja así formada representa una forma elemental de egoísmo a dos; el profesor descubre en ello un remedio a sus inquietudes secretas; la dedicación del alumno le ofrece una prueba de su propia existencia y de su valía. En cuanto al alumno, encuentra en la solicitud del maestro una especie de promoción, una seguridad que le fascina. Pero en tales casos, los dos interlocutores se equivocan; la lección enseñada y aprendida no es más que una verdad prefabricada, es decir, una ausencia de verdad.

El mito de Pigmalión ilustra perfectamente esta desviación pedagógica. El narcisismo profesoral se complace en crear una imagen del buen alumno, una estatua o una marioneta, capaz de responder como es debido a toda pregunta planteada, de manera que admirando este éxito perfecto, el profesor rinde un justo homenaje a sus propios talentos. Pero a la estatua de Pigmalión le falta lo esencial, es decir, la vida, y generalmente la historia acaba mal. O bien la estatua sigue siendo una estatua; no era más que una imagen, una proyección y un espejismo, cuyo vacío termina por mostrarse a plena luz. O bien la estatua cobra vida y el discípulo desencantado, quemando lo que adora, se desembaraza de una tutela que le parece a partir de ahora abusiva o ridícula. El maestro será víctima de esta liberación; tendrá que sufrir la ingratitud del alumno favorito, al cual no perdonará el bien que le había hecho. Pigmalión quiebra la estatua; el profesor se consuela como puede desgarrando la imagen en la cual se admiraba a sí mismo.

En efecto, cuando el maestro y el discípulo están a solas, no hay verdaderamente un maestro y un discípulo, sino dos ídolos absortos en una mutua contemplación. Sin duda se encuentra aquí la posibilidad de separar lo verdadero de lo falso, la ilusión de la realidad. En el diálogo del maestro y el discípulo, no se trata del maestro o del discípulo; se trata de la verdad, y únicamente el cuidado de la verdad puede salvaguardar la conversación contra las perversiones siempre amenazantes. Lo que salva a los dos interlocutores es la vocación común que los invita, a uno y a otro, a superarse a ellos mismos. El discípulo se equivocaría sobre sí, sobre el maestro y sobre la verdad misma, si considerara al maestro como la verdad encarnada y la meta a alcanzar.

Quien ha encontrado a su maestro cree antes que nada haberse encontrado a sí mismo, pues la búsqueda del maestro trata de remediar la angustia de ser uno mismo. Pero el remedio no tiene más que un efecto provisional, pues el verdadero maestro es únicamente un intercesor, y una especie de relevo, que no me descargará de la carga de mí mismo. La alegría del maestro es alegría en la verdad, pero la verdad del maestro no es aún sino una aproximación de mi verdad. Por supuesto, la verdad tiene para mí, en adelante, un rostro y un garante; el maestro se siente mi garante, al mismo tiempo que es garante de la verdad. Negocia mi relación con la verdad, y por ello me da confianza. Al contrario, por otra parte, el discípulo es también para el maestro un garante de la esperanza. Al contacto con el maestro, el discípulo se reconcilia con la vida; al contacto con el discípulo, el maestro se reconcilia con la muerte. Cada uno da, y cada uno recibe. Cada uno recibe de modo distinto a como da, pero en proporción a lo que da.

La relación del discípulo con el maestro se muestra pues, bajo el análisis, de una singular complejidad. Relación de doble entrada, no se reduce, para el discípulo, a una pura pasividad ante la enseñanza magistral. El maestro no interviene como el titular de las verdades que distribuirá a sus alumnos. La verdad no se encuentra ya ahí, a disposición de uno u otro; se afirma a medida como el horizonte común de la relación, se anuda y se desanuda en la reciprocidad que une a aquel que enseña con aquel que es enseñado.

El maestro no debería ser pues un *modelo* sobre el que el alumno regulara su comportamiento material e intelectual. Los malos alumnos de Alain llevaban los mismos cuellos falsos que Alain, repetían sus gestos y trataban de hablar y de escribir como él. Pero los monos de Alain no eran más que caricaturas del maestro, al cual dedicaban una admiración infantil y torpe. La fascinación del maestro prestigioso conlleva de hecho una antieducación cuando mantiene al alumno esclavizado. Hay así historiadores que escriben como Lucien Febvre; pero lo que en él era libertad de estilo se convierte en estos en preciosismo, afectación ridícula. Del mismo modo, ciertos lingüistas han tomado prestado a su maestro, Guillaume, su vocabulario hermético y su hablar oscuro, sin dar prueba, claro está, de las mismas cualidades intelectuales que él. No basta con hablar como Heidegger para apropiarse de su envergadura espiritual.

El discípulo que copia el modelo se equivoca sobre el maestro y sobre sí mismo. Con mayor razón el maestro auténtico se esforzará por desanimar al alumno cuando este, confundiendo los planos, abandone lo seguro por lo posible y se quede en las apariencias en lugar de buscar lo esencial. Aquel que pretende imitar al maestro no lo imita en realidad, sino que se aleja de él, pues el maestro no imita a nadie. En el espejo deformante del discípulo, el maestro no puede más que causarse horror a sí mismo. De hecho, el verdadero maestro es inimitable, y sus alumnos lo perciben claramente, incluso a través de sus torpes esfuerzos por convertirse en algo semejante a él. Los alumnos de Alain apodaban al profesor simplemente "el Hombre", o "el Viejo", como para subrayar una cierta simplicidad desalentadora en la afirmación de su personalidad. Uno de los aspectos fundamentales del misterio de la maestría es precisamente la inconmensurabilidad de aquel que está revestido de ella; no es como los otros, y, porque no es como los otros, su presencia interviene en el campo social como un centro de reunión y de poder, un origen a partir del cual se ejerce una influencia.

Si alguna vez he de sufrir la tentación de convertirme en un *modelo*, seré el primero en reírme de ello, escribió el pensador prerromántico alemán Hamann. Pero nada me impide llevar a cabo mi deber de *original*. Un original pone en fuga a los imitadores y produce modelos.[5]

Por supuesto, la originalidad aquí en cuestión es la expresión de una autenticidad personal; no se trata de una voluntad de distinguirse a cualquier precio, aunque sea a fuerza de excentricidades gratuitas. El esnobismo pertenece a todas las épocas; perpetúa, de Alcibíades a los dandis románticos y a los modernos surrealistas, el gusto por el escándalo, y por dejar atónito al burgués.[6*] Pero se ve sin dificultad que semejante originalidad, siempre a la búsqueda de un contraste deseado, es en realidad dependiente del medio social en el que se afirma. Llevar la contraria al uso establecido es igualmente una forma de ajustarse al uso establecido.

---

5. Carta del 4 de marzo de 1763, citada en BLUM, J. (1912) *La Vie et l'Œuvre de J. G. Hamann*, Alcan, p. 192.

6*. *Épater le bourgeois* era un lema propio de Baudelaire, Rimbaud y otros poetas decimonónicos, que trataban de resumir en él su desprecio hacia el orden burgués establecido. (*N. del T.*)

La originalidad del maestro es de una naturaleza diferente. Liberada de toda obediencia social, expresa el cuidado de una referencia a la verdad de los valores más pura. Ir a contracorriente de las costumbres es seguir la corriente; pero el maestro no se afirma a la estela de nadie. La búsqueda del efecto producido no se encuentra en absoluto en su iniciativa; se guarda de toda provocación que se arriesgara a falsear el sentido de su afirmación poniendo el acento sobre lo que es accidental en detrimento de lo esencial. Es cierto que Sócrates escandalizaba en la Atenas de su tiempo. Pero cualquiera valora la diferencia entre el escándalo socrático, repercusión indirecta de una actividad dirigida a fines superiores y, por ejemplo, el escándalo social que se encarniza en provocar el dandi Alcibíades, cortando la cola de su perro o mutilando los Hermes. En Alcibíades se afirma una originalidad juvenil, una voluntad de desafío y de bravuconería; en Sócrates, una bravura tranquila. De un lado la provocación, de otro la vocación. Y cuando llegue, ante la reacción de la opinión pública y de los poderes, la hora del peligro, Alcibíades buscará la salvación en la huida, y en la traición; Sócrates se quedará, proporcionando así, al precio de su vida, la prueba y la demostración de su plena sinceridad.

Todos los hombres verdaderamente grandes —decía Lachelier— han sido originales, pero ni han querido ni han creído serlo; al contrario, es buscando hacer de sus palabras y de sus actos la expresión adecuada de la razón como han encontrado la forma particular bajo la cual estaban destinados a expresarla.[7]

La virtud de la originalidad aparece, en tales casos, unida al cuidado de la universalidad; el maestro es original sin haberlo deseado. De nuevo se desvela aquí la debilidad de todos aquellos, pensadores o artistas, que persiguen por medios artificiales, por el refinamiento, la oscuridad de estilo, por ejemplo, una reputación y una influencia que su solo valor personal no podría conseguirles. Estos asteroides de salón o de capilla brillan con un resplandor fugaz en la atmósfera saturada de admiración mutua de la camarilla que han sabido constituir a su al

---

7. Texto de una comunicación a la Académie des Sciences Morales et Politiques, citado en la noticia de Brunschvicg, al comienzo de las *Œuvres complètes* de Lachelier, t. I, Alcan, 1933, p. XXV.

rededor. Pero es éste un fenómeno puramente social, mientras que la originalidad del maestro auténtico, más allá de las regiones equívocas de la sociología, se afirma en el nivel de una ontología de la verdad.

El modelo suscita imitadores; el original los desalienta, tanto se afirma su singularidad más allá de todo logro. El joven Alcibíades compara a Sócrates con el pez torpedo cuyo contacto produce una descarga eléctrica. Uno es sobresaltado, reenviado a sí mismo, con la inquietud promovida, en adelante, por este encuentro insólito. Sócrates, maestro de ironía, mantiene a distancia a todos aquellos que han estado sometidos a su irradiación intelectual. Son transformados, pero no a imagen de Sócrates; son reenviados a sí mismos y confrontados con su propia evidencia íntima, descuidada hasta ese momento.

Al original que fuera únicamente un original le faltaría la generosidad para ser un maestro. Paul Léautaud,[8*] envejecido y amargado, se encierra en un pabellón en ruinas de las afueras y termina sus días en compañía de una docena de gatos. La originalidad del misántropo es un signo de alienación: se distingue, se aparta, a falta de poder vivir con los otros; en la mayoría de las ocasiones, por otra parte, su exilio es el resultado de viejas heridas mal cicatrizadas y de sensibilidades incurables. Encerrándose en su atrincheramiento confiesa su fracaso; su originalidad tiene el sentido de una negación.

Por el contrario, el maestro es un original en el sentido positivo del término. Se niega a ser un modelo que se pueda imitar, pero es *un ejemplo* en el cual puede uno inspirarse, es decir, que su influencia reviste la significación de una llamada al ser, que exhorta a la edificación de la personalidad. El discípulo, antes del encuentro con el maestro, vivía en un estado de tranquilidad, de indiferencia. Es esta satisfacción despreocupada, esa especie de inocencia, la que se encuentra puesta en cuestión en adelante. El prestigio del maestro moviliza la personalidad adormecida; la autoridad del maestro ejerce una acción de coerción y de aspiración al mismo tiempo. Al margen incluso de cualquier enseñanza particular, o de una palabra que me sea dirigida personalmente, la presencia del maestro se me impone como la prueba de un ser mejor del que no soy incapaz.

8*. Paul Léautaud (1872-1956) fue un escritor y crítico teatral que trabajó durante la mayor parte de su vida para la famosa revista *Mercure de France*. (*N. del T.*)

La imitación del modelo no produce más que una acción pasiva, un esfuerzo de conformidad. Por el contrario, la provocación del ejemplo impone una puesta en juego de las energías íntimas, gracias a una especie de determinismo analógico. La presencia concreta ejerce una influencia que no posee la predicación abstracta de un ideal moral o de un catecismo cualquiera. El ejemplo opera por acción directa con un poder totalitario; una personalidad actúa sobre otra personalidad a través de un fenómeno de inducción, englobando en su eficacia los temas y medios limitados de la reflexión intelectual. Max Scheler reconocía al "principio de ejemplaridad" una influencia decisiva en el terreno moral: "primitivamente —escribe— antes de toda acción ejercida por normas y antes de toda educación, la persona moral está al cuidado, en el movimiento mismo de su formación, de otra persona, o de la idea que se hace de esa otra persona".[9]

El ejemplo, mejor que una enseñanza, es la escuela de una presencia, la operación de un encuentro en los grandes caminos de la lectura o de la vida. La palabra se hace carne; en lugar del monólogo de la predicación es un diálogo establecido de una vida a otra vida. Pero el hechizo del ejemplo puede actuar para lo peor tanto como para lo mejor; puede ejercerse en los dos sentidos, ascendente y descendente, de la escala de valores, y de la edificación de la personalidad. El mal ejemplo lleva consigo la degradación; descalifica al ser humano, por la fascinación de malos encuentros o la atracción del fruto prohibido. Igual de malo es, por otra parte, el ejemplo de quien hace de mí un desviado, conduciéndome por un camino que no es el mío. Cuántas falsas vocaciones desencadenadas por una propaganda abusiva, por la lectura de una vida de un santo, de una biografía de un militar o de un explorador... El mal ejemplo conduce a una alienación y apropiación de la personalidad. El buen ejemplo, por el contrario, empuja a la persona a la búsqueda de su propia autenticidad, al margen de toda concesión a un conformismo cualquiera, y a la exclusión de todo argumento de autoridad.

El maestro es, pues, aquel que proporciona el ejemplo, pero el buen ejemplo. Es decir que la fidelidad al maestro, contraria a toda

---

9. Scheler, M. (1955) *Le formalisme en éthique et l'éthique matériale des valeurs*, traducción de Gandillac, N.R.F., p. 575.

idolatría, se presenta antes que nada como fidelidad a uno mismo. Todo ejemplo es inherentemente ejemplo *de* y ejemplo *para*; no puede ser pues un origen en sí o un fin en sí, siendo su valor indicativo ambiguo. Los grandes pintores han empezado por copiar a los pintores de antaño. Uno se busca de ejemplo en ejemplo, de maestro en maestro, según un movimiento de aproximación, que bien podría definir un método de ensayo y error para el conocimiento de sí. El ejemplo no pertenece a nadie; atañe al orden de la coexistencia, lenguaje de ser humano a ser humano según los caminos inciertos de la comunicación indirecta. Se observa aquí cómo y por qué Rilke el poeta ha podido ser el mejor alumno del escultor Rodin y del pintor Cézanne, por qué Wagner ha podido ser un maestro y un ejemplo para Nietzsche.

El magisterio, en su validez ejemplar, opera una transferencia de significación de una existencia a otra existencia. Más que de ejemplo, por añadidura, podría hablarse aquí de *testimonio*. Cada existencia es un testimonio de la verdad, un testimonio a la verdad, pero un testimonio cuyo valor escapa a aquel que lo realiza. Entre el maestro y el discípulo, más allá del discurso aparente de la enseñanza, se continúa otra conversación, en profundidad, como un juego sobre las estructuras fundamentales del ser humano. El discípulo sufre una influencia tanto más decisiva cuanto que es menos literal. A través de un conjunto de operaciones y de transposiciones, son estas las actitudes ante la vida que se encuentran cuestionadas, al principio mismo de su orientación. Es en este sentido en el que la acción del maestro se muestra creadora, en la medida en que produce en el discípulo un cambio de aspecto, y una orientación. La huella que parece haber dejado las mínimas trazas visibles puede ser así la más esencial. Hay una adoración supersticiosa del maestro, traducida en monerías y tonterías, que no es más que una forma de infantilismo persistente y de regresión mental. El verdadero discípulo toma distancia, sin liberarse, sin embargo, del deber de respeto; pero en el fondo de sí mismo, y a pesar de las resistencias aparentes, se sabe marcado para siempre.

El maestro, por su parte, si es un auténtico maestro, conoce la diferencia entre las concordancias ocasionales y la influencia profunda. Se defiende contra la devoción del discípulo, es decir, que se toma en serio proteger al discípulo y protegerse a sí mismo contra las desilusiones por venir. Solo alguien mediocre puede recibir, y tal vez suscitar, adoraciones pueriles; el maestro las desalienta, porque reconoce su futilidad. Tal es la enseñanza del *Zaratustra* de Nietzsche, que se toma en serio prevenir a sus discípulos contra el peligro que él representa para ellos: "No os habíais buscado aún a vosotros: entonces me encontrasteis. Así hacen todos los creyentes: por eso vale tan poco la fe. Ahora os ordeno que me perdáis a mí y que os encontréis a vosotros; y sólo cuando todos hayáis renegado de mí, volveré entre vosotros". Y el mismo Zaratustra proclama aún: "En verdad, este es mi consejo: ¡Alejaos de mí y guardaos de Zaratustra! [...] Vosotros me veneráis: pero ¿qué ocurrirá si un día vuestra veneración se derrumba? ¡Cuidad de que no os aplaste una estatua!".[10] Es sabido que esta predicación será retomada por el maestro de *Los alimentos terrenales* de André Gide, en su exhortación final a su discípulo: "Nathanaël, arroja mi libro; no te contentes con él en absoluto. No creas que *tu* verdad pueda ser encontrada por cualquier otro [...] Arroja mi libro; dite que esa no es más que una de las mil posturas posibles frente a la vida. Busca la tuya...".[11]

El más elevado éxito del maestro no es apoderarse del discípulo, sino darle la palabra. Fénelon, preceptor del duque de Borgoña, heredero del trono de Francia, hizo de él una especie de seminarista al cual, felizmente para Francia y para él, una muerte prematura le impidió reinar. El triunfo de la educación es la negación misma de la educación, cuando lo semejante engendra lo semejante por opresión y persuasión, cuando la personalidad fuerte reduce a la esclavitud a la personalidad débil. La artificialidad pedagógica no triunfa más que sobre los mediocres; los mejores se refugiarán en la revuelta que es la única salida posible frente al narcisismo magistral.

Pero, si incluso la discreción del maestro evita el recurso a la revuelta, está claro siempre que el coloquio del maestro y el discípulo, en su plena realidad, no durará más que un tiempo. Terminará siempre por una separación. El alumno dejará la escuela, y conocerá otras

---

10. NIETZSCHE, F. (1995) *Así habló Zaratustra*, traducción de Andrés Sánchez Pascual, Madrid, Alianza Editorial, pp. 122-123.

11. GIDE, A. (1950) *Les Nourritures Terrestres*, N.R.F., *Envoi*.

influencias y otras disciplinas. Será necesario un día tomar distancia
en relación con el maestro más amado, y aquel que no lo logre se quedará en el camino de su propia vida, como la mujer de Lot alcanzada
por la parálisis porque mira hacia atrás, en lugar de ir hacia adelante.
La relación del maestro y el discípulo es necesariamente una relación
pasajera: el buen maestro lo sabe; se prepara él mismo, prepara al discípulo para la ruptura que ha de llegar. Es esta separación, a la vez
material y espiritual, la que permitirá diferenciar en el interior de la
relación mutua lo que había de momentáneo, lo que hay de eterno.

Se pone de manifiesto entonces que la relación del maestro y el
discípulo, en su significación más elevada, escapa a aquellos mismos
que une, y esta incertidumbre última basta para desenmascarar la
inanidad de las pretensiones magistrales en ese terreno. El maestro
no sabe exactamente, y no sabrá nunca, para quien habla; no sabe
exactamente, y no sabrá nunca, lo que dice. Una palabra, cargada
para él de sentido, puede quedar sin eco; una fórmula vacía puede
producir frutos y, por otra parte, toda enseñanza dada y no recibida,
puede permanecer suspendida, a la espera, hasta el día en el que des-
pertará para adquirir un valor decisivo en el interior de una conciencia
que al principio la había escuchado sin entenderla.

El discípulo no está nunca ante el maestro como la arcilla entre
las manos del escultor, o como una marioneta de la que el maestro
manejara los hilos. Incluso el alumno más aparentemente sumiso escapa a la dominación espiritual. Porque el sentido de una vida pertenece en propiedad a esa vida; el sentido de una vida, es que esa vida
tiene un sentido; pero ese sentido no puede ser apresado más que en
función de la situación, de la que indica el ser, de la que orienta el
valor. Por consiguiente, el educador no puede actuar directamente
sin arriesgarse a equivocarse y a equivocar a aquel que creía ayudar.
Toda influencia real es alusiva. Aquel que habla no es el dueño[12*]
de las palabras que pronuncia; estas se le escapan para resonar en el
interior de otro espacio vital, donde despertarán ecos imprevisibles.
En los confines de las vidas personales que la relación pone en juego,
se producen interferencias, una interacción espiritual, que escapa a

___
12*. *Maître* en francés tiene el doble sentido de maestro y dueño. (*N. del T.*)

cualquier control técnico –comunicación más allá de la comunicación y a pesar de la comunicación.

El sentido último del magisterio es, sin duda, que todo el mundo necesita a un maestro, pero que no hay maestro. Al menos, no hay maestro universal, pues ningún maestro logra la unanimidad. Siempre hay objetores de conciencia, a Jesús, a Sócrates, a Alain. Y tal vez esos que rechazan al maestro son ellos mismos necesarios para el maestro: le recuerdan la humildad; por encima de todo, prueban que el magisterio sigue siendo un misterio impenetrable. Pues si nadie puede ser un maestro para todos, cualquiera puede ser un maestro para algunos. El ser humano más oscuro, el más despreciado puede ser un guía de vida para tal o cual de sus semejantes en un momento difícil. Así Platón Karataïev a los ojos del príncipe Pierre en *Guerra y Paz* de Tolstoi; así el viejo pescador puesto en escena por Hemingway en *El viejo y el mar*, cuya lucha desesperada con el gran pez representa para el joven muchacho que le acompaña una especie de enseñanza suprema, para siempre inolvidable.

El magisterio intervendría como una gracia en el seno de la banalidad de las relaciones humanas. Entre tantas frases perdidas, la palabra del ser se hace escuchar en un instante entre dos privilegiados, que no olvidarán jamás el encuentro. Y, contrariamente a lo que imaginan la mayor parte de los profesores, oradores profesionales, el lenguaje no es aquí un instrumento válido de comunicación. La relación de magisterio, cuando existe, se establece más allá de la relación profesoral y al margen de ella. Los maestros orientales del Zen sacan a la luz el hecho de que la más elevada enseñanza escapa al discurso.

La idea de los maestros es mostrar la vía en la cual la verdad del Zen debe ser experimentada, pero esta verdad no puede ser encontrada mediante el lenguaje que emplean, y que todos nosotros empleamos como un medio de comunicar ideas. Cuando es preciso recurrir a las palabras, el lenguaje sirve para expresar sentimientos, estados del alma, actitudes interiores, pero no ideas; se vuelve completamente incomprensible cuando buscamos su sentido en las palabras de los maestros, creyendo que las palabras revisten ideas. Por supuesto, las palabras no deben ser consideradas completamente nulas y sin valor, en la medida en que se corresponden con sentimientos, experiencias...[13]

Dicho de otro modo, el lenguaje del magisterio sería una especie de lenguaje existencial, en el repudio del lenguaje social; un lenguaje auténtico en el cual se desvelan las articulaciones del ser. Esta invocación de la existencia a la existencia puede utilizar palabras, pero revistiéndolas de una dignidad fascinante, inconmensurable con su valor aparente; se servirá también de gestos y de reservas, de actitudes y de sonrisas. Pues, aquí, el sentido nunca está dado en el nivel del discurso; es indicación de vida. Tal es, por otra parte, el ministerio del magisterio, que comienza más allá de la verborrea pedagógica y se extiende poco a poco a la totalidad del dominio personal.

El silencio del maestro importa más que la palabra del maestro, silencio no de ausencia, sino de presencia. Silencio sobre lo esencial, cuando se interrumpen las posibilidades del discurso: la palabra, tensada hasta el extremo, si pretendiera llevar más adelante, se rompería. Entonces no subsisten más que la entonación pura, la expresión del rostro que prolongan las intenciones, designándolas sin reducirlas. Una sonrisa vale una última palabra. Y el silencio es también respetuoso, ante la región vislumbrada de los testimonios últimos, silencio del maestro, silencio del discípulo, silencio de la comunicación fugitiva, protegida por la reserva del pudor. Ese silencio de la plenitud vislumbrada y compartida equivale, de ser humano a ser humano, a una confesión sin confianza en la que se preserva para cada uno una dignidad completa.

Lo mejor no será nunca dicho; en cambio, el silencio seguirá siendo el medio de propagación y de resonancia donde se realiza el sentido más elevado de lo que fue enseñado. Llegará el momento de separarse y de despedirse. Pues el tiempo del maestro es un tiempo limitado. El amor consiste en vivir juntos, pero la relación con el maestro debe terminarse. No obstante, la memoria y la fidelidad sobrevivirán incluso en el alejamiento, fidelidad a sí mismo tanto como fidelidad al otro. El testimonio supremo del maestro es precisamente que no hay

---

13. Suzuki, D. T. (1954) *Essais sur le Bouddhisme Zen*, traducción de Jean Herbert, t. I, Albin Michel, 3ª ed.

maestro; en un cierto momento, siempre, el verdadero maestro nos deja solos. Hay que intentar vivir. Un admirable poema de Rilke: *Torso arcaico de Apolo*, describe la perfección de un mármol antiguo. Y, confrontado con esta suprema evidencia, aquel a quien esta belleza se le manifestó una vez, extrae de ella la lección necesaria: *Du musst dein Leben ändern*;[14]* debes cambiar tu vida.

La desigualdad entre el maestro y el discípulo se restablece en igualdad, pues la vocación del discípulo es vocación por el magisterio. Aquel que nunca logre superar sus años de escuela para afirmarse como maestro, ese no habrá sido nunca un auténtico discípulo. Vivirá toda su vida en el pasado, encontrándose su desarrollo como bloqueado en el tiempo de su infancia. El discípulo, al convertirse en maestro, transforma el pasado en presente; asegura la tradición renovándola. Aquello que recibió del maestro le ha sido imposible devolvérselo al maestro. Como el deudor de antaño se convertía en esclavo cuando no podía pagar su deuda, así el discípulo sigue siendo para siempre prisionero bajo palabra. Toda su vida está comprometida a cambio de este reconocimiento de deuda; no puede exculparse él mismo con el maestro, sino por su respeto y su fidelidad. Pero se exculpa ante sus propios alumnos, a los cuales transmite a su vez la enseñanza que recibió, y que se enriquece a través de lo mejor de él mismo.

Escribía Nietzsche: "Cada maestro no tiene más que un solo alumno —y este alumno le llega a ser infiel—, pues está predestinado a la maestría".[15] Sin duda, esta desobediencia del mejor tiene algo de trágico; el alumno debe renegar del maestro, so pena de renegar de sí mismo. En cierto sentido, el coloquio del maestro y el discípulo se aproxima a la famosa tradición de la rama dorada, tema de las reflexiones de James George Frazer, que se inspiraba en el culto de la Diana de los Bosques, tal como se practicaba en el santuario de Aricia, cerca del lago Nemi:

> Alrededor de cierto árbol de este bosque sagrado rondaba una figura siniestra todo el día y probablemente hasta altas horas de la noche:

14*. En alemán en el original. (*N. del T.*)

15. NIETZSCHE, F. (1999) *El viajero y su sombra*, § 357, traducción de Carlos Vergara, Madrid, Edaf, p. 135.

en la mano blandía una espada desnuda y vigilaba cautelosamente en torno, cual si esperase a cada instante ser atacado por un enemigo. El vigilante era sacerdote y homicida a la vez; tarde o temprano habría de llegar quien le matara, para reemplazarle en el puesto sacerdotal. Tal era la regla del santuario: el puesto sólo podía ocuparse matando al sacerdote y substituyéndole en su lugar hasta ser a su vez muerto por otro más fuerte o más hábil. El oficio mantenido de este modo tan precario le confería el título de rey [...].[16]

Ciertamente, Frazer no pensaba, cuando estudiaba el ritual de la rama dorada, en la trasmisión de dignidades universitarias. Y si es cierto que el discípulo debe, un día u otro, cometer un parricidio sobre la persona del maestro, ese momento de ruptura no es nunca más que una etapa. La armonía se restablecerá, una vez realizada la emancipación, en la distancia adoptada. El propio maestro perdonará al discípulo que se ha liberado de su tutela, en recuerdo y en compensación de su propia liberación. Pues de generación en generación se cumple una misma exigencia, en la cual se reafirma el honor del espíritu humano.

Un bello relato de André Gide retoma la parábola evangélica del hijo pródigo, en la tarde de las festividades que consagran la vuelta del hijo mayor a la casa paterna. En la morada al fin tranquila y que invita al sueño, el hijo mayor descubre a su hermano más joven, que no ha dicho nada en todo el día, y que ahora llora en silencio bajo la sombra protectora de la noche. Sin una palabra, el hijo pródigo toma la mano del benjamín y lo conduce, a través del jardín, hacia la puerta del fondo, que se abre sobre los espacios de la aventura. El mayor ha vuelto; pero el retorno es una confesión; se ha reconciliado con el tranquilo mundo cotidiano. El más joven se descubre cargado de una responsabilidad desesperante y estimulante; es su turno ahora de desarrollar con más ahínco, para bien o para mal, la empresa de la cultura.

---

16. FRAZER, J. G. (1981) *La rama dorada. Magia y religión*, traducción de Elizabeth y Tadeo I. Campuzano, Madrid, F.C.E., p. 23.

CAPÍTULO 10

Pequeña sociología del magisterio

Cada sociedad humana inscribe su presencia sobre la superficie de la tierra en los límites de un horizonte geográfico determinado. Esta localización de la comunidad en el espacio propone a todos y a cada uno el decorado de la vida cotidiana cuyos ritmos se desarrollan en el incesante vaivén entre el horizonte próximo y los horizontes más lejanos. Pero cada dominio espacial corresponde a un dominio temporal; el presente del género de vida se organiza en función de un pasado que orienta sus fidelidades y de un porvenir, objeto de sus preparativos y de sus esperanzas.

Toda vida comunitaria, sea en la escala de un grupo limitado o de una gran nación, depende de un conjunto espacio-temporal complejo, cuyas estructuras principales presiden el desarrollo de la existencia en el día a día. Podría decirse que el funcionamiento de una sociedad se regula sobre un esquema regulador ideal, que prescribe la marcha a seguir para la conducta de la vida en las grandes circunstancias tanto como en las pequeñas. Las sociedades altamente organizadas han definido rigurosamente estos esquemas de funcionamiento gracias a sus códigos jurídicos, a sus reglamentos administrativos, a sus manuales de urbanidad y de saber vivir que formalizan el buen uso de la vida. Pero las exigencias del procedimiento y de la etiqueta no están menos estrictamente fijadas en las más humildes comunidades, todavía exentas de las disciplinas de la civilización occidental.

Dicho de otro modo, sea en el momento que sea de la historia de la humanidad, vivir nunca es sencillo. Vivir no es el despliegue espontáneo de una actividad que se inventaría a sí misma en una constante felicidad de expresión. Vivir implica saber vivir; vivir presupone haber vivido. Cada existencia depende de existencias anteriores, sin fin, que han fijado las grandes líneas según las cuales se desplegará su aventura. Todo ser humano que viene al mundo viene a él menos para vivir que para revivir según fidelidades cuyos orígenes se pierden en la noche de los tiempos. Aquí se encuentra, tal vez, la fuente de la verdad a la cual conducen todas las doctrinas de la metempsicosis, siendo cada vida, en efecto, el recomenzar de todas aquellas que la han precedido.

La educación, en el sentido más general del término, no es, sin duda, otra cosa que el órgano de esta metempsicosis social. Llamamos educación a la formación de los jóvenes por los ancianos, al emplazamiento de los recién llegados en el conjunto social integrado del que están llamados a compartir los usos y costumbres, las alegrías, las penas, las actividades. La función pedagógica tiene como tarea situar a los jóvenes en el horizonte espacio-temporal de la vida comunitaria. Gracias a ella, una familia humana determinada toma conciencia de ella misma en cada uno de los individuos que dependen de ella. So pena de no ser nunca más que una persona desplazada en un universo vacío de sentido, todo ser humano debe encontrar su lugar entre los seres humanos gracias a su iniciación a los temas, estructuras y aspiraciones cuya convergencia define el programa vital de una sociedad dada, es decir, su cultura.

La primera educación es, pues, esa formación de todos por cada uno y de cada uno por todos, en el seno del grupo social, que se define siempre como una reciprocidad de influencia o como una escuela universal. La pedagogía inconsciente es la más eficaz; en la familia, como fuera de ella, se persigue en todo momento el modelado según las normas inmanentes que caracterizan a la comunidad. El primer maestro de todo el mundo es todo el mundo. Más expuesto que el adulto a esas influencias formativas que se ejercen sobre él a partir de todos los puntos cardinales del entorno humano, el niño se deja formar lentamente, hasta el momento en el que se convierta él mismo en un miembro de pleno derecho de la sociedad de los seres humanos responsables.

Durante los lentos milenios correspondientes al desarrollo de las sociedades arcaicas, la función docente es una función difusa. Todo el mundo enseña a todo el mundo las actitudes y las conductas fundamentales que pautan la existencia primitiva. La educación se reduce al aprendizaje de las responsabilidades adultas, tal como estas se practican desde tiempo inmemorial. Toda la cultura se desarrolla en la presencia del presente; la palabra de los ancianos, de los padres, es la única mensajera de los mitos que ponen en escena, día tras día, según liturgias familiares, las actividades de la comunidad. En el espacio y en el tiempo, el pensamiento apenas franquea los horizontes de esta geografía cordial que describen las actividades fundamentales de ese género de vida. Época feliz, sin duda la única en la que la pedagogía no constituye un problema; edad de oro de una pedagogía sin pedagogos, porque la integración social se encuentra en ella asegurada simplemente por las influencias que mantienen espontáneamente la coexistencia pacífica de los seres y las cosas. Con mayor razón considerando que los programas no están sobrecargados; se trata solamente de proseguir la ejecución de técnicas y de ceremonias, de mantener el orden en el trabajo y en las fiestas: jardinería o agricultura, pesca o caza, guerra, juegos y danzas, modestas artesanías a la medida de las necesidades. La educación se realiza por el contacto de las existencias en la mutualidad de cada día, por la palabra y la mirada, por el ejemplo de los más experimentados, transmitido poco a poco a los más jóvenes, que lo transmitirán a su vez.

No obstante, si la sociedad arcaica no tiene escuelas, sería inexacto decir que no conoce maestros. Ciertas instituciones, ciertos personajes se hacen cargo de la formación de los jóvenes, al menos en momentos particularmente críticos. No se trata aquí de aprender a leer, a escribir, y a contar, puesto que estas disciplinas intelectuales aún no existen; no se trata tampoco de una formación técnica o profesional, asegurada por el propio medio. La única acción educativa especializada que se ejerce sobre el adolescente es la de la iniciación mítica o religiosa, en el momento en que accede a la edad adulta. En efecto, es importante que cada uno de los miembros de la tribu reciba la revelación de las tradiciones sagradas y de los ritos que aseguran la cohesión y la seguridad de la vida comunitaria. El universo social forma un todo, cuidadosamente ordenado en el origen por los dioses fundadores, cuyas conductas primeras han definido para siempre el prototipo de todas las actividades esenciales. La salvación colectiva vuelve a ponerse en cuestión con cada conducta no conforme con el modelo divino de los ritos primordiales, cuyas tradiciones secretas perpetúan la memoria. El sistema de mitos define, pues, una especie de principio de conservación del orden social.

Depositario de las tradiciones secretas, maestro de los rituales de iniciación, el *shaman*,[1*] el mago, el hombre-médico es el más antiguo de todos los instructores del género humano. Su función es asegurar la continuidad de la vida social mediante la transmisión de los secretos que la sostienen y la inspiran. Durante los retiros en el bosque o en el monte, marcados por pruebas y ceremonias de alta intensidad dramática, el chamán confía a los jóvenes la tarea de mantener a su vez la apacible armonía del modo de vida, en la amistad fiel y la conmemoración de los dioses fundadores. Una civilización descansa, a fin de cuentas, sobre un sistema de valores en los que se resume el conjunto de sus aspiraciones. Los mitos de la sociedad primitiva condensan esta sabiduría, no en forma de teoría propiamente hablando, sino mediante relatos estrechamente asociados a la acción, y cuyo objetivo es justificar la existencia en su desarrollo

El chamán ejerce pues una pedagogía totalitaria. Sacerdote e instructor, es el sostenedor de la vida espiritual; detenta, por su función, poderes que le garantizan una autoridad eminente, no solo entre los niños, sino ante los hombres hechos y derechos. Revestido de todos los prestigios de lo sagrado, su personaje es al mismo tiempo temible y atractivo; y, sin duda, ese ancestro del maestro de escuela representa también el tipo más acabado. A ojos de sus alumnos, a ojos de sus conciudadanos, el educador sigue siendo siempre una clase de mago, y el ministerio que ejerce conserva a menudo algo de mágico. Así, Sócrates entre sus discípulos y entre los atenienses de su tiempo, confiado únicamente en la reputación de su palabra, y sin embargo intimidante al mismo tiempo, y fascinante, aureolado de una tras-

---

1*. Gusdorf utiliza la grafía propia de las lenguas tunguses de Siberia en lugar de la francesa *chaman*, equivalente a nuestro *chamán*. (*N. del T.*)

cendencia misteriosa que no ha dejado de hacer sentir sus efectos hasta nosotros a través de los milenios. Todo maestro de escuela es un mago; todo maestro de escuela es un Sócrates. Laicizado, vuelto profano, el magisterio del espíritu no está, sin embargo, completamente desacralizado. A lo largo de la historia, el encuentro con un maestro auténtico, por el respeto total que inspira, es, para aquellos que se benefician de él, la revelación del carácter sagrado que se vincula a la vida espiritual, aun cuando sus representantes hayan dejado de vestir el hábito sacerdotal. Maurice Barrés, hombre de derecho y defensor de la Iglesia, evocando a Jules Lagneau que fue su inolvidable profesor de filosofía en Nancy, sin embargo, laico en el fondo y republicano, escribe con respecto a esto: "Amo a los sacerdotes. Lagneau era uno".[2] A propósito del mismo Lagneau, que fue también el maestro de toda su vida, Alain, opuesto sin embargo en todo a Barrés, se expresa como él: "Con veinte años, he visto el espíritu en la nube...".[3]

Así, en los orígenes de la cultura, el humilde *shaman*, el mago despreciado por todos los civilizadores, asume ya esta misión de revelador de lo esencial que define a través de las épocas la vocación del maestro. Es la memoria viviente del grupo social, y el sostenedor de las exigencias tradicionales, sin las cuales la comunidad se encontraría pronto disuelta. Una humanidad privada de maestros, en el interior de la cual la función docente no se ejerciera más, se dislocaría pronto en la incoherencia espiritual y material, en la anarquía generalizada.

Pero la peripecia inicial, en los orígenes de la pedagogía, se sitúa en ese momento decisivo en el que la humanidad, saliendo del largo período de prácticas arcaico de la prehistoria, inicia, con la invención de la escritura, el camino de la civilización. Sin duda, la propia escritura no es más que una técnica entre todas aquellas que van a permitir a ciertos grupos humanos, hacia el comienzo del tercer milenio antes de nuestra era, inaugurar el tiempo histórico. Sin embargo, en el conjunto de esta inmensa revolución material, jurídica, política y espiritual a un tiempo que caracteriza a la época de los reinos y de los imperios, en el momento en el que sucede a la época de las tribus,

2. BARRÉS, M. (1955) *Mes Cahiers*, t. IX, Plon, 1955, p. 198.

3. ALAIN, J. (1925) *Souvenirs concernant Jules Lagneau*, N.R.F., 1925, p. 16.

la invención de la escritura ocupa un lugar de privilegio. Habrá en adelante, a partir de este cruce de caminos, una distancia creciente entre las sociedades preliterarias, que seguirán siendo muy parecidas a como fueron, y las sociedades con escritura, que no cesaran, en Oriente y Occidente, de extender y multiplicar sus adquisiciones. El desfase entre la humanidad en vías de desarrollo y la humanidad subdesarrollada, o, mejor dicho, la humanidad ajena al desarrollo, del que el mundo actual experimenta día tras día las trágicas consecuencias, tiene sus lejanos orígenes en la puesta a punto de los procedimientos que permitirán fijar la palabra, conservarla, y hacerle atravesar así el espacio y el tiempo sin alteración.

La escritura, al fijar el lenguaje, le da la consistencia de una institución. Las palabras vuelan, las tradiciones orales pueden alterarse o perderse; lo que está escrito permanece de época en época sin riesgo de corrupción. Es admirable la sorprendente capacidad de memoria que se manifiesta en los seres humanos de las comunidades arcaicas. Ella es, en efecto, el único medio para asegurar la permanencia de los rituales y de los precedentes sociales; pero los seres humanos envejecen y mueren, y los recuerdos más firmes participan de la fragilidad de la condición humana. La escritura funda una memoria social, con posibilidades de capitalización indefinidas; aparece ya como una de esas invenciones técnicas gracias a las cuales se abre una nueva dimensión a la existencia de los individuos y de las sociedades. Esta es la razón por la que Dios mismo, tanto el Faraón-Dios como el Dios de Hammurabi y el Dios de Moisés, cuando dicta una nueva Ley para su pueblo, la graba sobre la piedra en forma de Escritura Sagrada.

Nada puede hacernos comprender mejor que la escritura se da como una forma privilegiada de lo sagrado. Los jeroglíficos proporcionan a los seres humanos la revelación de una obediencia cuyo radio de acción se amplía indefinidamente; antes de oponerse al espíritu, como llegará a ocurrirle, la letra es el vehículo y antes que nada el punto de apoyo, e incluso el fundamento, del Espíritu. De ahí el carácter sacerdotal o casi-sacerdotal de aquellos que, los primeros, poseen el secreto de las técnicas y de los poderes de la escritura; escribas, letrados, mandarines de toda especie están asociados a la expansión de las religiones recién establecidas tanto como al auge de la administración civil y política. El escriba es a la vez el guardián de la ley escrita, el conservador de los archivos que fijan la memoria social, y también el intérprete, el comentarista de los documentos a su cargo. El escrito, gracias al cual la tradición se convierte en institución, no es más que un depósito inerte. Debe ser reactivado gracias a la vigilancia del letrado, que asume al mismo tiempo una especie de ministerio de la transmisión, no solo de los propios textos, sino del sentido de esos textos, mediante la puesta en práctica de una inteligencia crítica en lucha contra las desviaciones y el olvido.

Esta es la razón por la que la invención de la escritura corresponde al advenimiento de un nuevo tipo de maestro. La enseñanza cambia de carácter, o mejor aún, la función docente propiamente dicha hace su aparición. En la sociedad primitiva basta la formación mutua de cada uno por todos, que completa la iniciación dispensada por el chamán. En la era de la escritura, la sabiduría difusa de los mitos tradicionales cede su lugar a un saber reservado a ciertos especialistas; estos, poseedores de técnicas de fijación y de desciframiento de la palabra, tienen también la tarea de comunicar su saber a las generaciones futuras. La educación indiferenciada se duplica, para algunos, con un aprendizaje acerca de las técnicas especializadas de la escritura y de la lectura, pronto ampliadas con algunos rudimentos de cálculo. Así se consolida el programa inicial de la enseñanza primaria, que contribuye a la formación de las nuevas élites intelectuales, espirituales y administrativas. El espacio escolar se muestra entonces con rasgos distintivos, con el tipo de maestro de escuela y del escolar, la región pedagógica comienza a dibujar sus contornos en el conjunto del dominio social. Hay a partir de entonces una materia propia de la enseñanza, y el estudio de los programas moviliza un personal especializado en los lugares consagrados a la difusión de las técnicas del conocimiento.

Así se consolida por primera vez la pareja del maestro y el alumno, destinada a atravesar los milenios, en el momento mismo en el que la civilización alza decididamente su vuelo en los fértiles valles de los grandes ríos de Egipto, de Mesopotamia, de la India y de China. La humanidad abandona su niñez con la institución de la escuela, signo de una nueva división del trabajo social en un espacio ampliado que, más y más, escapa al control del mito para someterse al de la reflexión.

El niño que, con la punta de su estilete, dibuja sobre la arena, sobre la arcilla o sobre la cera, los caracteres de la escritura, o que descifra trabajosamente los signos trazados por el maestro, es la promesa de un ser humano nuevo, capaz de inscribir sobre la faz de la tierra proyectos de una amplitud cada vez más ambiciosa. Los autores antiguos nos informan de que el filósofo Aristipo, discípulo de Sócrates, arribó un día a una costa desierta, tras un naufragio, con algunos compañeros. Pero pronto se ofrecieron a su vista, dibujadas en la arena de la playa, algunas figuras geométricas. "Tengamos valor de nuevo, exclamó entonces; percibo aquí la marca del ser humano...". Más que la huella de un pie desnudo descubierta un día por Robinson en los confines de su isla, y que podía ser la traza de un salvaje inhumano, la escritura matemática es prueba de humanidad.

La función docente, surgida así en el momento en el que la cultura oral cede su lugar a una cultura escrita, corresponde a un cambio de escala, tanto en el saber como en la existencia social. El alcance del conocimiento se ve largamente acrecentado en el espacio y en el tiempo; la capacidad de los archivos y de las bibliotecas sobrepasa indefinidamente al de una memoria humana, y la precisión de los documentos garantiza a su testimonio una validez más segura. Y, sin duda, puede temerse que el saber escrito, dispensando de la presencia del espíritu, conlleve una disminución de la inteligencia. El Sócrates platónico cuenta en el *Fedro* un mito de los orígenes de la escritura, cuya invención es atribuida al dios Theuth, el Hermes de los Griegos. Pero el sabio Faraón, a quien Theuth somete su invención, señala rápidamente los peligros que conlleva:

> Esto, en efecto, producirá en el alma de los que lo aprendan el olvido por descuido de la memoria, ya que, fiándose a la escritura, recordarán de un modo externo, valiéndose de caracteres ajenos; no desde su propio interior y de por sí [...] se habrán convertido en sabios en su propia opinión, en lugar de sabios.[4]

Pero si hay una trampa y un peligro en la escritura, es demasiado evidente que las ventajas superan con mucho a los inconvenientes.

---

4. PLATÓN, *Fedro*, 275 a-b, traducción de María Araujo en *Obras completas*, ed. cit., pp. 881-882.

Puede concederse a Platón que la escritura se mantiene como un saber potencial, que debe ser siempre reactivado a través de la palabra. "Y no es el dibujo ni una representación manual cualquiera, sino el razonamiento y la palabra lo que más nos conviene, cuando se trata de exponer algo que tiene vida a espíritus capaces de seguir".[5] El coloquio del maestro y el alumno sigue siendo el lugar por excelencia del conocimiento; pero, lejos de ser eclipsado o suprimido por la escritura, ese coloquio le debe, al contrario, un prodigioso auge. En efecto, gracias al nuevo equipamiento técnico, el encuentro educativo se sitúa en el centro de un espacio intelectual cuyos límites se amplían sin fin en el espacio y en el tiempo. El saber basado en la escritura permite la reunión y la confrontación de testimonios producidos por todas partes más allá del horizonte próximo. De ahí el advenimiento de una comunidad de espíritus y de significaciones, en el seno de la cual el ser humano, tomando plena consciencia de la diversidad humana, se esfuerza por precisar su propia identidad.

Hay culturas primitivas. Una cultura arcaica es una visión del mundo; pero cada visión del mundo se funda sobre la ignorancia, y sobre la exclusión, de todas las otras. Esta es la razón por la que el ser humano arcaico, el ser humano de antes de la invención de la escritura, aunque sea un ser humano perteneciente a una cultura, no es sin embargo un ser humano cultivado. La cultura comienza con la sustitución del horizonte de las evidencias familiares por un horizonte de pensamiento cuyos elementos contradictorios, atestiguados por los documentos escritos, obligan al sujeto pensante a apartarse, a dejar el universo inmediato para situarse entre la pluralidad de universos posibles. Así, la invención de la escritura está ligada al descubrimiento de la razón, es decir, a una nueva toma de conciencia del espíritu de sus propios poderes. Puesto que cada pueblo tiene sus propias costumbres y sus mitos, corresponde a la reflexión retroceder en relación con los datos inmediatos de la vida en común, con el fin de arbitrar, de escoger las actitudes, las conductas que convienen y aquellas que no convienen. El espíritu crítico ocupa a partir de ahora el centro de

---

5. PLATÓN, *El político*, 277 c, traducción de Francisco P. de Samaranch en *Obras completas*, ed. cit., p. 1074.

un universo cuyos límites retroceden indefinidamente en el espacio
y en el tiempo. La cultura aparece entonces, en el sentido más general del término, como la investigación por el ser humano de todas las
posibilidades humanas. Se constituye un saber cuya tarea es reunir
y criticar todos los testimonios del ser humano sobre el ser humano.

Generalmente, Sócrates está considerado, en la tradición occidental, como el maestro de esta nueva disciplina, no maestro de escritura
y de lectura, maestro de los rudimentos, sino maestro de humanidad,
cuya empresa es despertar en cada uno la conciencia de sí. Pero la
leyenda dorada de Sócrates, tal como la han elaborado con devoción
los discípulos, deforma la realidad histórica. Sócrates, en su época,
no era más que un representante entre otros de la nueva ola de los
sofistas, a los cuales se debe, a lo largo de la segunda mitad del siglo
V antes de Jesucristo, la renovación, y tal vez la fundación, de la inteligencia helénica. Los sofistas son, en efecto, los primeros en darse
como tarea la elaboración de una cultura humana gracias a la cual los
seres humanos estarán llamados en adelante a tomar conciencia de
sí mismos. Más allá de las tareas primarias del maestro de escuela,
los sofistas son los primeros representantes del oficio de profesor. Y la
formación del ser humano, tal como ellos la llevan a cabo, descansa
sobre una ciencia del ser humano, de la que han sido sin duda ellos
mismos los creadores. La reflexión sobre la naturaleza, practicada por
los primeros "físicos" helénicos, la sustituyen por una ciencia de la
cultura, que es ciencia del ser humano, porque la realidad humana
es una realidad cultural por excelencia.

Renunciando a los prejuicios tradicionales de los griegos contra
los bárbaros, los sofistas se interesan por la variedad de costumbres
extranjeras. Ha llegado el tiempo del contacto entre las culturas: los
viajeros, los historiadores, los primeros etnógrafos dan testimonio de
la diversidad intrínseca de las actitudes humanas; Egipto, Persia, Ba-
bilonia, países de antigua civilización, se abren a la curiosidad griega,
y las poblaciones más primitivas de Libia, Etiopía, Tracia o Escitia
permiten, por contraste, confrontaciones evocadoras. La vasta cose-
cha de informaciones recogidas de este modo obliga a reconsiderar los
problemas planteados por la vida en común: la familia, el matrimonio,
la condición social, la política, la religión, regidos hasta ese momento

solo por el respeto de los usos heredados de las generaciones precedentes, se convierten necesariamente en objeto de una investigación sistemática, la única capaz de poner a cada uno en disposición de tomar partido por las mejores soluciones, es decir, por las más razonables.

Tal es la materia de la enseñanza ofrecida por los sofistas. Y la simple enunciación de este programa basta para hacer comprender que chocara rápidamente con la desaprobación general. La piedad por las viejas costumbres, según el espíritu conservador que había asegurado el orden en la ciudad griega, cede su lugar a una falta de respeto sistemática. El escándalo es inevitable: Protágoras es obligado a exiliarse hacia el 416, y Sócrates morirá en 399 por haber corrompido a la juventud y haber cuestionado los dioses tradicionales. Los primeros profesores son también, por tanto, los mártires de la función docente. Deben pagar el precio de la revolución pedagógica de la que se han convertido en los campeones. Y el carácter más destacable de esta revolución es, sin duda, que realiza una especie de profanación de la enseñanza. El chamán primitivo es el hombre de lo sagrado, y es aún bajo la influencia de los templos como se transmite el conocimiento de los jeroglíficos. El profesor sofista, al contrario, y sin duda por primera vez, aparece liberado de toda obediencia religiosa. Su campo es el de una cultura general que no respeta ya los límites de los cultos nacionales. La razón, el espíritu crítico, hacen pasar el cuidado de las normas por delante del respeto por los rituales. La acusación de impiedad aparece a partir de ahora como la contrapartida inevitable de esta audacia especulativa. El oficio de profesor, así desacralizado, reducido a la puesta en práctica de un cierto número de técnicas, ejercido, por otra parte, a cambio de una retribución, aparece ante los no iniciados como una perversión de la condición humana. El sofista, maestro errante y sin ataduras, es una figura sospechosa; su presencia contamina el orden social, cuyos fundamentos no duda en poner en cuestión.

Y, sin embargo, a través de las polémicas que él mismo suscita, el sofista es el primer afirmador de los valores racionales liberados de todo compromiso. La mitología deja su lugar a una gimnástica intelectual, practicada por amor al arte; el servicio a los dioses es reemplazado por la cultura de los dones del espíritu. La iniciación ritual es sustituida por la introducción a la vida intelectual, que exige de cada uno el mismo fervor y la misma consagración que las liturgias de antaño. Pero el nuevo mundo de la cultura, que sustituye a las evidencias inmediatas y familiares, comporta una renovación completa de la condición humana. No hay, pues, ocasión de sorprenderse si, en el momento mismo en el que la cultura griega conoce el prodigioso auge del que surgirá la espiritualidad de Occidente, el pueblo más inteligente que haya existido jamás condena a los sofistas como traidores a la ciudad, y los abruma con una reprobación de la que aún no se han recuperado. Más aún cuando el noble y grande Pericles mismo, creador y protector de la Atenas eterna, fue el primero al que apuntaron los procesos de impiedad que, no pudiendo encausarlo directamente, se esforzaron por alcanzar a su maestro, el filósofo Anaxágoras, o a su mujer, Aspasia.[6]

El sofista parece sospechoso porque pide comprender antes de obedecer y de venerar. Figura eterna del intelectual para quien lo sagrado se sitúa por completo en el orden de la reflexión. Este desarraigado de la cultura provoca hostilidad, porque parece un hombre de ninguna parte, mientras que es el hombre de todas partes. No alguien desplazado, sino alguien reubicado voluntariamente en el centro de un universo que rechaza el dejarse circunscribir por los caprichosos límites del horizonte más próximo. La cultura no es un exotismo; es el enriquecimiento de la presencia en el presente; permite ser aquí, como los otros, pero de manera distinta a ellos. En lugar de sufrir una condición accidental, la persona de cultura asume ella misma su destino, porque se preocupa de dominarlo en espíritu y de situarlo aquí y ahora como un testimonio del ser humano al ser humano. Sócrates se dirige a sus jueces, a los magistrados de Atenas, pero a través de ellos su palabra se extiende hasta los límites de la geografía humana y de la historia futura, porque la patria de Sócrates es la humanidad.

De este modo, los sofistas fueron los primeros exploradores del espacio cultural de Occidente, del cual determinaron las estructuras maestras y fijaron incluso el programa. La meta de toda educación

---

6. Cf. DERENNE, E. (1930) *Les Procès d'impiété intentés aux philosophes aux Ve et IVe siècles avant Jésus-Christ,* Bibliothèque de la Faculté de Philosophie et Lettres de l'Université de Liège, fascículo 45.

es formar al ser humano para la vida social, en el seno de la cual ha de ser capaz de afirmarse. No obstante, la lucha por la influencia y el poder en el interior de la sociedad antigua emplea esencialmente el magisterio de la palabra. De ahí el primado de la elocuencia, bajo la forma de la retórica, en la educación liberal, tal como la practican los sofistas. Pero la retórica misma tiene como base la gramática, que es posesión de la lengua, y la dialéctica, técnica de la manipulación de ideas en la argumentación. Ahora bien, la gramática, la retórica y la dialéctica constituyen la primera tríada de las artes liberales, el *trivium* de la Edad Media, que se completa para una formación plena con el *cuadrivium* científico de origen pitagórico: aritmética, geometría, música, astronomía. Así, se encuentra definido para muchos milenios el programa de la educación occidental, un programa tan sustancial y sólido que la humanidad contemporánea, a pesar de múltiples tentativas y de esfuerzos desesperados, no ha llegado a encontrar una fórmula que pueda reemplazarlo. Hasta hace muy poco tiempo había clases de gramática y clases de retórica en la enseñanza secundaria francesa. En opinión de Werner Jaeger, testigo especialmente digno de confianza, había en ello aún una supervivencia de la reforma educativa llevada a cabo por los sofistas.[7]

Pronto, tras esta primera generación de instructores de Occidente, será ajustada la constitución de la región pedagógica, sin duda desde tiempos de Platón e Isócrates.[8] Y el mundo helenístico ve aparecer una fórmula nueva, cargada de futuro también ella, que reagrupa el conjunto de las siete artes liberales en la visión de conjunto de la *enkuklios paideia*, ese ciclo de "humanidades", según Festugière, que debe preceder a la formación profesional y hacer del ser humano, verdaderamente, un "hombre".[9] No se trata aquí, por supuesto, de la enciclopedia en el sentido moderno, es decir, una totalización del

7. Jaeger, W. (1996) *Paideia*, traducción de Joaquín Xirau y Wenceslao Roces, Madrid, F.C.E., p. 289.

8. Cf. Marrou, H. (2004) *Historia de la educación en la Antigüedad*, traducción de Yago Barja de Quiroga, Madrid, Akal, pp. 88-89 y p. 260; cf. también Boeckh, A. (1877) *Encyclopädie un Methodologie der philologischen Wissenschaften*, Leipzig, Teubner, pp. 35-36.

9. Festugière, A. J. (1950) *La Révélation d'Hermès Trismégiste*, t. 1, 2ª edición, Gabalda, p. 4.

conocimiento, como podría encontrarse en un diccionario. Significa-
tivamente, la palabra aparece en la lengua francesa cuando Rabelais
quiere caracterizar el saber de Pantagruel;[10] la idea moderna de enciclopedia prueba una especie de gigantismo que sobrepasa con mucho
la medida humana. Para la inteligencia griega, al contrario, la forma
circular es símbolo de perfección; el ciclo completo de los estudios designa por tanto la formación de conjunto, tal como se impone a cada
uno. De tal suerte que la expresión *enkuklios paideia*, que Quintiliano
traducirá por *orbis doctrinae*, define muy bien nuestra cultura general.

El coloquio del maestro y el discípulo, durante el tiempo que
aún durará la civilización antigua, es decir, mucho más de medio
milenio, tiene en adelante por materia las *humaniores litterae*, las letras que vuelven más humano. El mundo antiguo de Occidente se
constituye como una comunidad de cultura que es al mismo tiempo
una comunidad de valores, pues todo espacio de enseñanza es un espacio de valores. El tesoro de las obras de arte, de los poemas, de los
textos literarios acumulados avala a través del tiempo y el espacio la
permanencia de un conjunto de referencias igualmente accesibles a
todos, el *Imperium romanum*, sucesor de los imperios y monarquías
helenísticos, garantiza la continuidad del respeto y la admiración que
vincula a las nuevas generaciones con las generaciones pasadas. El
cosmopolitismo del Imperio se funda en la salvaguarda de un patrimonio independiente en lo sucesivo de cualquier frontera territorial
y de cualquier formación política. Las escuelas, las universidades,
las bibliotecas, son las plazas fuertes de esta fidelidad que garantiza
la unión espiritual entre los pueblos reunidos por el poder romano.

La función docente tiene pues por misión mantener y promover
este orden en los pensamientos, tan necesario como el orden en la calle
y en las provincias. Los hombres pasan, pero la exigencia permanece, y se transmite de maestros a discípulos, con una unanimidad de
espíritus que sirve de garantía a la armonía entre los seres humanos.
Es cierto que el espacio cultural tiene dos centros, Atenas y Roma,
y dos lenguas, el griego y el latín. Esta doble polaridad, lingüística
y en ocasiones política, dará nacimiento más adelante a tradiciones

---

10. RABELAIS, *Pantagruel*, cap. 20: Pantagruel es alabado por poseer "el verdadero
pozo y abismo de enciclopedia" (1533).

distintas, cuya divergencia confirmará el propio cristianismo: el camino de Alejandría y de Bizancio conducirá un día hasta Moscú, tercera Roma, opuesta a la primera Roma, encerrada en su latinidad. Pero la cultura antigua no experimentó aún los efectos de ese conflicto. Grecia es la maestra de Italia; un mismo respeto honra a los grandes afirmadores de la cultura. El griego y el latín son para los sabios lenguas igualmente vivas, gracias a las cuales cualquiera puede acceder directamente al sentido de una verdad común a todos, y actual, en la medida en la que corresponde a un género de vida que apenas ha variado. Una misma civilización se prolonga en el seno de un mismo paisaje material e intelectual en la cuenca mediterránea y sus dependencias.

Pero el espacio cultural de la Antigüedad clásica se dislocará lentamente, al mismo ritmo que el espacio político del imperio romano, durante los siglos oscuros de la alta Edad Media. Los bárbaros hacen estallar las frágiles fronteras por todas partes, se instalan por doquier, de buen grado por la fuerza y el poder imperial desaparece, tanto por desgaste y debilitamiento interno como por invasión y desmembramiento violento. La parte oriental del Imperio resistirá mejor o peor durante otros mil años, preservando la herencia de la lengua y el arte griegos. Occidente, presa del caos social y político, conoce un eclipse cultural casi total. El cosmopolitismo de la Antigüedad agonizante, las religiones y las sabidurías cósmicas del Bajo Imperio se hunden en el olvido. El sentido mismo y la exigencia de los valores clásicos, cuya fidelidad había regido un milenio de vida espiritual, se pierden definitivamente.

Es el cristianismo, como es sabido, el que asumirá poco a poco el deber de dirigir y organizar la cultura occidental. La falsa donación de Constantino es verdadera en cuanto a que la Iglesia sucede al Imperio como única potencia capaz de animar el gran cuerpo desmembrado de lo que llegará a ser más tarde Europa. La *Romania* cristiana reemplaza mal que bien el *Imperium Romanum*. Los bárbaros se someten al bautismo y, paralelamente a las jerarquías feudales en vías de constitución, se fortalecen las jerarquías eclesiásticas y se afirma el poder de los obispos, y después del papa. Durante casi mil años, la Iglesia de Roma garantiza la única unidad y unanimidad posibles de Occidente.

Esta labor no puede ser llevada a buen puerto más que a través de la constitución de una nueva cultura, en la que la tradición judeocristiana ejerce en lo sucesivo una influencia preponderante, en la sumisión plena a la autoridad religiosa. Lo que subsiste de la vida intelectual se conserva al abrigo de los monasterios que se mantienen como los únicos lugares de protección de la cultura. En medio de poblaciones cuya mayor preocupación es en adelante sobrevivir y vivir, las gentes de la Iglesia se convierten en los únicos representantes de una exigencia espiritual empobrecida y siempre amenazada. Lograrán así salvar del naufragio universal algunos restos de la gran cultura perdida que, atravesando los siglos, alcanzarán tiempos mejores.

La cultura medieval es pues una cultura de repliegue y de memoria, atrincherada en sus fortalezas monásticas, en medio de una *no man's land* [11*] presa de la inseguridad. Maestros y alumnos son, a partir de este momento, hombres aparte, clérigos, para quienes el servicio de las letras es una forma y un medio del servicio divino. Y estos hombres aparte se concentrarán, a partir del siglo XII, cuando las condiciones de vida mejoren, en ese mundo aparte que constituyen las universidades, esos universos concentracionarios de la cultura occidental. Nunca se insistirá demasiado sobre la significativa fortuna de esa palabra que, en latín clásico, significa totalidad, universalidad: *universitas generis humani*, es el conjunto del género humano; *universitas rerum* designa al universo. Será en la lengua jurídica de la latinidad posterior cuando la palabra designe un cuerpo, una corporación dotada de un estatus especial; así ocurre por ejemplo en el *Digesto*, el código promulgado en 533 d.C. por el emperador Justiniano. De ahí viene el sentido antiguo de nuestra Universidad de la que Littré[12*] da la siguiente definición: "En otro tiempo, cuerpo de maestros establecido por la autoridad pública, que disfrutaba de grandes privilegios, y tenía por objeto la enseñanza de la teología, el derecho, la medicina, y las siete artes liberales".[13*]

11*. "Tierra de nadie", en inglés en el original. (*N. del T.*)

12*. Émile Maximilien Paul Littré (1801-1881) fue un famoso lexicógrafo y filósofo francés que creó el *Dictionnaire de la langue française* (1863-72), conocido como *Littré*. (N. del T.)

13*. La entrada de la palabra *université*, tal como aparece en la versión en línea del

Así pues, la Universidad prolonga el esquema antiguo de la *enkuklios paideia*, de la *orbis doctrinae*, pero lo contempla a partir de ahora a través del estatus de una comunidad jurídica de maestros y discípulos, separados del resto de la humanidad y sometidos a leyes especiales para formar un mundo en el mundo. Las universidades son guetos de una cultura separatista, cuya cadena jalona Occidente desde sus elevados lugares consagrados: Bolonia y Salerno, París, Salamanca, Padua, Oxford y Cambridge, Coímbra, constituyen otros tantos puntos estratégicos en la nueva geografía de la cristiandad. Se trata ahí de una verdadera mutación, que afecta tanto a las estructuras mentales como a las estructuras jurídicas y sociales.

Al margen de esos lugares de elección, el ser humano de cultura se encuentra entre los seres humanos, en adelante, como una persona desplazada. El mundo de la cultura es un mundo distinto en el que se persiguen, en una lengua que no es la lengua popular, sueños ajenos a la masa. Sobre las colinas inspiradas se compone lentamente un contenido mítico complejo en el que la esperanza cristiana se une estrechamente a las reflexiones, a los saberes y a los mitos de la Antigüedad pagana. El tema de la *pax romana* se encuentra así asociado con la idea de la cristiandad y la visión jerárquica de la teocracia pontifical; la nostalgia de la edad de oro viene a sobrecargar la espera escatológica del Reino de Dios. En la civilización litúrgica propia de los tiempos de las catedrales, la Universidad es la conciencia de la Iglesia. Y como la Iglesia misma representa la única unidad capaz de reunir un mundo políticamente dislocado, la cultura se convierte en una patria en ausencia de patrias.

La Internacional de la cultura tiene su propia lengua, el latín, no ya el latín clásico, aquejado de una decadencia por la desaparición o la suspensión de su civilización escrita, sino el latín de la Iglesia, que ha sobrevivido como lengua de la fe, y que se desarrolla como lengua nueva de la teología y del conocimiento. Ese latín medieval sigue siendo una lengua viva; es el medio de comunicación entre los

---

Littré, termina la definición enumerando las siete artes –que no llama liberales: "qui sont la grammaire, la rhétorique, la dialectique, l'arithmétique, la géométrie, la musique et l'astronomie". [https://www.littre.org/definition/universit%C3%A9] (consultado por última vez el 26/07/2018).

seres humanos a los que separa la diversidad de los nuevos idiomas en vías de formación. Gracias a él, los diversos refugios de la cultura escolástica forman verdaderamente un conjunto, en la unidad de las universidades. Y sin duda esta unidad no es nunca perfecta: la escolástica conoce sus polémicas, sus rupturas y sus condenas; lenta y tardíamente constituida, se desintegra bastante deprisa. Por otra parte, sufre las consecuencias de las luchas internas y externas, de las oposiciones políticas y de los cismas que agitan a la cristiandad. Sin embargo, tal cual fue, es decir, antes soñada que hecha realidad, la cultura medieval sigue siendo un logro bastante inusual, una unidad hecha de esperanzas y de nostalgias, la unidad casi sacramental de una presencia escatológica en la cual se comunican todos los sabios de Occidente.

La unidad escolástica no dura más que un tiempo; congela la Europa occidental en un momento de equilibrio, sirviendo las liturgias cristianas de principios de conservación para el orden social en su conjunto. Pero nuevas fuerzas, que escapan al control ontológico de la Iglesia, agitan el gran cuerpo de Occidente. Al orden estacionario va a suceder un orden dinámico, la humanidad que vivía, si no en la eternidad, al menos para la eternidad y en función de la eternidad, va a descubrir el tiempo. En adelante, la atención se fija, más y más, en el presente: algo sucede, que es nuevo e interesante. El presente no se parece al pasado, y es la promesa de un porvenir inédito. El Renacimiento es ese momento en el que la humanidad occidental, en el umbral de los tiempos modernos, se pone en marcha en los grandes caminos de la historia. Los viajes de descubrimiento, las adquisiciones técnicas, las reflexiones de los sabios, las investigaciones de los eruditos, vuelven a poner en cuestión las evidencias familiares. El universo ya no es el mismo, y el ser humano siente cómo se vuelve diferente.

En el centro de esta reestructuración del paisaje cultural, la fe tradicional se encuentra a sí misma puesta en cuestión. Los reformadores sostienen que la Iglesia no ha conservado fielmente el depósito del que se hizo cargo; ha dejado corromperse al cristianismo, en manos de las devociones populares; ha recargado la enseñanza de Cristo con sus enseñanzas propias; se ha enriquecido predicando el evangelio de la pobreza; ha cedido a la voluntad de poder; ha preferido su propio interés a la verdad de Cristo. Protestas de este orden no cesaron de hacerse oír a lo largo de la Edad Media, pero fueron sofocadas. La novedad es que la voz de los Reformadores logra superar las defensas y represiones de la Iglesia. La unanimidad espiritual está quebrada definitivamente; cede su lugar a otro mundo, contradictorio y difícil, pero apasionante.

En la formación de la cultura occidental, el Renacimiento es ese momento de una fractura decisiva que tiene como consecuencia la búsqueda de una nueva forma de unidad. Los pueblos, en otro tiempo reunidos mal que bien en la unidad de la *Romania*, se constituyen como naciones que enfrentan no solamente la codicia y los antagonismos políticos, sino las manifestaciones religiosas. La espera del Reino de Dios no basta ya para reunir a los cristianos, que sirven, cada uno por su lado, de un modo diferente, a un Dios que ya no es, de hecho, el mismo. Pero por muy dislocada que esté, Europa no puede prescindir de valores comunes, pruebas de la coexistencia que debe acabar por prevalecer, de buen grado o a la fuerza; es necesario definir un horizonte para los espíritus, tal que los seres humanos de buena voluntad, sin distinción de confesión, puedan reunirse en él libremente.

El momento del Renacimiento es el momento en el que se forma este ideal de las "humanidades clásicas", cuyo reino se ha prolongado mejor o peor durante cuatro siglos de cultura occidental. Encontrándose quebrada la unidad de la fe, el humanismo renacentista asume la tarea de constituir una catolicidad de recambio. A pesar de las diversidades confesionales, todo el mundo puede sintonizar con el resto en la admiración por Sócrates, Homero, Platón, Eurípides, Virgilio o Cicerón… Ajenos al debate cristiano, las Antiguos proporcionan un universo de referencia común, y su espiritualidad, en la distancia del tiempo, parece más pura, pues escapa de la contaminación de las manchas que marcan de infamia los acontecimientos políticos y religiosos del presente. El humanista no es ya un hombre de la Iglesia, como el clérigo medieval, y la sabiduría que profesa se ha vuelto hacia el mundo y hacia el ser humano, antes que hacia Dios. La filología se basta a sí misma, y si es cierto que ha contribuido a la renovación religiosa de la Reforma, no lo es menos que preserva su autonomía y no podría dejarse reducir a la función de humilde criada de la teología.

La "restitución de las bellas letras", el descubrimiento o la restitución del prestigio a los maestros griegos y latinos, que la Edad Media había perdido, o al menos mantenido en estado de hibernación en el descanso de sus bibliotecas, es pues una mutación decisiva en la historia de Occidente. El sabio europeo reconoce como suyo un patrimonio de obras maestras, a través del cual se perpetúa un conjunto de valores, de tradiciones y de mitos, en los que encuentra el sentido de su identidad espiritual. La cultura no desemboca ya en un cielo teológico en el que las legiones angélicas cantan la gloria del Dios del Génesis; encamina al humanista hacia la isla del tesoro, hacia tiempos remotos, poblados por los sueños de los escritores y los poetas antiguos. Dicho de otro modo, la cultura es un exotismo; vuelve al sabio de la presencia al presente y lo orienta según la exigencia de fidelidades secretas, que corren el riesgo de hacer de él, en su universo, una persona desplazada. En el momento mismo en el que se amplían los horizontes geográficos, en el momento en el que se recomponen los cielos astronómicos, la cultura, denunciando mil años de herencia medieval, hace retroceder su punto de unión hasta esas lejanías nostálgicas cuya evocación es el sentido mismo del Renacimiento.

Ahora bien, un renacimiento es una resurrección, es decir, la vuelta a la vida de algo, o de alguien, que estaba muerto. Toda cultura proyecta su espacio mental sobre el plano de una lengua; los humanistas se dan como tarea resucitar las lenguas muertas. Y el asunto es aquí capital; pues, si Occidente había olvidado el griego, la Iglesia y la escolástica medieval habían conservado el uso del latín. La ruptura será completa: la filología de los humanistas rechaza el latín viviente de las liturgias eclesiásticas y de los rituales universitarios, considerado como una jerga impura. El latín de los hombres cultivados se encuentra promovido decididamente a la dignidad de lengua muerta, gracias a una ficción que fija en la época ciceroniana la edad de oro del buen uso. Del mismo modo, el pensamiento y el arte de Grecia recuperan su prestigio según las normas que prevalecen en un momento particular de su desarrollo, considerado erróneamente o con razón como un punto culminante. La cultura es un sueño, o un conjunto de sueños, cuyo foco imaginario se encuentra domiciliado, de una vez por todas, en las lejanías de la inactualidad. Y la separación para siempre entre la Iglesia y la cultura consagra ese desplazamiento; el ideal renacentista de las humanidades permite, al menos, reunir en la veneración de los valores paganos, vueltos asépticos e inofensivos por el paso del tiempo, a las élites de una Europa desmembrada por las divergencias intestinas de la fe.

En adelante, la cultura clásica ofrecerá como un refugio ese reino de utopía de cartón piedra, en el que los habitantes griegos o romanos desempeñarán un papel educativo análogo al que desempeñaban en la Edad Media los santos revisados y corregidos de la *Leyenda Dorada*.[14*] Durante muchos siglos, la civilización de los colegios, la de los discursos latinos y los versos latinos, tendrá por tema de su juego pedagógico una mitología de la religión y de la historia antigua. Y los propios adultos, los antiguos primeros premios y cabezas de la clase, seguirán imitando en el arte de la paz, de la guerra o de la revolución, a los héroes de los días antiguos, que contribuyeron a formar sus años jóvenes. Todos los europeos cultos se encuentran sin dificultad en el respeto común de esta herencia de palabras y de frases, de recuerdos novelados y de sueños. La cultura clásica ejercerá así una influencia protectora de un enorme alcance, preservando la unidad intelectual y espiritual de Occidente, tanto como esta puede ser mantenida.

Más aun, las humanidades implican también una filosofía secreta. El respeto de la Antigüedad clásica perpetúa el reino de una sabiduría ecléctica, compuesta de elementos tomados en préstamo al recuerdo de Sócrates, a Platón y Aristóteles, a los epicúreos, a los estoicos, sabiduría de trozos escogidos, sin unidad sistemática, pero caracterizada por un optimismo razonado, por la convicción de que la tarea del ser humano es vivir humanamente su vida de ser humano según la vocación de su naturaleza. Más allá de los malentendidos cristianos, y del pesimismo teológico, se puede pensar que la Europa de la Ilustración encuentra en las humanidades uno de los fundamentos de su confianza en el orden de la naturaleza y en el poder de la razón. La ciudad libre de los espíritus en la que se reunirá una humanidad

---

14*. Se refiere Gusdorf a la compilación de relatos de santos reunida por Santiago de la Vorágine, arzobispo de Génova, en el siglo XIII. La obra fue enormemente influyente, en especial en relación con la iconografía de los santos en el arte de Occidente. (*N.del T.*)

finalmente reconciliada bajo el régimen de la paz perpetua, no es el reino de Dios anunciado por los profetas y soñado por San Agustín bajo el control de la Iglesia jerárquica. De Leibniz a Kant, pasando por el abate Saint-Pierre, la esperanza de la justicia universal, que, en un momento, se reconocerá en los comienzos de la Revolución francesa, prolonga, más bien, las esperanzas paganas de la edad de oro, de la Ciudad de Zeus cara a los estoicos y las doctrinas del derecho natural elaboradas por los filósofos y los juristas romanos.

Las humanidades clásicas han constituido pues, para la Europa moderna, un sistema de seguridad muy respetable, que ha desempeñado, mal que bien, su papel hasta nuestros días, preservando una cierta unidad de espíritus. Desgraciadamente, en el momento mismo en el que los humanistas renacentistas redondeaban su programa pedagógico, este es echado por tierra por la aparición de nuevas fuerzas, liberadas, también ellas, por la cultura renacentista. La disociación religiosa de la Reforma tiene como consecuencia un pluralismo político más acusado; las naciones europeas toman conciencia de sí mismas en la oposición de sus religiones. Ahora bien, el nacionalismo político y religioso se proyecta inmediatamente al orden lingüístico. En la Edad Media, el latín de los eruditos, lengua de la comunidad de sabios, triunfa fácilmente sobre los dialectos locales hablados, aquí y allí, por los iletrados. A partir de la Reforma, las lenguas de Occidente se afirman decididamente como lenguas de cultura. Lutero, traductor de la Biblia, y obligado a inventar, en gran medida, sus medios de expresión, es el primer gran nombre de la literatura alemana. Igualmente, la Biblia inglesa contribuye mucho a la constitución de la lengua inglesa. A partir de este momento, el progreso filológico inaugurado en el siglo XIV en Italia por Petrarca y Bocaccio, no se detendrá. Es decir, que en el momento mismo en el que se restituyen las lenguas muertas, las lenguas vivas son instituidas. Con una presencia despreciable hasta ese momento, se imponen al uso y al respeto de todos, a través de la aparición de obras maestras incontestables; alternativamente, Italia, España, Francia, Inglaterra, tienen su siglo de oro. Podría haberse creído, en un momento dado, que Virgilio y Homero, Cicerón, Platón, Eurípides u Horacio representaban las cimas incontestadas de la cultura. Pero he aquí que se alzan émulos y tal vez rivales, y los pueblos de Occidente se preguntan rápidamente si un Dante, un Camoens, un Ronsard, son realmente inferiores a los poetas de la Antigüedad, que ellos reconocen venerar religiosamente.

Con el tiempo y la multiplicación de las grandes obras, se afirma en algunos la conciencia del valor cultural inherente a las lenguas en uso en los diversos países de Europa. Es paradójico pedir a los antiguos, y solo a los antiguos, modelos que los modernos son perfectamente capaces de proporcionar, como si la literatura nacional no ofreciera a su vez un tesoro respetable, una reserva de valores y de modelos. Además, los tiempos modernos no han desarrollado solo las artes y la literatura; han trabajado igualmente en el terreno del conocimiento, y ahí han sobrepasado incontestablemente a sus predecesores de antaño. Lo que se ha dado en llamar la revolución mecanicista de 1620-1630 supone la dislocación definitiva del cosmos helénico, cuya autoridad se había impuesto durante dos mil años. El conjunto de mitos, de razonamientos y de imágenes afinadas por Ptolomeo y por Galeno, y transmitidas por los árabes a la escolástica, desaparece definitivamente a partir de los trabajos de Galileo y de Harvey. El ideal de la ciencia exacta hace su aparición; es forjada también una nueva lengua, común a todos los sabios y susceptible de perfeccionamiento indefinido, la lengua rigurosa de las matemáticas.

Es así como, muy rápidamente, a partir del siglo XVII, el ideal humanista de la cultura se halla sometido a contestaciones que no han cesado, a partir de entonces, de alzarse contra él. Descartes, sin embargo excelente alumno de los jesuitas, no tiene más que desprecio por las lenguas antiguas y las oscuras servidumbres de la filología. Hombre honesto, dejará esa consideraciones inactuales a los pedantes de los colegios; se consagrará al avance de las ciencias y al mejoramiento de la condición humana. En la segunda mitad del siglo XVII, la disputa entre los Antiguos y los Modernos enfrenta ya a los tradicionalistas de la cultura con los defensores de las humanidades contemporáneas, de las lenguas vivas opuestas a las lenguas muertas, y de la cultura científica. Esta se convertirá de hecho, en el siglo XVIII, en un centro de interés para el gran público. La obra de Galileo, fuera del círculo de los especialistas, no había apasionado a las masas. Fontenelle y Bayle dan a la literatura de divulgación científica sus primeras obras maestras. El genio de Newton se impone al siglo XVIII en su conjunto, como, un poco más tarde, en otro sector epistemológico, el genio de Linneo y el de Buffon. En Francia, los enciclopedistas, equipo conductor del Siglo de las Luces, son resueltamente modernos, aunque formados ellos mismos por la educación humanista de los colegios. Sucesores de los enciclopedistas, los ideólogos proporcionarán a la Revolución francesa destacables programas educativos, también estos ampliamente emancipados de la Antigüedad clásica.

Pero lo que no es más que un cierto malestar, o una crisis de conciencia intelectual en el siglo XVIII, desemboca, en el XIX, en una ruptura completa. La Revolución francesa, que era una revolución universalista en su origen, tiene como consecuencia todas las revoluciones nacionales a favor de las cuales no dejará de afirmarse el individualismo de los pueblos europeos. El Romanticismo aparece, a este respecto, como una recuperación y una generalización del Renacimiento y de la Reforma. Acaba de arruinar el ideal común que reunía todavía, en el orden cultural, a los pueblos de la Europa de la Ilustración. En adelante, cada país reivindicará la originalidad de las tradiciones autóctonas, descubriendo así que las humanidades clásicas eran un producto importado, y una especie de residuo sospechoso de una antigua dominación colonial. Las naciones nacientes se interesan por su pasado, enmascarado por la ideología de la *Aufklärung*[15*] y anulado por el invasor romano. En Alemania, en Francia, en Inglaterra, se sumergen con placer en lo sagrado de los orígenes; uno se pretende celta, germano, bretón, o sajón, y se oponen las ásperas sagas primitivas y los cantares de gesta medievales a las mitologías edulcoradas de una antigüedad convencional.

El cambio de la perspectiva cultural se deja ver a través de la importancia creciente adquirida, en los programas de enseñanza, por la lengua y la historia nacionales, olvidadas en el pasado, o relegadas a un segundo plano, tras las lenguas clásicas y la historia antigua. La fundación de la Universidad de Berlín en 1810, es el símbolo de la resistencia de Prusia al Imperio napoleónico; la Universidad de Berlín, a diferencia de la Academia de Berlín, cuya lengua era hasta ese

---

15*. En alemán en el original. (*N. del T.*)

momento el francés, enseñará en alemán. Será el más elevado lugar de la nueva cultura, donde las ciencias históricas ejercerán pronto la preponderancia. Ahora bien, la influencia de la historia se ejerce en el sentido de una desmultiplicación y de una relativización del concepto de cultura. Más exactamente, hasta entonces las letras de Occidente no habían conocido más que una cultura; la palabra, empleada en singular, designaba un conjunto de reglas, de cánones y de normas, que se refería a la imagen global, acabada de una vez por todas, de una apoteosis de la sabiduría y de la belleza que serían autoridad para siempre sobre la tierra de los seres humanos. Los humanistas habían definido ese ideal de cultura; lo habían ubicado en alguna parte, en tiempos remotos; y ese momento privilegiado debía servir de modelo para todos y en todas partes en lo sucesivo.

La mayor aportación del siglo XIX será abandonar ese esquema simplista de la *cultura*, y consumar el sacrilegio de emplear la palabra cultura en plural. En adelante, poco a poco, se va a ver reconocido el derecho a la existencia de un número siempre creciente de *culturas* extendidas sobre la faz de la tierra, y de las que cada una representa un sistema de valores que debe ser considerado con atención, ciencia y respeto. El movimiento se extiende a todos los órdenes del conocimiento, desde la ciencia del derecho, renovada por Savigny, hasta la ciencia de las religiones, que encuentra en Schleiermacher los nuevos fundamentos de sus interpretaciones. Pero es la filología clásica, apuesta del primer Renacimiento, la que va a ser, de nuevo, el centro del debate. Los maestros alemanes, Friedrich August Wolf, Ast, Boeckh, etc. redescubren la Antigüedad en su historicidad. Rechazan definitivamente la leyenda dorada de los dioses y héroes clásicos, en su perfección estereotipada; se esfuerzan por encontrar la vida misma de las lenguas y de las civilizaciones antiguas, en sus esbozos y en sus tanteos, en sus desarrollos y sus vicisitudes en el curso de los siglos. El decorado de ópera deja lugar a un campo de estudios en el que las nuevas disciplinas filológicas y arqueológicas desplegarán sus metodologías más y más rigurosas.

De este modo, la Antigüedad clásica ve extenderse sus límites indefinidamente, al mismo tiempo que se transforman sus significaciones. Roma, Grecia, dejan de constituir instantes perfectos y absolutos;

son fases de un inmenso desarrollo que, en sus confines, se inscriben ellas mismas en conjuntos más vastos, de los que comienza a descubrirse la realidad. A finales del siglo XVIII, el descubrimiento del sánscrito, consecuencia de la presencia inglesa en la India, abre a los sabios de Europa inmensas perspectivas. Desde comienzos del siglo XIX se impone la idea de un reagrupamiento de lenguas de Occidente y Oriente en el seno de una familia indoeuropea. El milagro griego y romano se encuentra así relativizado, porque la Antigüedad clásica se funda en un patrimonio común a una amplia fracción de la humanidad. Otras arqueologías, otras filologías, no dejarán, por otra parte, de iniciar su vuelo, en el interior del grupo indoeuropeo o fuera de él.

Las diversas ciencias de los orígenes, a medida que ascienden desde los estadios más toscos de civilización, colman poco a poco la distancia cualitativa que existía entre la perfección clásica y las épocas consideradas como primitivas o bárbaras. El desarrollo de la humanidad forma un todo solidario; el orgullo, la suficiencia o el desprecio no son actitudes históricas. Para comprender la realidad humana, es importante recopilar los testimonios de todo lo que ha podido ser la presencia del ser humano sobre la tierra, sin olvidar a los habitantes de los continentes perdidos, de los bosques y de las islas lejanas; sin olvidar tampoco a nuestros antepasados lejanos, talladores y pulidores de piedras en sus abrigos rocosos, de los que Boucher de Pertes[16*] reúne las reliquias durante veinte años, antes de llegar a triunfar sobre el escepticismo general.

De este modo, el humanismo tradicional se halla ampliamente desbordado por la llegada de las ciencias humanas en todas sus variedades. Las humanidades clásicas no son más que una forma, entre muchas, de la humanidad, una aventura entre todas las otras. El egocentrismo occidental afirmaba un imperialismo intelectual inconsciente; en adelante, no puede ser más que un refugio de ignorancia. Cada vez más, a lo largo del siglo XIX, se impone el empleo del método comparativo en todos los terrenos. El ser humano de Occidente

---

16*. Arqueólogo francés del siglo XIX, Jacques Boucher de Pertes (1788-1868) es considerado uno de los padres de la moderna arqueología. Su obra *Antiquités celtiques et antediluviennes*, que comenzó a escribir en 1847, es la primera en establecer la existencia del ser humano en la fase del Pleistoceno. (*N. del T.*)

se encuentra confrontado con todas las variedades de la humanidad; debe aprender a situarse en una totalidad que ya no domina. El ideal unitario de la cultura clásica deja su lugar a una especie de museo imaginario de las culturas, en las cuales se expresa, a través del tiempo y el espacio, la presencia del ser humano sobre la tierra. Y, porque es la marca del ser humano, cada forma de cultura es igualmente respetable y sagrada. Tal es el sentido de la célebre fórmula de Ranke, el maestro de la escuela histórica alemana, según la cual "todas las épocas están en relación inmediata con Dios". Dicho de otro modo, la cultura, en adelante, se nos ofrece como una esfera cuya circunferencia está por todos lados, y el centro en ninguna parte.

La necesaria desoccidentalización de la cultura tiene como consecuencia ineluctable el desmantelamiento de las humanidades clásicas, que habían preservado, mal que bien, una cierta unanimidad espiritual en el interior de la zona de influencia europea. Se encuentra así abierta una crisis de conciencia de la que el mundo actual aún no ha logrado escapar, a falta de poder descubrir un ideal pedagógico que las sustituya. El siglo XIX ha disociado el concepto de cultura; ha pasado de la cultura unitaria a las culturas desmultiplicadas; la tarea del siglo XX parece ser hacer regresar a las culturas, en su diversidad, a una cultura que pueda reunir un universo humano incapaz de vivir bajo el régimen de una separación de los cuerpos y los bienes espirituales.

La situación presente está caracterizada por un desarrollo general del que se encuentra la prueba sin esfuerzo en la constante transformación de los programas pedagógicos en los diferentes países, así como en el esfuerzo desesperado de los seres humanos de buena voluntad por ajustar una comunidad de cultura capaz de dar su asiento intelectual a un mundo en vías de organización. La impresión dominante es la de una especie de caos, en el que cada nación se divide contra sí misma y se opone a las otras, sin llegar a formular un ideal cultural capaz de asumir hoy la función reguladora que fue, en los griegos, la de la *enkuklios paideia*, en la Edad Media, la de la Universidad y la escolástica, o, incluso, desde el Renacimiento hasta comienzos del siglo XIX, la de las humanidades clásicas. Se siente por todas partes la exigencia de una especie de ecumenismo de la cultura que, superando la diversidad de valores, lograra definir una base común para todos los sistemas educativos, único medio de garantizar la unidad intelectual del género humano en la coexistencia pacífica.

Hay quien ha creído encontrar una solución para los nuevos tiempos en el recurso al único lenguaje que sea verdaderamente común, sin oposición, a los seres humanos de hoy. La ciencia y la técnica no conocen ni fronteras ni barreras de ningún tipo; se expresan en todas partes de la misma manera y, como desempeñan un papel más y más decisivo en la orientación de los destinos del mundo, se ha afirmado la esperanza de que las "humanidades científicas" puedan sustituir en adelante a las obsoletas humanidades clásicas. Los matemáticos, los físicos, los ingenieros, se comprenden muy bien a través del universo entero; son los maestros del presente y del futuro. Su primacía actual inspira el proyecto de una cultura general científica y técnica, adaptable sin dificultad, sin diferencia, a todos los pueblos de la tierra.

Desgraciadamente, las esperanzas de esta clase no han sido confirmadas por la experiencia, cuando se ha intentado. La propia expresión de "humanismo científico" es equívoca, si no contradictoria. En efecto, la actitud científica y técnica, en su sentido más riguroso, es una actitud del ser humano frente a un universo del cual la presencia humana ha sido excluida por principio. El punto de partida de la ciencia es el de las verdades exactas, de las normas rigurosas y universalizables, mientras que la cultura tiene como principio el ser humano, que sigue siendo, en su esencia, un ser aproximativo, inexacto y contradictorio. La actitud científica conduce a una negación de la sensibilidad y a una desnaturalización de la inteligencia, en la medida en que considera los asuntos humanos como problemas matemáticos y técnicos, fáciles de resolver mediante una formulación adecuada.

Las deformidades y los peligros del espíritu politécnico y tecnócrata han sido denunciadas demasiado a menudo para que sea necesario insistir mucho en ese aspecto. El universo de la ciencia es un universo plano y numerado, un mundo de verdades, del que los valores estarían ausentes. Vista desde un departamento de estudios técnicos, la realidad humana se muestra despojada de sus rasgos fundamentales, abstracta y fantasmal. Podría compararse el mundo de los sabios, mundo sin seres humanos, a la planta nuclear, planta sin obreros porque, cuando funciona, su clima mortal excluye toda presencia. En el terreno humano, la verdad sin el valor no es más que un fantasma de verdad, una verdad muerta. Esta es la razón por la cual, si puede haber ciertamente una enseñanza científica, no podría existir una cultura científica propiamente hablando. Lejos de ser un sustituto de la cultura, y de volver la cultura literaria inútil, las ciencias exactas, elementos indispensables en el equipamiento de nuestro universo, requieren al contrario, a modo de antídoto, una sobreabundancia de humanidades.

En cuanto a las ciencias humanas, invocadas por algunos para remediar las insuficiencias de las ciencias exactas, no bastan para procurar por sus propios medios un ideal cultural. Muy al contrario, su propio desarrollo ha mostrado, a través de repetidos ensayos y errores, que las ciencias del ser humano tienen un estatus epistemológico diferente del de las ciencias exactas, que pensaban en un principio poder imitar simple y llanamente. En realidad, las ciencias humanas corresponden a una toma de conciencia de la humanidad por el ser humano, es decir, que lejos de poder proponer un programa cultural que habrían sacado de su propio fondo, ellas mismas son deudoras de un ideal previo, del que proporcionan una proyección y una expresión. En este terreno tanto como en otros, no puede haber conocimiento sin presupuestos: el fundamento de las ciencias humanas, su centro de referencia constante, es el ser humano concreto en su presencia histórica. Se quiera o no, el ser humano es al mismo tiempo el punto de partida y el punto de llegada de todo intento de conocimiento; no es la ciencia, la ciencia matemática, la ciencia de la naturaleza o la ciencia del ser humano, la que funda al ser humano; es siempre el ser humano el que se busca a sí mismo a través de las diversas empresas del saber.

Una afirmación de Pascal, él mismo un sabio de primer orden, ilustra perfectamente esta dificultad: "Me dediqué mucho tiempo al estudio de las ciencias abstractas; y la poca comunicación que se puede tener con ellas me disgustó. Cuando comencé el estudio del hombre, he visto que estas ciencias abstractas no son propias del hombre y que me desviaba de mi condición penetrando en ellas, más que los otros ignorándolas".[17] En la situación epistemológica de nuestro tiempo, podría decirse, con Pascal, que las ciencias del ser humano, tal como se las practica habitualmente, no son más "propias del hombre" que las ciencias abstractas; en lugar de ayudar al ser humano a tomar conciencia de su condición, lo extravían fuera de su condición. Ciencias y técnicas, de todas clases, a través de su proliferación descontrolada, acaban por descentrar o excentrar[18*] la realidad humana. El vértigo de Pascal en el umbral de la era moderna, bajo el impacto de la revolución mecanicista del siglo XVII, se justifica hoy con razones más poderosas. Los dos infinitos de Pascal[19*] parecen modestos y reconfortantes al lado de las escalas de lectura del saber actual que, multiplicando sin fin sus perspectivas epistemológicas y sus sistemas de medida, desemboca en una pérdida total de la medida humana.

La tarea actual de una cultura es precisamente reinstaurar el orden, un orden a escala humana, en un mundo desequilibrado por la proliferación incontrolada de las ciencias y las técnicas. Si la cultura puede ser definida como esa ampliación del horizonte espiritual que ofrece una mayor perspectiva de la presencia en el presente, permitiendo así al ser humano ubicarse en el universo, en lugar de perderse en él, está claro que el desequilibrio ontológico de la conciencia contemporánea está ligado a la ausencia de un programa educativo susceptible de reunir a la humanidad, de reconciliar al ser humano con el mundo y consigo mismo. Solo que la pedagogía misma no hace milagros; la puesta a punto de una pedagogía supone resuelto, en cierto modo, el problema. Sería necesario en primer lugar que el universo, desfigurado por las manipulaciones científicas y técnicas, hubiera reencontrado la figura humana, gracias a un esfuerzo desesperado de algún genio, que arrancara al mundo actual de las fascinaciones y los

---

17. PASCAL (1995) *Pensamientos*, fragmento 144, traducción de Xavier Zubiri, Madrid, Espasa Calpe.

18*. Dice Gusdorf *décentrer ou excentrer*, empleando dos términos de significado casi idéntico en francés. No obstante, hemos mantenido "excentrar", a pesar de no ser una palabra castellana, para destacar el ligero cambio de matiz entre el sufijo des- y el sufijo ex-. (*N. del T.*)

19*. Se refiere Gusdorf al fragmento 72 de los *Pensamientos*, en el que Pascal ubica al ser humano entre la infinitud de los espacios cósmicos y la enorme pequeñez del mundo microscópico. (*N. del T.*)

sortilegios de la civilización mecánica. Entonces podría intervenir una educación cuya meta sería desarrollar en todos los seres humanos el sentido de lo humano.

La misión de la cultura sigue siendo la que ha sido siempre: se presenta al mismo tiempo como un inventario de lo real y como una búsqueda de lo preferible. No se reduce en absoluto a una yuxtaposición de todos los saberes, totalizados en una especie de museo imaginario, como si la humanidad debiera, en cada memoria, depositar un balance tan completo como fuera posible. La cultura no describe una suma de hechos, sino un conjunto de valores, y un estilo humano de existencia. Así era en tiempos de la *enkuklios paideia*, en tiempos de la *Universidad* medieval, como en la bella época en la que los humanistas clásicos, tras el Renacimiento, definían el programa del hombre honorable.

Solo que la tarea es hoy más difícil de lo que lo ha sido nunca. Por otra parte, la reflexión pedagógica actual es ella misma el signo innegable de la crisis de conciencia de nuestra civilización. Nunca nos hemos preguntado tanto sobre el problema de saber lo que es preciso enseñar, a quién y cómo. Una inmensa literatura se consagra a este objeto; una actividad exuberante se muestra a través de la publicación de revistas, de libros incontables, de programas escolares revisados sin cesar, de sistemas de exámenes minuciosamente integrados, pero desacreditados desde el momento en el que son definidos y puestos fuera de servicio al cabo de algunos meses. En Francia, en particular, los exámenes escolares del certificado de estudios en el bachillerato se han convertido, para mayor tormento de los estudiantes, de los maestros y de los padres, en abscesos de fijación de la mala conciencia nacional.

Esta intemperancia pedagógica, lejos de ser un signo reconfortante, parece más bien un síntoma suplementario de disolución. Cuanta más pedagogía se hace, más parece desintegrarse la cultura; y uno llega a preguntarse si la generación adulta, por una especie de sadismo inconsciente, no busca vengarse de la generación más joven por su propio fracaso ante la vida. Es falso, en todo caso, y peligroso, imaginar que la pedagogía pueda ser una clase de panacea, el remedio milagroso a todos los males de nuestro siglo. No es más que un con-

junto de técnicas; propone medios, ellos mismos subordinados a la
determinación de los fines que se propone la sociedad que los pone
en práctica. Ahora bien, nuestra civilización está insegura sobre sus
metas y sus valores. El médico es incapaz de curarse a sí mismo, porque se descubre incapaz de alcanzar un diagnóstico preciso en relación con su propia situación. Esta es la razón por la cual la inflación
pedagógica presente subraya todavía los males que pretende, si no
suprimir, al menos disimular. El espíritu desprevenido retrocede ho-
rrorizado ante el cientificismo hermético de los informes, donde se
afirma la pretensión de una especie de taylorismo aplicado al trabajo
intelectual. Cifras, curvas y gráficos se despliegan en el vacío y, como
no descansan en nada, no conducen a nada. Todo lo más, confirman
esta impresión de nihilismo y de inutilidad que, mezclada con un
profundo aburrimiento, es uno de los rasgos más constantes de la
literatura pedagógica.

No es menos cierto que el desarrollo de la función educativa es
un signo de los tiempos. Sin duda hay una correlación entre el grado
de evolución de una sociedad y el número de profesores de toda clase
que comporta. Las sociedades contemporáneas, mucho más vastas y
numerosas que las sociedades arcaicas, no poseen ya las mismas estra-
tificaciones sociales que en otro tiempo: el destino de los individuos
no está ya determinado exclusivamente por el nacimiento, la clase
social o la fortuna. Un poco por todas partes y bajo diversas formas,
tiende a prevalecer un régimen de movilidad social. La promoción
de las masas permite garantizar una circulación de élites y una renovación incesante de directivos. De ahí la importancia decisiva de la
enseñanza, convertida en un factor esencial para la elevación en las
jerarquías sociales; el lugar de cada uno no está fijado desde el origen;
es determinado en función de aptitudes. La educación es la que aumenta las oportunidades de cada uno. Al mismo tiempo, la división
creciente del trabajo científico, técnico y social fuerza la multiplicación de organismos especializados de formación teórica y profesional.

Por eso hay en nuestro mundo cada vez más pedagogía y pedagogos, pero también cada vez menos maestros. La función docente se
ha disociado en especialidades más y más limitadas; el especialista se
encierra en su rincón; aislado de sus vecinos, encargado de transmi-

tir un saber fraccionado, es incapaz, la mayor parte de las veces, de comprender la significación y el valor de lo que hace. Maestros y profesores, a todos los niveles, agobiados por el aumento del número de alumnos y por la sobrecarga de los programas, son los cabecillas de una especie de huida hacia adelante generalizada. Es necesario que sigan el movimiento, puesto que se supone que lo dirigen. Bajo su impulso, nuestra civilización no sabe adónde va, pero va hacia allí directa.

A decir verdad, sería injusto dirigir a la pedagogía y a los pedagogos reproches que no merecen. La crisis de la educación no es sino una consecuencia directa de la crisis de la cultura. Los profesores tienen como misión aplicar un programa, y si se encuentran desorientados, es porque la sociedad, hoy, sigue siendo incapaz de proporcionarles directrices precisas; tras lo cual los desborda con instrucciones incoherentes.

Quiérase o no, el problema sigue siendo, hoy, definir las humanidades de nuestro tiempo. Ahora bien, ese tiempo, entre todos los tiempos, es el de la unidad de la humanidad. La cultura general, comúnmente desacreditada, parece más necesaria que nunca, para asegurar la coherencia de la imagen del ser humano y de la imagen del mundo en un universo que parece dividirse bajo la presión de exigencias contradictorias. La cultura debería ser esa energía reunificadora que hiciera fracasar todas las fuerzas centrífugas, todos los factores de dislocación. Es importante recrear un paisaje común que sea, para los seres humanos amenazados, un espacio de seguridad. Los dirigentes de nuestros días que, un poco por todas partes, se preocupan de delimitar zonas de protección de la naturaleza, serán forzados, bajo la presión de los acontecimientos, a preocuparse de constituir alrededor de la existencia humana, individual o colectiva, una zona de protección de la humanidad.

Tal es, precisamente, el significado de una cultura general, necesaria para asegurar la preservación de la realidad humana. Y se observará que la cultura general de nuestra época debe ser más general que nunca, porque el avance de las ciencias y las técnicas, suscitando conexiones cada vez más numerosas y más eficaces, ha llevado a cabo una puesta en circulación de todos los elementos de la especie humana sobre la faz de la tierra. Para lo mejor y para lo peor, los seres humanos de hoy en día, a pesar de sus pasiones divergentes, están vinculados en la unidad solidaria de un mismo destino.

Esta cultura general, buscada en la actualidad por un ser humano que, habiendo perdido su lugar, se ha convertido en su mundo en una persona desplazada, está vinculada entonces a la afirmación de una especie de conciencia cósmica. Las culturas separadas y autárquicas, que coexistían antaño gracias a la ignorancia mutua, deben ceder a la exigencia de un ecumenismo de la cultura. Ha llegado la hora de la generalización de la cultura general, pues la función de la sabiduría sigue siendo preservar, mantener como siempre el sentido de las solidaridades humanas. Si la cultura desea ser un sentido de los grupos, la tarea presente sería definir un nuevo horizonte, y un nuevo conjunto correspondiente a una teoría de los grupos humanos.

Empresa difícil, pero no más difícil, en comparación, que aquella que se imponía a los maestros del Renacimiento, o al equipo de los enciclopedistas. Es preciso aún saber ver de qué se trata, y no equivocarse sobre las vías y los medios de acción necesarios. No se resolverá la dificultad aumentando el número de agentes de la Unesco, y encargándoles tareas cada vez más fraccionadas y técnicas; pues este procedimiento no desemboca sino en aumentar aún más el desmigajamiento que sería preciso remediar. Sin duda, sería preciso, por el contrario, pensar en un esfuerzo de reagrupamiento análogo a aquel que describía el novelista Hermann Hesse, en su mito del juego de los abalorios;[20]* el deber de los maestros sería producir, mediante la confrontación de las divergencias y las semejanzas, una nueva y más elevada unidad de la humanidad.

Esto no significa, sin embargo, que el ser humano de Occidente deba desesperar de su propia cultura. No se trata de que renunciemos a ella, sino más bien de tratar de descubrirla de nuevo en su más elevada excelencia. Occidente ha vivido durante largo tiempo en la creencia ingenua de que su cultura era la cultura; esta confianza, a decir verdad, se encuentra quebrantada desde que los viajeros del si-

---

20*. Hace alusión Gusdorf a la novela de Hermann Hesse *Das Glasperlenspie.* Hay traducción castellana: HESSE, H. (1996) *El juego de los abalorios,* traducción de Mariano S. Luque, Madrid, Alianza Editorial.

glo XVI comenzaron a traspasar los horizontes estrechos del mundo tradicional. Se ha podido pensar, durante un tiempo, que la expansión europea, haciendo predominar por todas partes los valores de los colonizadores, resolvería el problema en el sentido de una hegemonía intelectual, contrapartida de la dominación económica y política. Pero en la era de la descolonización, y del reflujo de Europa, ha llegado el momento de una nueva toma de conciencia de la cultura Occidental, que debe conocerse, en lo sucesivo, entre las otras culturas del universo. Al igual que el individuo aislado solo logra afirmarse a sí mismo gracias a la presencia de otro, del mismo modo Occidente, en la actualidad, está llamado a descubrirse en situación, en la confrontación con todos los estilos de vida, con todas las espiritualidades del planeta. No hay nada que perder, y todo que ganar, en la realización de esta comunidad mundial en el interior de la cual Occidente, lejos de disolverse, encontrará un sentido renovado de sus valores propios y de su identidad intelectual. Le corresponde dar una prueba conforme a sus fidelidades profundas. Cuando entre así en diálogo con las otras tradiciones, el occidental puede tener buena conciencia, pues su contribución milenaria a la edificación de la cultura universal representa, acumulada por la larga paciencia de los siglos, un bello tesoro de sabiduría. Pero la historia continúa: el futuro de la cultura, es el futuro de la humanidad en el ser humano. Agobiados por la riqueza de nuestros saberes y de nuestras invenciones, no tenemos el derecho de desesperar. La cultura es otro nombre de la esperanza.

CONCLUSIÓN

Para una pedagogía de la pedagogía

E l magisterio comienza más allá de la pedagogía. El magisterio supone una pedagogía de la pedagogía.

Una pedagogía bien ordenada comienza por sí misma. Pero el error de la pedagogía del tipo usual es que no duda de sí misma. Detentadora de la verdad, se propone únicamente imponerla a los otros mediante las técnicas más eficaces. Le falta haber tomado conciencia de sí; haber hecho la prueba de su propia relatividad con respecto a la verdad, y haberse sometido a crítica a sí misma.

El maestro es aquel que ha dejado atrás la concepción de una verdad como fórmula universal, solución y resolución del ser humano, para elevarse a la idea de una verdad como búsqueda. El maestro no posee la verdad, y no admite que nadie pueda poseerla. Detesta el espíritu propietario del pedagogo, y su seguridad sobre la vida.

La espantosa monotonía de la pedagogía, y la completa ausencia de interés de la literatura especializada, se explica por el desconocimiento de la relación maestro-discípulo, que es el foco de toda enseñanza. La pedagogía de los pedagogos procede a partir de una doctrina presupuesta y se preocupa del adoctrinamiento del alumno medio por un profesor cualquiera. El bien del alumno será garantizado por una metodología universal.

Proyectado sobre el plano de la abstracción pedagógica, el vínculo educativo no es más que el contacto de no importa quién con no importa quién, un espacio aséptico, esterilizado, del cual ha sido desterrada la presencia humana. ¡Extraña aberración que hace de la escuela un *no man's land!* Ahora bien, si no hay maestro, no hay discípulo.

Por otra parte, se ha intentado devolver alguna realidad humana a ese contacto del maestro invariante con el alumno medio, mediante el análisis caracterológico. La distinción de una diversidad de tipos permitiría, se espera, multiplicar las vías de aproximación y los medios de acción. Pero los tipos caracterológicos siguen siendo, también ellos, impersonales, pues el pedagogo absoluto no podría admitir cuestionarse a sí mismo, y volver contra sí mismo el método de análisis. De hecho, la actividad docente equivale en lo concreto a la confrontación de dos caracterologías o, mejor dicho, de dos caracteres. Solo que, si se intenta poner en relación la caracterología del profesor con la del alumno, se obtendrá un número formidable de combinaciones término a término, que, gradualmente, correrá claramente el riesgo de tender al infinito. Así se manifestaría la naturaleza singular del coloquio que une a cada maestro y cada uno de sus alumnos. Se saldría entonces de la pedagogía pueril e ingenua, es decir, que se accedería al sentido de la pedagogía. Habría que recomenzarlo todo, o, mejor dicho, comenzarlo.

El obscurantismo pedagógico busca asilo y refugio en la tecnicidad. Aborda los problemas de la enseñanza a través del detalle de las facultades humanas, proponiéndose educar la atención, la memoria, la imaginación, o a través del detalle de las especialidades didácticas, dándose entonces como tarea facilitar el aprendizaje del cálculo, el latín o la ortografía. El pedagogo transforma su clase en un taller que trabaja a destajo; mantiene la conciencia limpia a fuerza de gráficos y de estadísticas sabiamente calculadas, y llenas de promesas. En su universo milimetrado, pasa a sus propios ojos por mago laico y obligatorio, manipulador de inteligencias sin rostro.

El auténtico maestro es aquel que no olvida nunca, sea cual sea la especialidad enseñada, que de lo que se trata es de la verdad. Hay programas, por supuesto, y actividades especializadas. Es necesario, en la medida de lo posible, respetar los programas. Pero las verdades particulares repartidas a lo largo de los programas no son más que aplicaciones y figuraciones de una verdad de conjunto, que es una verdad humana, la verdad del ser humano para el ser humano.

La cultura no es otra cosa que la toma de conciencia, por parte de cada individuo, de esta verdad que hará de él un ser humano. El pedagogo se encarga lo mejor que puede de las diversas enseñanzas; reparte conocimientos. El maestro se quiere, antes que nada, iniciador a la cultura. La verdad es para cada cual el sentido de su situación. A partir de su propia situación con respecto a la verdad, el maestro trata de despertar a sus alumnos a la conciencia de su verdad particular. Enseña al mismo tiempo historia o matemáticas; pero esta tecnología no es para él más que un medio; se cuidará de dar a los resultados de los exámenes una importancia, positiva o negativa, que no merecen. Pues nadie ha podido nunca cuantificar el valor de una personalidad; no existe ningún test para graduar la capacidad de verdad que corresponde a un ser humano entre todos los otros. Y el propio interesado sigue estando a este respecto en la mayor incertidumbre.

Por ello, parece oportuno rendir aquí homenaje a la clase de filosofía, honor demasiado desconocido y desacreditado de la enseñanza secundaria francesa. La clase de filosofía es aquella en la que la relación del maestro y el discípulo tiene más oportunidades de realizarse en su verdad. En las otras clases, en las otras disciplinas, el diálogo se halla generalmente en segundo plano, enmascarado por la materia de la enseñanza en cuestión. El profesor de historia, o de matemáticas, enseña historia, o matemáticas; puede también, por añadidura, enseñar una cierta aproximación a la verdad. El profesor de filosofía está ahí únicamente para enseñar que la verdad es la búsqueda de la verdad. Sucede que algunos, claro está, se esconden detrás de su documentación, se contentan con enseñar doctrinas; pero los que lo hacen son infieles a su misión.

De ahí el carácter prestigioso e inolvidable de ese año de filosofía para aquellos que han conocido el auténtico privilegio de experimentarlo. Ese año, y solo ese año durante toda una vida, la verdad fue su principal preocupación. Pero un año es mucho, e incluso demasiado, a los ojos de los tecnócratas ministeriales, según los cuales un provecho solamente espiritual representa un despilfarro de rendimiento. La humanidad de hoy, a ojos de los directores y burócratas de París, de Washington, de Pekín o de Moscú, necesita kilovatios y no verdad. Son los técnicos quienes construyen los cohetes. Los filósofos son, tal

vez, inofensivos, y ni siquiera eso es seguro; en todo caso, son ciudadanos improductivos, y las sociedades modernas no pueden permitirse
ya esa clase de lujos. Sobre todo porque si el filósofo nunca llega a la
conclusión de que el kilovatio o el cohete son los fines supremos de la
humanidad, la enseñanza de ese irresponsable correría el riesgo de des-
viar de la producción a los jóvenes espíritus que se dejarían atrapar por
sus razonamientos capciosos. "Las naciones no prosperan por la ideología", decía ya el emperador Napoleón, que era ducho en la materia.

La clase de filosofía es ese momento privilegiado en una existencia
en el que el espacio mental se amplía hasta coincidir con el espacio vital
al completo. Sócrates cuenta, en el *Fedón*, su clase de filosofía con Anaxágoras; el filósofo enseña al joven, presa de la perplejidad y de la confusión ante el desorden y la contradicción de las apariencias, que solo la
intervención del espíritu puede poner orden por todas partes. Revelación sorprendente y maravillosa: el mundo reposa sobre el pensamiento.

La clase de filosofía le propone a la crisis de la adolescencia la
salida de la aventura, y las disciplinas del espíritu. Es la efebía de la
razón. El niño había conocido las delicias de la fantasía, la pasión de
las novelas, todos los encantamientos de los horizontes imaginarios.
La clase de filosofía revela una aventura distinta, en el lugar, a través
de la puesta en cuestión de las evidencias próximas. La apariencia
no va de suyo, lo real pide justificación: ante los ojos, al alcance de
la mano, se abren los abismos. Los hechos y los valores estaban vinculados hasta ese momento al sentido común; bastaba con recibirlos
según su significación prefabricada. En adelante, el sentido común
está sometido a crítica, y uno descubre que no hay verdad al margen de una interrogación sobre la verdad. La simple constatación de
que lo real puede no ser verdadero abre las puertas de otro universo.

Por supuesto, hay un saber filosófico, y un programa para la clase
de filosofía, con preguntas y respuestas. Pero la clase de filosofía es el
momento privilegiado en el que se plantea la pregunta de todas las
preguntas, y donde, al mismo tiempo, cada existencia se encuentra
ella misma sometida a crítica. Ruptura de evidencias, y renovación
de evidencias. Se creía que todo iba de suyo, pero todo va sobre no-

sotros.[1]* El despertar de la reflexión consagra el advenimiento del ser humano a sí mismo. Descubre entonces su más elevada libertad, es decir, su libertad más personal.

La última clase de la enseñanza secundaria inscribe en su orden del día la pregunta por el Ser humano, la del Mundo, la de Dios; todo lo que se puede conocer sobre las ciencias, sobre el ser humano, sobre las realidades últimas. El filósofo sabe todo lo que los otros saben, e incluso lo que los otros no saben —todo acerca de todo. Programa deslumbrante, y por otra parte demasiado bonito para ser cierto. De ahí la vacilación entre dos razas de profesores de filosofía, aquellos que saben todo, un Aristóteles, un Hegel, y aquellos que no saben nada, como Sócrates o Diógenes. Entre estas posiciones extremas oscilan los profesores de instituto; según el humor del día o el tema de la discusión, representarán el papel de Aristóteles o el de Sócrates, porque les corresponde testificar a un tiempo por uno y por otro.

La conciencia filosófica es conciencia de la conciencia. Se libera perpetuamente tomando la distancia de la reflexión. El filósofo retrocede para tomar impulso en relación al pensamiento de otros, en relación a su propio pensamiento y a su propia vida. Busca las vistas panorámicas, pues la filosofía esboza una teoría de los conjuntos humanos. E incluso si la tentativa está consagrada al fracaso, si ha de ser siempre retomada en función de la renovación de los conocimientos y de las épocas, al menos el filósofo sigue siendo quien mantiene una exigencia permanente e infatigable, en la cual se afirma el honor del espíritu humano.

Sobre los bancos de la clase de filosofía, el adolescente, claro está, no puede sino presentir esta revelación que se le ofrece a través de la mediación del profesor. Pero incluso para aquel que olvidará pronto, es beneficioso haber creído, aunque solo fuera un instante, en la eminente dignidad, en la soberanía del pensamiento. De ahí la decisiva importancia de este espacio de la filosofía escolar, la clase fea y desnuda del liceo napoleónico, con un encerado como único ornamento.

1*. Trato de mantener el juego de palabras que utiliza Gusdorf para no cambiar el sentido de la frase: "On croyait que tout allait de soi, mais tout va de nous". Una traducción más elegante de la frase podría ser: "Se pensaba que todo era evidente, pero todo nos concierne". (N. del T.)

Este espacio geométrico y sin penumbra fue el lugar privilegiado en el que brilló la afirmación de un Lagneau, de un Alain, de un Amédée Ponceau, de tantos otros maestros, célebres u oscuros, cuya completa ambición fue ser los testigos y los servidores de una verdad a la medida de la personalidad humana.

Antes de correr tras el dinero, tras la técnica, tras el poder, antes de encerrarse para siempre en la oficina, la fábrica o el laboratorio, el joven espíritu se detiene un momento en el bosque sagrado de las Musas. Lugar de utopía, lugar de encantamientos austeros; pero es en ese lugar donde le será dicha, en el ocio, la palabra decisiva: "Acuérdate de ser un ser humano"; es decir: "cuídate de ser tú mismo; cuida de la verdad".

Por ello el profesor de filosofía, entre todos los profesores, tiene más oportunidades de ser un maestro. Enseña a cada uno de sus alumnos la presencia en el presente, la presencia en sí mismo. No se muestra como un pozo de sabiduría; su personaje no es el de un erudito. La clase ve en él un centro de referencia y un origen de valor; es en relación a él como cada uno está llamado a ubicarse, en el interior de un diálogo a la vez grave y cordial. El maestro de filosofía no posee la eficacia ritual del sacerdote; no se beneficia del poder sacramental ni de la puesta en escena litúrgica. Gracias a él el espíritu se dirige al espíritu sin otro poder que el del espíritu.

En diálogo con sus discípulos, el maestro de filosofía no es, por otra parte, un origen absoluto. Pues él mismo ha tenido maestros, cuyos alumnos mantiene vivos; los maestros se reenvían así unos a otros, y de reenvío en reenvío puede decirse que jalonan el terreno humano. La verdad no pertenece a nadie en propiedad, porque es el lugar común de todo el mundo; es la vocación común de la humanidad hacia la humanidad. El maestro es el testigo de esta verdad humana; y cada uno se descubre a sí mismo en el espejo de ese testimonio. Es por esto por lo que el maestro de filosofía es, sin duda, a su manera, un encantador. El canto de Orfeo mueve las montañas; la palabra del maestro pone al ser humano en movimiento. Gilson ha descrito la maravillosa influencia de Bergson sobre sus alumnos:

> Apenas exageraríamos —escribe— al decir que el contenido de su filosofía no solamente no era lo que más les interesaba, sino que era

para ellos, en cierto sentido, indiferente. A decir verdad, esos jóvenes no eran capaces de atraparlo [...] Era la Filosofía, tal como Boecio la vio un día en su majestad real, la Sabiduría en persona, esa que no existe nunca de hecho, realmente, al margen de un filósofo que habla con elevada voz, ante nosotros, pero para él mismo, y como si no estuviéramos allí.[2]

Aquellos que han escuchado un día el canto de la verdad, su llamada y su convocación, a través de la voz de un maestro, esos no podrán ya olvidarla a partir de ese momento, incluso si le son infieles. Saben para siempre que la verdad existe, y que merece ser conquistada al precio de la vida, incluso si no están preparados, por su parte, para dar su vida por la verdad.

El magisterio es un misterio. La relación del maestro con el discípulo es un diálogo sin comunicación, una comunión indirecta y sin plenitud, una fuga cuya solución y resolución sería siempre rechazada. Bergson, ante sus discípulos más fieles, pensaba en alto, y solo; y es en el atardecer de su propia vida cuando el discípulo más fiel rinde al maestro desaparecido hace mucho tiempo el homenaje que se le debe.

No hay determinismo del maestro. El pensamiento de un ser humano, la vida de un ser humano no son la consecuencia directa de las enseñanzas que ha recibido; una existencia no podría explicarse por la totalidad de las influencias sufridas. Cada uno sigue su propio camino, y el profesor Bergson no fabrica en serie otros Bergson; o, mejor dicho, los bergsonianos que repetían dócilmente la palabra del maestro, lo bergsonianos militantes del bergsonismo, no eran más que una negación de la autenticidad bergsoniana. "Los verdaderos bergsonianos, dice sabiamente Gilson, no son aquellos que repiten sus conclusiones, son más bien aquellos que, siguiendo su ejemplo, rehacen por su cuenta, y en terrenos diferentes, algo parecido a lo que él mismo hizo".[3]

---

2. GILSON, E. (1959) *Souvenir de Bergson*, Revue de Métaphysique et de Morale, pp. 130-131.

3. *Ibid.*, p. 138.

El secreto del magisterio es que no hay maestro. Un bello texto de Nietzsche evoca la odisea de la conciencia humana en su esfuerzo por ganarse a sí misma:

> "Quiero hacer el intento de liberarme", se dice el alma joven [...] Nadie puede construirte el puente por el que has de caminar sobre la corriente de la vida. Nadie a excepción de ti [...] En el mundo no hay más que un camino que sólo tú puedes recorrer: ¿adónde conduce? No preguntes, síguelo [...] Tus verdaderos educadores y formadores te revelan lo que es el genuino sentido originario y la materia básica de tu ser, algo en absoluto susceptible de ser educado ni formado, pero, en cualquier caso, difícilmente accesible, apretado, paraliza-do: tus educadores no pueden ser otra cosa que tus liberadores.[4]

No hay maestro. Y los maestros menos auténticos son sin duda aquellos que, desde la altura de una autoridad prestada, se erigen en maestros, intentando abusar de la confianza de otro, y se engañan sobre todo a sí mismos. Sin duda es duro renunciar al magisterio, y aún más duro dejar de creer en el magisterio de otros que abandonar las propias pretensiones. La libertad humana es una libertad que se busca, y no está perdida irremisiblemente sino cuando se cree encon-trada. Pero aquel que ha renunciado a descubrir el magisterio sobre la tierra de los seres humanos, aquel puede un día reencontrarlo viviente y haciéndole señas, al girar un camino, bajo el disfraz más imprevisto.

El padre Gratry cuenta, en sus *Souvenirs*, como, en uno de los momentos desolados e inciertos de su juventud, la esperanza le fue devuelta por el testimonio de una maestría deslumbrante y que, sin embargo, se ignoraba a sí misma:

> Un día, tuve un momento de consolación, porque encontré algo que me parecía acabado. Era un pobre tambor que tocaba a retreta en las calles de París; lo seguí volviendo de la escuela, la tarde de un día de estreno. Ese hombre tocaba la caja de tal forma, al menos en ese momento, que, por muy delicado y apenado que estuviera, no había absolutamente nada más que desear. No se podía concebir

---

4. Nietzsche, F. (2009) *Schopenhauer como Educador*, *op. cit.*, pp. 27-29; cf. esta frase de Goethe, al final de su vida, a sus jóvenes contemporáneos: "no puedo con-siderarme vuestro maestro, pero puedo llamarme vuestro liberador".

más nervio, más impulso, más precisión y limpieza, más riqueza en el redoble; el deseo ideal no iba más allá. Me sorprendí con ello y me consolé. La perfección de esa miseria me hizo bien; lo seguí durante largo tiempo. El bien es posible entonces, me decía, y el ideal, tal vez, pueda realizarse.[5]

5. GRATRY (1876) *Souvenirs de ma jeunesse*, 4ª edición, p. 121-122; citado en JAMES, W. (1931) *L'Expérience religieuse*, traducción de Abauzit, Lausanne, la Concorde, 3ª edición, p. 397.